一个不仅进行着变革，而且有着改进社会的变革理想的社会，比之目的在于仅仅使社会本身的风俗习惯延续下去的社会，将有不同的教育标准和教育方法。

——杜 威

本书受华中科技大学文科学术著作出版基金资助

经验德育论纲

Experiential Moral Education

刘长海——

著

人民出版社

目　　录

前　言

　　呈现在读者面前的这本书，记录了笔者研读杜威论著、梳理杜威德育思想的第二段征程的心得。

　　2000 年开始，我在华中师范大学郭文安先生的影响下开始接触杜威教育论著；2003 年开始，我围绕博士论文写作细致梳理杜威德育思想，于 2006 年完成了以"杜威德育思想与中国德育变革"为题的博士学位论文，2008 年该论文修改完善之后出版面世，成为中国大陆第一本专门阐发杜威德育思想的专著。

　　博士学位论文出版之后，我对杜威德育思想的痴迷没有停止，而是在新的条件下进入了新的阶段。与攻读博士学位时期相比，入职之后，我有了更加从容的研究心态，更加宽广的学术交流平台，更加丰富的理论联系实践的机会。尤其是在 2009 年底，我赴杜威长期工作过的美国哥伦比亚大学进行为期一年的访问学者研究，得以随时向我的合作导师、曾任美国杜威学会主席的戴维德·汉森教授请教交流，参观近百年来一直忠实践行杜威教育思想的中小学，浏览洋洋洒洒的《杜威全集》及汗牛充栋的英文版杜威研究论著。这些宝贵的历程让我不断地对杜威德育思想产生新的认识，使我对自己关于杜威德育思想的若干判断有所完善。

　　杜威论著浩瀚艰深，以"仰之弥高，钻之弥坚"形容笔者研讨杜威德育思想的感受实在是最恰切不过了。我的博士学位论文抓住了杜威论著中的一些字眼，用"以道德的教育培养道德的人"来概括杜威德育思想。近十年的第二次反复研读，促使我意识到经验概念是把握杜威德育思想的一把钥匙，于是有了本书对杜威经验德育思想的梳理，基于马克思主义哲学和建构主义心理学对经验德育的自主建构，以及紧扣中国本土实际在家庭、学校、社会中对经验德育的尝试应用。

"始生之物，其形必丑。"本书基于杜威德育思想对经验德育进行的探索还刚刚起步，其中不成熟、不完善、不够清晰之处必然不在少数。在忐忑不安中，笔者拿出这部记录了自己近十年思绪跌宕的书，求教于方家，恳请同仁批评指正。

第一章　杜威经验德育思想阐析

　　经验概念贯穿于杜威的哲学、伦理学、心理学、教育学、政治学各领域著作之中，是理解杜威思想的一把钥匙。在教育改革领域，杜威以健全的经验哲学为基础，为教育改革和发展建构了"在经验中产生，藉由经验而发展，为了经验而进步"① 的经验教育。杜威认为"一切教育的最高目的是形成性格"②，可见，经验教育思想必然地与德育紧密相连。作为实用主义伦理学的代表人物，杜威时常发表关于道德真谛的论断，也在《教育中的道德原理》《中学伦理学教学》等为数不多的德育专题论著中对如何培养道德提出了与众不同的主张，如杜威反对学科教学与品格培养的分离，反对片面强调直接道德教学，主张重视"更大范围的、间接的和生动的道德教育，通过学校生活的一切媒介、手段和材料对性格的发展"③。不过，杜威关于德育的论述虽然深刻但相对松散，一直以来没有得到足够的重视，鲜有研究者对其进行系统梳理。本书拟以解读杜威经验论为起点，细致研析杜威关于个体道德成长和德育的真知灼见，梳理杜威论著中的经验育德和经验德育思想，以此为基础展开符合转型期中国国情的经验德育探讨。

---

　　① ［美］约翰·杜威：《经验与教育》，单文经译，（台北）联经出版事业股份有限公司 2015 年版，第 129 页。
　　② ［美］约翰·杜威：《学校与社会·明日之学校》，赵祥麟等译，人民教育出版社2005 年版，第 136 页。
　　③ 同上书，第 137 页。

第一节　从经验育德到经验德育：
杜威德育思想概观

经验是杜威哲学的核心概念，也是理解其教育思想、德育思想的关键。杜威基于实用主义对经验的理解建构了完整的哲学体系，阐发了极具创新性、革命性和民主性的经验教育理论，而经验德育思想是经验教育理论的重要组成部分。

一、杜威经验论与经验教育思想

（一）经验的含义

杜威将经验简洁地界定为有机体与环境的交互作用①，这一概念指明了经验的三个要素：有机体（本书仅分析人）、环境、交互作用。经验是人的存在方式，作为一种高级生物，人必须通过更新维持自己的生存；环境包括促成或阻碍、刺激或抑制生物的特有的活动的各种条件；交互作用或互动，是人与环境相互作用的方式。

交互作用这一概念表明，对人而言，经验包括了主动和被动两个方面，主动方面指人发出的动作、人的活动，被动方面指人经受环境对自我的反馈。在经验过程中，人无疑具有主动性，而环境的能动性却不应被忽略。作为个人生存的特定生活条件，环境可以影响甚至控制人的活动方式，"引导他看到和感觉到一件东西，而不是另一件东西；它引导他制订一定的计划以便和别人成功地共同行动；它强化某些信仰而弱化另一些信仰作为赢得他人赞同的一个条件"，从而"在他身上逐渐产生某种行为的系统，某种行动的倾向"②。

同时，环境和人不是固定不变的。对于人的活动，环境会作出反应，

---

① 参见［美］约翰·杜威：《我们怎样思维·经验与教育》，姜文闵译，人民教育出版社 1991 年版，第 266 页。

② ［美］约翰·杜威：《民主主义与教育》，王承绪译，人民教育出版社 2001 年版，第 17 页。

作为新的生活条件引发人的下一步活动；人也会随着活动的展开和环境的变化而作出调整和改变。经验的连续性由此产生，每个经验都会延续到后来的经验中，每一项经验都受到先前的经验影响，也以某些方式规定了后来经验的品质，而个人和社群的生活就在人与环境不断相互适应的过程中得以延续。

"经验"又是具有重合义的词，它不仅指人与环境交互作用的过程，也指人对交互作用过程的认识、感受。人与环境的交互作用过程和人对这种交互作用的认识的日积月累形成了社会群体的文化财富，如语言、信仰、观念、社会准则、科学知识，使个体和社群不必事事从头开始摸索，使社群文明水平不断进步。人在亲身参与的互动过程中形成的认识和感受被称为直接经验，人从社群中获得的、社群传递下来的认识和感受被称为间接经验。一般来说，间接经验来自前人的直接经验，又以各种方式融入后来人的直接经验过程之中。

（二）基于经验的个体成长与经验教育

社群成员的生与死、加入与离开自然而然地产生了文化传递的必要，使文化传递成为社群延续和发展不得不直面的问题，教育随之产生。

社群生活经验过程能自然而然地实现对部分文化财富的传递，所依赖的就是人在经验中学习和成长这一杜威所揭示的学习或教育的基本原理。每个人都处在特定社群的生活条件之中，自其降生之日起，就借助经验在无意识中开始参与社群的社会意识、文化财富，个体与环境持续不断的互动过程"不断地发展个人的能力，熏染他的意识，形成他的习惯，锻炼他的思想，并激发他的感情和情绪。由于这种不知不觉的教育，个人便渐渐分享人类曾经积累下来的智慧和道德的财富。他就成为一个固有文化资本的继承者。"① 这可以看作是最广义的教育，也可以看作是出现最早、延续最长久的人类教育形式。

语言文字的出现，既是社群经验积累的结果，又强有力地促进了社群

---

① ［美］约翰·杜威：《学校与社会·明日之学校》，赵祥麟等译，人民教育出版社2005年版，第3页。

的进步。语言文字使人类对自然和社会的认识更加清晰而深入，也为教育或者社群经验的传递提供了极大的便利，如婴幼儿可以通过"帽子""袜子""太阳""月亮"等词汇清楚地把世间万物区别开来。然而，个体对语言的掌握，社群借力于语言所进行的经验传递，仍然服从人在经验中学习和成长的基本原理。杜威指出，语言的使用容易让人们产生一种错觉，"好像要把一个观念传递给另一人的头脑，我们必须做的就是把声音传给他的耳朵，因而，传授知识变得和纯粹物理的过程相似"①。杜威分析了婴儿理解"帽子"一词的过程，指出错觉为什么是错觉，即婴儿并不是因为听到"帽子"的发音而掌握这一词语，仅听到发音"不具有意义或理智的价值"②，而是通过在反复听到这一发音的同时像别人那样使用帽子才获得帽子的观念，建立发音与实物之间的联系。他由此得出结论："使用语言传递和获得观念，是事物通过在共同的经验或联合的行动中使用而获得意义的原则的扩大和提纯；它决不违反那个原则。"③ 随着社群文明水平的提高出现了专门的教育和正规的教育，但"世界上最形式的、最专门的教育"④ 都不能离开（个人在社群环境中从事活动，参与社群成员的共同经验）这个普遍的过程，因而，在《经验与教育》中，杜威坚定地宣称"一切真正的教育是来自经验的"⑤。

（三）反思性经验与社会进步

在经验的持续展开中，人和社群不是简单地复制过去，而是或缓慢或迅速地实现着人的发展和社群的进化。这一点也能通过对经验的分析得到解释。在特定的自然和社会环境中，人会形成语言和活动的习惯，社群会生成各种各样的习俗，然而，环境的变化如同一年四季交替一样正常，个

---

① ［美］约翰·杜威：《民主主义与教育》，王承绪译，人民教育出版社 2001 年版，第 20 页。

② 同上书，第 22 页。

③ 同上。

④ ［美］约翰·杜威：《学校与社会·明日之学校》，赵祥麟等译，人民教育出版社 2005 年版，第 3 页。

⑤ ［美］约翰·杜威：《我们怎样思维·经验与教育》，姜文闵译，人民教育出版社 1991 年版，第 253 页。

人和社群必须保留变化的能力，以新的方式应对环境条件中感受到的困难，才能维持存在。这种经验就是杜威所说的反思性经验。非反思性经验与习惯和习俗相连，当环境条件让人习以为常时，人无须格外思考，只需要遵循习惯和习俗的指导而行动；当让人感到困扰的新环境出现时，人不得不放弃固守陈规，开始思考分析情境、界定问题、形成假设、展开推理、进行验证，这就是反思性思维的五个阶段或方面①。反思性经验为人的活动方式创新以及随之而来的知识积累、技术进步、道德更新提供了可能，人的经验在非反思性经验与反思性经验的连续体中延伸，而个人和社群也在同一过程中得以发展。

与人的发展和社群的进化相适应，教育不仅能够实现文化传递，还能促进文化更新。为了促使年轻成员更好地适应环境条件的变化，更充分地承担社群即将赋予的职责，教育者总是会对年轻成员成长环境加以调整，从而实现对年轻成员成长过程的引导和对年轻成员的塑造。这种有意识的教育方面的努力，在家庭教育、社会教育中普遍存在，而在杜威所描述的为儿童成长提供简化、净化、平衡的成长环境的学校教育中表现得更为清晰。

由此不难得出结论，杜威的经验教育思想是依据他对个体基于经验学习和成长的心理学规律之把握而提出的，并且，杜威一以贯之地坚持经验教育思想：在经验中学习和成长是个体成长的普遍过程；语言的参与、正规教育的出现丰富了个体成长的形式，但并未动摇个体在经验中学习和成长的基本事实；学校教育是文化传递的一种重要形式，但在经验中学习是一切教育形式中更为基本和更为持久的教导方式②；脱离经验，书本知识的传递不足以独立达成文化传递的功能；正规教育要真正发挥文化传递和更新功能，必须重视个体经验过程，通过调节生活环境这一中介变量来引发、影响个体的学习和成长。

---

① 参见［美］约翰·杜威：《民主主义与教育》，王承绪译，人民教育出版社 2001 年版，第 165 页。

② 同上书，第 9 页。

二、经验育德与经验德育

杜威很少专门论述道德教育和道德学习，很少将德、智、体、美、劳拆分开来进行分析，换句话说，杜威将教育看作一个有机的整体，杜威关于教育本质和规律的见解可以自然适用于德育，德育不可能有脱离经验教育之外的另一套规律。与此同时，杜威关于德育的零星言说并不少见，如"道德是个人与其社会环境的相互作用"①，个人分享人类积累下来的"道德的财富"②，环境"塑造个人行为的智力的和情感的倾向"③ 等，这些说法显示了杜威德育主张的经验论立场，表明杜威倾向于将经验哲学应用于道德学习和道德教育研究。为了细致阐明杜威经验论的德育启示，我们有必要将嵌入杜威教育、社会和哲学论述中的德育主张加以梳理和还原。

为了梳理的方便，笔者拟对德育、道德学习、品德进行简要的界定，将育德与德育加以相对区分。笔者将品德看作个体依据一定社会的道德原则或规范行动时表现出来的稳定的心理特征和倾向④，将道德学习看作个体建构生成某种类型的思想品德的活动，将德育看作以促进个体生成特定类型的思想品德⑤为目的的活动，而将育德看作影响个体品德建构过程的实际效果的某种因素、力量或机制。另外，还有两点说明：（1）一般情况下，社会期望个体生成的思想品德与社会群体生活中当前已经确立并通行的道德原则和规范是完全吻合的，在以改革、创新、进步为标志的时代，社会期望个体生成比当前社会现存的道德体系更先进的思想品德。

---

① ［美］约翰·杜威：《新旧个人主义》，孙有中等译，上海社会科学出版社 1997 年版，第 102 页。

② ［美］约翰·杜威：《学校与社会·明日之学校》，赵祥麟等译，人民教育出版社 2005 年版，第 1 页。

③ ［美］约翰·杜威：《民主主义与教育》，王承绪译，人民教育出版社 2001 年版，第 22 页。

④ 参见汪凤炎、郑红、陈浩彬：《品德心理学》，开明出版社 2012 年版，第 4 页。

⑤ 一般来说，德育以促进个体生成社会期望的思想品德为目的，但有时，"特定类型的思想品德"不一定是社会所期望的思想品德。如家长有意识地引导儿童生成某种思想品德，这种思想品德与社会主流价值观可能存在差异。

（2）具有育德效果的因素、力量或机制可能并不以促进个体思想品德生成为明确目的，其育德效果是自发出现的。自发出现的育德与德育还有一个区别之处在于，此时培育出来的某种品德可能与教育者所期望的思想品德是异质的。如法治观念是当代中国社会希望培育的思想品德之一，但儿童在娇纵溺爱型家庭中可能自发地习得一种反法治的观念和习惯；教师期望学生养成讲礼貌的品质，有的学生却在校园生活中养成了粗暴无礼的恶习。

（一）在经验中进行道德学习是个体道德发展的普遍过程

人的本质在其现实性上，是一切社会关系的总和。每个人生而作为特定社群（如家庭、民族、社区）的成员而存在，社群成员相互影响，利害相关，调整和规范人与人、人与社会关系的道德因而在社群生活中产生，发挥对成员活动的约束和指导作用。道德是社群文化财富的一部分，新生成员有必要通过学习掌握道德，那么，个人如何通过道德学习达到对人类积累下来的道德财富的分享呢？

杜威对新生儿的特点和潜能进行了分析。新生儿非常不成熟，在维持身体生存方面都迫切需要得到别人指导和援助，这一点可以看作是幼儿相比很多动物幼崽而言的不足；但是幼儿的"这种彻底的无依无靠性质，暗示着具有某种补偿的力量"①。健康的幼儿拥有发达的社会反应能力和从经验中学习的能力，这种学习不限于分辨"日月水火"的学习，也包括道德学习。幼儿能识别周围人的好恶并通过自身行为予以响应，从周围人那里得到必要的保护和支持，而社群的道德财富就自然地存在于周围人的好恶之中，经由儿童与环境的交互作用转化为儿童自己的品德。试想，假如儿童的活动增进社群的财富（如原始部落的孩子从河里抓回几条可以充当食物的大鱼），他会得到周围人的肯定和赞许；相反，假如儿童的活动减损社群的财富（如原始部落的孩子没有看护好归他看管的羊群而任其走失），他会受到周围人的责难和惩罚。而在无数次或褒或贬的经验之中，在参与社群仪式、见证社群奖惩的经验之中，勤劳、节俭、服从等

① ［美］约翰·杜威：《民主主义与教育》，王承绪译，人民教育出版社 2001 年版，第 51 页。

道德准则就在儿童的心理结构中生成，儿童就实现了对社群道德财富的分享，或者可以说，社群道德实现了向儿童品德的转化。

在《新旧个人主义》中，杜威对心智健全的个体在社群生活经验中建构道德观念或良知的过程进行了如下分析："当一个小孩有所行为时，其周遭环境便会有反作用。它不断地予他以鼓励，赞同他，或者也提出反对和责难。当我们有所行为时，他们亦必对我们有所行为，这是我们行为的自然结果，就像我们把手伸进火中时必有所反应那样自然。不妨把社会环境看作是人工的，但它对我们的反应则是自然的而非人工的。我们在语言和想象中重复他人的反应，并且不断地仿效他人的后果。我们预先认识到他人的行为方式，而这种预先认识，则成了行为判断的起点。我们的认识同他人相关；这就是良知。……我们对自身行为的看法渗透着他人的想法，这些想法不仅表现在外在的传授中，而且更有效地表现在他人对我们行为的反应中。"① 概言之，个体道德认识的产生与发展，个体对某种为人处世方式的习得，自然而必然地是经验过程的产物。

在此过程中，语言是重要的因素和力量，因为语言产生后，必然出现在道德学习和德育过程之中，但语言的使用并不违背个体在连续的经验中习得道德、社会道德在经验中延续和发展的普遍原理。借助语言，周围人对个体活动进行好坏、是非、善恶的评价，个体对活动和后果进行因果推理，在活动之前对各种可能的活动方案进行比较，道德学习的过程可以据此而加速。由于"善""恶"等道德话语涉及对复杂多样的生活经验的评价，有时所评价的经验不是此刻发生的零星经验（如某人偷吃了邻家菜地里的南瓜），而是时间和空间跨度极长的经验连续体（如某人数十年如一日地资助贫困的邻居），个人对道德话语所蕴含的人生道理的理解、取舍和掌握显然比掌握"帽子"之类的名词要困难得多，要经过比较漫长的在经验连续展开中学习的过程才能实现。

（二）脱离经验不可能产生真正的道德学习

语言的使用容易给人类带来一种关于道德学习的假象，即道德学习可

---

① 《新旧个人主义——杜威文选》，孙有中等译，上海社会科学出版社 1997 年版，第99 页。

以无须依赖日常经验积累而只通过语言文字的传递来实现，从而可以大大缩短道德学习的进程，提高道德财富传递的效率。于是，社群热衷于对个体进行道德和礼仪的说教，个体也学会了利用语言文字来进行道德层面的表态。杜威基于"关于道德的观念"与"道德观念"的对比，指出了这种思考方式的虚妄，进一步论证了"在经验中进行道德学习是个体道德发展的普遍过程"的真理性。

　　杜威指出，区分"道德观念"和"关于道德的观念"，关系到讨论道德教育的根本。"道德观念"指能够影响行为，使行为有所改进和改善的观念，是成为品格的一部分因而也成为行为起作用的部分动机的那种观念，即"道德观念"是参与个体行为决策、指导个体行为展开的观念，是个体在进行行动抉择时会考虑的诸多观念中的一种。"关于道德的观念"是个体头脑中存储的关于诚实、纯洁或仁慈等道德的知识，这些知识不会自动指导个体表现出良好的品格或良好的行为，尽管个体在认知的层面知道怎样做是更合乎道德准则的，但关于道德的观念是缺乏活力的和不起作用的，在个体行为决策中所发挥的作用如同关于埃及考古学的知识，不是指导个体行为展开的动机①。

　　"道德观念"和"关于道德的观念"分别是如何形成的呢？杜威主张，"道德观念"既然是有活力的实际指导行动的观念，就应该是通过一种充满活力的方式获得的②，换言之，就是在杜威所主张的实际经验过程中，基于经验过程中个体与环境的持续互动、个体行动方案的不断调整而逐步积累起来的真知灼见。"关于道德的观念"既然是与考古学知识一样存储在头脑之中的知识，那么，它们的形成或者掌握过程就是通过以书本知识为中心的教学过程而实现的，在此过程中，教育者（家长、教师或者其他社会成员）将某些贴上美德标签的行为、故事和相关理论告诉学习者，学习者记住这些知识并且在考试或者问答时据此作答以通过考试或者赢得好评。教育者很可能满足于学习者回答问题时振振有词、头头是道

---

　　①　参见［美］约翰·杜威：《学校与社会·明日之学校》，赵祥麟等译，人民教育出版社 2005 年版，第 136 页。

　　②　同上。

的表现，然而，学习者在面对生活中的具体情境时并不会根据这些知识来行动，这些知识就像船舱里的货物，与学习者的实际行动没有建立起直接的联系。

"道德观念"和"关于道德的观念"有重大区别，但就其生成机制来说，两者又有相互联通的地方，即"关于道德的观念"有可能转化为"道德观念"，这一转化仍然必须通过经验过程来实现。一个虔诚的"静听者"可能会对教育者言说的道德故事和理论产生信任和认可，在生活情境中努力加以应用，如"子路有闻，未之能行，唯恐有闻"就说明，子路将孔子传授的为人处世的道理奉为自己的行动准则，随时准备加以实践。然而在未经自己的实践证实之前，这种观念还不能称为子路的道德观念；唯有经过实际经验证实（最好是经过反复证实），这种得自于听讲、阅读的"关于道德的观念"才能真正融入个体的品格结构，成为个体的道德观念。这说明，直接道德教学如果得到生活经验的支撑，可以迅速地转化为道德观念，从而大大节省个体在经验中独自摸索的时间，提高道德学习和道德教育的效率；正是在此意义上，杜威肯定了直接道德教学对于个体道德成长具有一定程度的影响，但同时指出不宜夸大直接道德教学的德育功能。

借助"道德观念"和"关于道德的观念"两个概念，杜威清晰地阐明了"一切真正的教育是来自经验的"这一论断对道德学习的适用性：生活经验必然地具有育德功能，影响个体的思想品德形成；真正的道德学习必然是在经验中发生的；语言文字可以融入在经验中学习道德的过程，但不能改变道德学习的基本原理；仅仅由于阅读、听讲不能生成道德观念，道德说理必须得到实际生活经验的配合和支撑，才能促使个体形成相应的道德观念；要改善德育效能，必须将学生生活经验的持续改善放在基础、首要位置，促使学生在经验中习得社会所期望的道德观念和道德品质。笔者将杜威阐发的个体在经验中进行道德学习和成长的观点概括统称为经验育德，将基于经验持续改善培育特定品德的主张统称为经验德育。

第二节　传统学校德育与经验的隔离

生命不息，经验不止。在杜威笔下，经验是一个不断前进、不断变化的过程，经验教育提示了人生和社会永不停息地向前伸展的完美图景，在其中，经验继续不断地改组和改造，任何一个阶段的生活都有助于丰富生活自身的意义，据此，社会可以不断进步，个人可以不断完善。然而，19世纪末20世纪初，杜威所面对的教育，从基础教育到高等教育，普遍呈现的却是学校与社会、与个体生活经验相隔离的状态：学校的教学内容与学生的校外生活经验没有建立联系，学生所学到的知识就像船舱中的货物，无法灵活应用于生活事件的处理之中；学生在校内学到的"关于道德的观念"，不能指导学生的行动选择。经验延展的链条被切断，个人智慧、才能和道德发展受到阻碍。这种状况是如何产生的？是什么力量支持着这种现在看来毫无合理之处的教育，使之畅行无阻？

一、社会生活内部分裂导致了学校教育与经验的隔离

在《民主主义与教育》的开篇，杜威指出，在经验中传递文明是人类社会的通行方式，而随着文明的进步、语言文字的广泛使用，学校教育走向与经验的隔离，似乎学校教育与生活经验的隔离仅仅源于人类社会对文明传递方式的误解。然而，在其后的若干章节中，杜威反复论及专制社会的阶级对立，指出阶级对立导致的劳动与闲暇、科学与人文、实用与自由之间的深层二元对立，提示我们要重视学校教育与经验隔离的社会根源，思考杜威所批判的以教学与经验相脱离为特征的传统教育能够在传统社会中长期延续的真实原因和幕后支撑力量。

与法律面前人人平等的民主社会相比，专制社会制造了"社会生活内部的分裂"①，确立了少数人统治多数人的政治格局，把社会成员稳定

---

① ［美］杜威：《道德教育原理》，王承绪等译，浙江教育出版社2003年版，第163页。

地划分为统治者和被统治者两大阵营。杜威将统治者阶级称为特权阶级、闲暇阶级、高贵阶级、可以免予劳动的阶级，将被统治者阶级称为劳动阶级、低贱阶级、必须为谋生而劳动的阶级。① 统治者过着游手好闲、养尊处优的生活，无须从事繁杂而劳累的物质生产，其生活的主要内容是闲暇。被统治者要供养统治者，被迫从事繁重的劳动，在生产力水平低下的社会条件下为了生存、温饱而做苦工，其生活的主要内容是劳动。阶级对立切断了杜威所主张的经验持续延展，使两大阶级的生活彼此割裂开来，人与人之间、团体与团体之间没有多少共享的利益，缺少经验的沟通。两大阶级阵营的严格界分在社会中确立了劳动与闲暇之间、实用与自由之间的对立，确立了劳动、实用低于闲暇、自由的地位关系。

学校与经验相隔离的教育传统由此形成。一方面，占全体人口少数的统治者阶级享有闲暇和自由，他们所需要的教育是古希腊所谓的自由教育，即注重书本知识的传递，注重文法、修辞的学习和礼仪修养的训练。古代学校主要为统治阶级教育服务，尽管统治阶级在社会上扮演着管理者角色，但专制统治的维护主要依靠国家的暴力机器，面向统治者的教育并不指望每个人能够活学活用所接触到的人文学科知识，不指望统治阶级子弟普遍地成长为明智的管理人才，于是，注重书本知识的背诵和刻板掌握、以书本知识为中心的教学方式成为学校教学的普遍样态。另一方面，占人口多数的被统治者阶级从事繁重的生产劳动，终身劳动而不得闲暇；他们在劳动过程中需要掌握生产技术，但当时各行业生产的科技含量低，劳动技能传递依靠实际生产过程中的口耳相传或者师徒授受就可以完成，学校基本上不承担这一职能，被统治阶级因而被整体拒于校门之外。总之，由于统治者与被统治者的阶级对立，书本知识与直接经验的隔离越来越深刻地成为学校教育的习惯或传统。

除此之外，书本知识与直接经验隔离还导致了教育实践和教育观念领域的诸多二元对立传统：科学知识、实用学科与人文知识、自由学科相隔

---

① ［美］杜威：《道德教育原理》，王承绪等译，浙江教育出版社 2003 年版，第164 页。

离，实用与所谓文化相隔离；由于后者与高高在上的统治者阶级紧密相连，所以后者获得殊荣，前者受到贬抑，以培养劳动能力、科学技术为出发点的职业教育、功利教育被看作"卑下的教育"，低于以培养雄辩口才、文化修养为出发点的人文教育或者自由教育。即使随着科技进步，学校普遍开设了科学技术类课程，这种高下尊卑意识仍然存在。

二、社会生活内部分裂制造了道德与经验的隔离

由于阶级对立的社会背景，道德领域也产生了诸多病态或二元对立。

统治者阶级无须处理实际生产过程中的现实问题，所以，他们所推崇的道德修养偏重于利益分配所要求的虚静、节俭和礼仪周全，对生产劳动过程中所需要的勤奋、创新等品质不屑一顾，如亚里士多德的道德观注重人伦，强调公正、节制、慷慨等伦理德性，自然科学的技巧、知识则不在其德性探讨之列。并且，统治者是社会中的剥削者，他们所谓的修养，在很大程度上可以看作是对阶级剥削真相的伪装，如恩格斯所说，"文明时代越是向前进展，它就越是不得不给它所必然产生的种种坏事披上爱的外衣，不得不粉饰它们，或者否认它们——一句话，即实行流俗的伪善"①。正因为如此，杜威指出，统治阶级也实实在在地受到专制制度的祸害，"他们的文化往往枯燥无味，他们的艺术变成炫耀和矫揉造作；他们的财富使他们奢侈豪华；他们的知识过分专门化；他们的仪表过分讲究但并不高尚"②。

被统治者处于被压迫、被剥削的地位，由于衣食无着、地位卑下，他们对于本阶级的生存状态缺少认同，渴望逃离，对于劳动的态度也是被动的、不情愿的。尽管他们中的很多人具有勤劳、善良等美德，但他们的美德往往被统治者主导的文化体系所忽视。总之，在阶级对立的社会中，生活经验中理智的刺激作用失去平衡，人们的行动越来越任性、无目的和暴躁，工作变成机械的呆板行为，而这一点，"在一个使群众适应一个不希

---

① 《马克思恩格斯选集》第4卷，人民出版社2012年版，第194页。

② ［美］约翰·杜威：《民主主义与教育》，王承绪译，人民教育出版社2001年版，第94页。

望许多人有他们自己的目的和观念而只是服从少数有权势的人的命令的社会里，是必需的。"①

杜威将传统道德观存在的问题归结为"狭隘、形式、病态"：道德与经验隔离，道德不被看作与个体处理现实事务紧密相连的因素，而是被看作某种贴上美德标签、从大量其他行为中分离出来②、固定不变的东西；道德或善的观念注重人际交往中的公正、节制、慷慨等，而科学探索、勤奋开拓所需要的"主动性、坚持性、坚定性、勇气和勤勉"③ 等要素则不在德性探讨之列；要求个体服从美德规范，为道德而道德，不考虑行为的客观后果。于是，道德成为"行为的目录""规则的集录"，"像药方或食谱那样备便应用的"，④ 个体能不能自由而灵活地应对个别化的情境被看作次要的东西；传统社会所推崇的好人，往往是恪守僵化德目但庸言庸行、寂静无为的乡愿⑤，对社会进步的推动作用极其有限。杜威尖锐地批评说，传统社会道德观的荒谬在心理学层面简直就是"说禁止比能力重要，这是无异于说死比生更重要，否定比肯定更重要，牺牲比服务更重要"⑥。由于传统道德观将固定的美德条目看得比解决实际问题更为重要、更为根本，在此意义上，笔者将此类道德观统称为德目主义道德观⑦。

杜威还进一步分析了德目主义道德观的贵族化倾向。统治者注重闲暇、被统治者专事劳动的格局导致重"分利"不重"生利"的畸形价值观：手工劳动以及一切与手工劳动相关的东西都是低下的，理智讨论以及

---

① ［美］约翰·杜威：《民主主义与教育》，王承绪译，人民教育出版社 2001 年版，第 323 页。

② 参见 ［美］约翰·杜威：《学校与社会·明日之学校》，赵祥麟等译，人民教育出版社 2005 年版，第 152 页。

③ 同上书，第 154 页。

④ ［美］杜威：《哲学的改造》，许崇清译，商务印书馆 2017 年版，第 102 页。

⑤ 参见单中惠、王凤玉编：《杜威在华教育讲演》，教育科学出版社 2007 年版，第 356 页。

⑥ ［美］约翰·杜威：《学校与社会·明日之学校》，赵祥麟等译，人民教育出版社 2005 年版，第 156 页。

⑦ 参见陈桂生：《"德目主义"评议》，《当代教育科学》2003 年第 8 期。

一切与理智相关的东西则是高尚的。健康、经济保障、艺术、科学等东西与自然关系密切，往往是下等人的劳动，因而被视为低下的手段，被驱逐到正统伦理学的探讨范围之外。这些分析，再次印证了杜威认为专制时代统治者阶级的道德修养偏重虚文而绝不高尚的观点。

三、传统教育中学校德育与经验关系的复杂性解析

与专制时代教育观、道德观相适应的道德教育，不可避免地走上了一条科学与道德隔离、德育与经验隔离的道路：从德育目标来看，道德教育的目的限定于固定美德的传授，要求学生遵行美德，即"美德袋"① 教育，而不考虑对学生的丰富生活的指导；从德育途径来看，德育成为专门学科和学校教育活动中的独立活动，文法、修辞、数学等科目被看作是与德育无关的；从德育效果来看，学生基于听讲记住了古代流传下来的道德知识，这些知识在学生头脑中就像船舱中的货物，可以用来完成生活中的表态性发言或者装模作样的表演，但不足以指导学生的日常行为选择。并且，由于统治者总体上是靠压迫、剥削被统治者为生的，所以，他们记住的冠冕堂皇的道德知识在多数情况下仅仅是对阶级压迫的装饰而已。

然而，如果我们不加批判地接受杜威所说的学校与经验隔离的说法，显然是违背经验哲学的。尽管杜威论著中流露着对经验的赞美，但杜威所赞美的经验其实只是人的经验的一种特定类型，即共同体社会中的经验，或对共同体延续和发展有积极意义的经验。如果将经验看作人的存在方式，我们可以发现，人无时无刻不在经验之中。在传统学校的学生硬着头皮苦读诗书时，他们固然没有参与农业生产活动或者社会治理活动，但他们仍然在从事读书、听讲、回答问题、考试等活动，这些活动过程也必然是个体与环境不断互动的经验过程。基于经验育德的道德学习规律可知，学生读到的文字，包括那些富含人生哲理的文章，不会自动转化为学生相应的道德观念和道德品质，但学生读书的经验过程必然地会导向某种道德

---

① 陈桂生：《"德目主义"评议》，《当代教育科学》2003 年第 8 期。

观念和道德品质。然而，不幸的是，"传统教育提供了错误的经验"①，导向了错误的德性。

在传统学校中，学生的经验为什么是错误的呢？

其一，在传统学校中，学生的经验趋于被动。随着正规学校教育的产生和发展，社会中滋生一种过分学校式的和形式的教育观念②，容易忽略通过社会生活经验实现的教育；学校教育也潜存着一种危险，即"学校中的教材和生活经验的教材脱节"，"教育和传授有关遥远的事物的知识，和通过语言符号即文字传递学问等同起来"③。由于传统教学孤立于个体经验之外，个体失去了在当下经验中学习所提供的迫切需要和内在动力，失去了基于经验后果进行自主推理和建构的机会，因而失去了学习和成长的主动性；并且，由于教学没有增加个体应对校外生活的能力，学校中的学习经验"局限了他们面临新情境采取智慧行动的判断力和潜能，让学生产生难以掌握校外生活情况的无力感"④，个体对传统学校的活动更加隔膜和逆反。

其二，在传统学校中，学生的经验趋于个人主义。由于教学与生活经验的隔离，学生基于学习积极参与社会的动机无法得到调动；唯一能够调动学生的就是一些个人主义的动机，或是为了遥远未来的美好前景而奋斗，或是为了得到当下的奖赏、避免惩罚、取得相对他人的比较优势。在传统教学中，教育者持续地调动这些个人主义的动机，诱导儿童求赏、避罚、与他人竞争，剥夺儿童服务团体、为他人做贡献的机会，非常不利于社会精神的发展。

其三，在传统学校中，学生的经验趋于消极顺从。学生，尤其是年幼的儿童，无法集中精力从事和天赋兴趣无关的学习，倾向于逃避、懒惰。

① ［美］约翰·杜威：《经验与教育》，单文经译，（台北）联经出版事业股份有限公司 2015 年版，第 127 页。

② 参见［美］约翰·杜威：《民主主义与教育》，王承绪译，人民教育出版社 2001 年版，第 9 页。

③ 同上书，第 14 页。

④ ［美］约翰·杜威：《经验与教育》，单文经译，（台北）联经出版事业股份有限公司 2015 年版，第 126—128 页。

此时，教育者必然求助于严格的奖惩手段，要求学生服从。此时，学校秩序对学生而言是不友好的，"学校秩序的维持都仅仅源自儿童对于成人的意志全然服从是必要的"①。少成若天性，习惯成自然，当个体自童年时代就养成对权威者的服从之后，在未来人生中也很难自主行动，在此意义上，杜威指出，"儿童的这种要别人管理的共同习惯，可能成为公民受政治统治的成人社会中的邪恶状况的基础"②。

综上所述，杜威将传统学校生成错误的经验归结于学科教学与学生当下生活经验的隔离，而进一步分析其源头，这种隔离恰恰是由于专制社会阶级割裂、统治者阶级无须从事现实的社会生产劳动所导致的，即阶级割裂的社会把学科"同它们的人文的来源与启发割裂开来"，"把书本同当代生活的需要和争论的活生生的关系割裂开来"③。并且，杜威之所以说以上这些经验是"错误的"，是因为他持坚定的民主立场，依据培养民主社会的合格公民的需要进行价值判断；显然，对于力图维持专制社会的统治者来说，对于塑造愚昧无知、听话保守的臣民来说，这些经验是恰当而适宜的。

第三节 进步学校德育与经验的融合

专制社会孕育了它的掘墓人。民主政治确立了人人平等、社会成员平等分配劳动责任和闲暇机会、拥有丰富多样的共同利益的新型生态格局。身处民主初建的美国，杜威看到了社会进步带来的道德转型契机，呼唤学校主动适应民主社会对合格公民的需求，转变德育目标和德育方式，以学校德育与共同体生活经验的融合为特征的经验德育思路由此展开。

---

① ［美］约翰·杜威：《经验与教育》，单文经译，（台北）联经出版事业股份有限公司 2015 年版，第 161 页。

② ［美］约翰·杜威：《学校与社会·明日之学校》，赵祥麟等译，人民教育出版社 2005 年版，第 135 页。

③ ［美］约翰·杜威：《人的问题》，傅统先、邱椿译，上海人民出版社 1965 年版，第 68 页。

一、民主社会呼唤公民道德

杜威推崇共同体生活，期盼"一个包括一切和具有渗透作用的行动和思想的共同体"①。杜威对原始部落生活的描述，充满着共同体生活的想象：部落成员为了应对自然力量而联合，相互之间有共享的利益；由于部落生活不发达，这里很少正规的教学和训练，而是依靠成年人忠于他们群体的相同的联合来传递经验、价值、信仰；部落的生存要求将部落文明传递给新生成员，而由于没有特殊的教育方法、材料或制度，他们主要依靠儿童参与成年人的活动、学习成人的风俗习惯，获得他们的情感倾向和种种观念，儿童的参与，可能是直接参与，也可能是通过游戏来模仿或者间接参与。总之，杜威笔下的原始部落，是原始状态的共同体，成人和儿童彼此联合，有共享的利益和持续的沟通，儿童基于参与群体生活成长为原始共同体的有效成员。

专制制度被推翻之后建立起来的民主社会是文明程度更加发达的共同体。民主社会是群体内成员有丰富的共享利益、不同群体之间有充分和自由的相互作用的社会，丰富的互动、扩大的视野、充分伸展的个性成为社会文明进步的不竭源泉。民主社会赋予社会成员——公民以丰富的责任，要求个体"理智地认识他的一切社会关系并参与维护这些关系"：成为一个从事某种有益于社会并能维护他自己的独立和自尊的职业的工作人员，并且不应仅具有某一职业的狭隘技能，而是能够适应正在发生的变化，有能力去形成变化，指导变化②；成为合格的家庭成员，能够承担抚养和培养未来的儿童的责任；成为某个特定的邻里和社区的积极成员，必须对生活的价值作出贡献，不论他在哪里，都要为文明增光添彩、锦上添花；在政治上既能领导也能服从，理性参与公共决策，维护民主，建设民主。

基于公民责任的丰富性，杜威提出了实用主义的、与每时每刻的生活

① ［美］约翰·杜威：《民主主义与教育》，王承绪译，人民教育出版社2001年版，第92页。

② ［美］约翰·杜威：《学校与社会·明日之学校》，赵祥麟等译，人民教育出版社2005年版，第145—146页。

经验相融合的道德标准，即道德是在具体经验情境中解决实际问题的能动的善。杜威主张承认"具体情形的独特的、道德终极的特点"，认识到"每一个道德情形都是独一无二的，具有其无法取代的善"①。具体情形中的善，即个体解决实际问题的善；凡是有助于问题解决的品质，包括科学知识、社会常识、坚强意志、乐观情感，都可以看作是这一情形中的善。杜威指出："凡是在这一过程中对问题的解决发挥积极作用的品质，如广泛的同情，敏锐的感觉，对不愉快的事情的坚持，使我们能够理智地进行分析和决定工作的兴趣的均衡，这些都是特别的道德特征——美德或道德优点。"② 这样，杜威所谓的"道德"就不是等级森严的美德体系（诚实、宽容等），而是有助于个体解决实际问题的各种要素，"道德"不再是传统伦理学中绝对、刻板的行为规范，而成为基于具体境遇的具体的"善"。

通过将道德与具体经验结合，杜威打破了专制条件下将道德看作固定不变的条目的惯习，而是将道德、善与经验持续展开的进程相统一，将道德看作是在具体活动中实际处理问题的知识、能力、品质的复合体。具体来说，良好公民应具备社会智慧、社会情感和社会行动能力。公民的德行，表现在实际的社会交往与行动中；而对于胜任社会行动而言，知识、感情、能力三方面都是必要的："先有了知识，知道因果利害及个人与社会的关系，然后可以见诸行为。不过单有知识，而没有感情以鼓舞之，还是不行，所以，又要感情引起他的欲望，使他爱做，不得不如此做，对于社会有一种同情和忠心。但是，单有知识感情还没有用，所以还须有实行的能力，对于知道了要做和爱做不得不做的事体，用实行能力去对付它。"③ 具体到生产领域和政治领域，个体应该掌握生产所需的知识、技术，同时对所从事的劳动有兴趣，理解其在社会共同体中的地位，积极主动地开展工作、研究、创新；个体应该对社会的合理组织有相应的知识积累，对合理的、公正的社会有情感的认同，积极从事民主政治的建设与维护。

---

① ［美］约翰·杜威：《哲学的改造》，张颖译，陕西人民出版社 2004 年版，第 93 页。
② 同上。
③ 沈益洪编：《杜威谈中国》，浙江文艺出版社 2001 年版，第 158 页。

二、变革学校德育，培养公民道德

个体参与民主共同体日常生活的经验过程显然有助于公民道德的生成，但由于人类文明的进步，仅靠日常生活中的经验传递不足以让每个人对注定要做、不得不做的事产生理智的兴趣，公民的活动可能变成缺乏个人意义的机械行为，学校教育的必要性在这里凸显出来。

此时，变化了的社会需要与陈旧的学校教育传统之间的矛盾亟须引起注意。在杜威生活的时代，回应工业文明发展的需要，学校教育迅速普及，学校面向全体儿童广泛开设了阅读、写作、计算、历史、地理及其他科学技术类课程。然而，在未经审察的情况下，学校通行的教学方式、学校组织形式以及学校与社会的关系、社会成员所持的学校教育观念沿袭了过去时代的传统，以致在杜威看来，当时的教育系统不是一个有机的系统，而"是一个新旧事物的拼凑物，有过去未经改造过的遗留物，也有由于新的条件之下介绍进来的新东西"①。杜威指出："我们的社会生活正在经历着一个彻底的和根本的变化。如果我们的教育对于生活必须具有任何意义的话，那么它就必须经历一个相应的完全的变革。"② 在德育研究领域，杜威展开了主动、自觉的经验德育建构，其基本思路是反思与建构：反思当前学校生活经验的属性，分析当前经验客观上促成或培育的是何种品德；围绕当代德育目的调整学校生活环境，改善学校生活经验的德性，从而实现民主社会之德育目的。

在《我的教育信条》中，杜威指出："最好的和最深刻的道德训练恰恰是人们在工作和思想的统一中跟别人发生适当的关系而得来的。现在的教育就它对于这种统一的破坏或忽视而论，使得达到任何真正的、正常的道德训练变得困难或者不可能。"③ 传统学校生活经验引向的是与民主相违背的德性，杜威主张对学校教育进行全面改造，使学生在学校中生成正

---

① ［美］约翰·杜威：《人的问题》，傅统先等译，上海人民出版社1965年版，第70页。
② ［美］约翰·杜威：《学校与社会·明日之学校》，赵祥麟等译，人民教育出版社2005年版，第37页。
③ 同上书，第7页。

确的经验，用对社会共同体利益的兴趣来统率学生的所有学习和生活。一是理顺学校与社会的关系，将学校看作社会把所成就的一切交给其未来成员的重要机构，学校教育应该促成个人主义和社会主义的一致，而绝不仅仅是师生之间或教师和儿童的父母之间的事情①。二是建立学科教学与儿童生活、社会需要的联系，从培养合格社会成员的角度来重新选择学科及教学内容。三是重视来自教学方法的道德训练，采用能够激发儿童活动能力（他在建造、制作、创造方面的能力）的教学方法，提供交流、合作机会和积极的个人成就机会，把伦理的重点从自私的吸收转移到社会性的服务上来。四是重视学校集体给予的道德训练，使学校成为共同体，"在所谓的新学校中，社会控制的来源主要是在于把学校的学习当作一种社会的事业，让其中的每个人都有机会贡献自己的心力，并且自我察觉责任感的存在"②。五是让儿童参与学校的管理，学会制定并执行规则，维护校园设施，养成公共生活的习惯。六是直接道德教学的方式要从注重教训的方法转向让儿童演戏的方法，使儿童把自己看作书中事物的一部分，从而养成道德的习惯③。总之，杜威倡导全面重建儿童的学校生活经验，以此为核心培养儿童主动探索、合作交流、自律的能力和品质，这些能力、品质或精神又能进一步推动个体经验的展开和改造，促使个体成长为民主社会的合格公民。

三、经验德育的心理原理与社会原理

杜威所进行的经验德育探讨，一方面遵循他所提出的反思性思维五步法（分析情境、界定问题、形成假设、展开推理、进行验证），另一方面遵循他所提出的检测社会群体之民主程度的标准。

就前者而言，与其他人的德育探讨不同，杜威在分析困难情境、界定

---

① ［美］约翰·杜威：《学校与社会·明日之学校》，赵祥麟等译，人民教育出版社2005年版，第25页。

② ［美］约翰·杜威：《经验与教育》，单文经译，（台北）联经出版事业股份有限公司2015年版，第161页。

③ 沈益洪编：《杜威谈中国》，浙江文艺出版社2001年版，第96—97页。

问题时选择了以经验概念为指引的致思理路，从而形成了以生活经验的德性提升为核心的德育改进道路；在经验过程中，"通过认识个人的目的和问题，通过个人选择适当的途径和方法，并通过适应、应用和选择合乎社会准则的行动"，个体（包括成人和儿童）实现精神和道德进步。① 接下来的一步就是验证。杜威的可贵之处在于他不仅开出了"药方"，而且亲力亲为地与志同道合的教育者共同办学，进行实际验证。经过八年实践，杜威学校建立了促进儿童了解和参与社会的课程体系，探索了基于儿童的主动作业等直接经验培养儿童洞察社会的能力、理解社会的情感、改造社会的行动能力的教学方式，创造性地改善了学校教育与社会需要之间的关系，使学校教学、管理全过程成为儿童成长为民主社会良好公民的持续过程。

就后者而言，杜威提出了判断社会群体的民主程度的标准：群体内成员有意识地参与的利益有多少？和其他团体的相互作用，充分和自由到什么程度？② 杜威学校坚持在一个真正的社会环境中发展学生的"社会的观念和社会的兴趣"③，教师和学生、学生和学生彼此平等相处，"自由和相互尊重的精神"④ 滋润着每一个学生的成长过程，学生们在参与共同感兴趣的主动作业、为共同事业做贡献的过程中实现生长。杜威还将学校教育看作儿童从家庭走向社会的一座桥梁，认定学校教育的职责在于传递人类文明成果，为社会培养能够胜任人生一切角色的合格成员，从而将学校与校外机构紧密联结起来，共同致力于社会优秀成员乃至美好社会的生成。就社会精神而言，这样的学校与服务于特权阶级需要、无视社会共同体发展要求、孤立地培养所谓文化修养的经院有着显著的差异。

至此，杜威基于经验育德的个体品德成长规律，建构了自觉运用学校

---

① ［美］凯瑟琳：《杜威学校》，王承绪等译，华东师范大学出版社 1991 年版，第216 页。

② 参见［美］约翰·杜威：《民主主义与教育》，王承绪译，人民教育出版社 2001 年版，第 93 页。

③ 同上书，第 376 页。

④ ［美］凯瑟琳：《杜威学校》，王承绪等译，华东师范大学出版社 1991 年版，第58 页。

生活经验改善来培育公民品德的德育创新道路。一条在经验中进行道德学习和道德教育、基于经验持续改善培育公民品德的经验德育思路在读者面前浮现出来。

第四节　杜威经验德育思想的特征探析

相比于人们熟知的道德教育主张，杜威的德育思路是独树一帜的。杜威整体批判了既有的"太狭隘、太注重形式、太病态"① 的道德教育，建构了宽广的、合乎事实的、正常的道德教育思路，他并不主张孤立地培养诚实、善良、节制等被现存社会标上美德标签的品德，而是苦心孤诣地探讨如何通过学校教育全过程来培养民主社会的合格公民。如何确切把握杜威的经验德育思想？这一思想的理论依据何在？我国学者对杜威教育思想超越二元论的辩证性特征进行过很多阐发，笔者在十余年前也曾模仿前人，对杜威德育思想的辩证性特征进行分析；然而，反复研读之后，笔者认为，杜威经验德育思想最为根本的特征并非辩证性，而是民主性，杜威德育思想从里到外放射着民主的光芒，辩证性仅是其民主特征的外显形态。

一、杜威经验德育思想的统整性特征分析

杜威德育思想的外显特征在于其出色的统整性，即基于对道德教育各相关要素的深刻洞见，杜威将一些看似对立的范畴有机统一起来，使直接德育与间接德育、学科教学与德育、知识与道德、德育与教育、个人生长与社会参与相统整，勾画了以经验的改组和改造为核心线索的德育新图景、新气象、新格局。

（一）统整直接德育与间接德育，构建基于经验的连续德育过程

持狭隘德育概念的人片面夸大直接德育对个体品德成长的影响，认为

---

① ［美］约翰·杜威：《学校与社会·明日之学校》，赵祥麟等译，人民教育出版社2005年版，第152页。

德育课是学校德育的主要途径，认为德育课可以独立发挥对于个体品德成长的影响。杜威明确提出间接德育概念，认为个体每时每刻的生活经验都会对个体品德成长产生促进或阻碍影响；学校氛围、教学方式等持续地作用于个体品德成长；在学生品德成长过程中，日常校园生活的影响远远大于直接道德教学的影响。

杜威主张"学校即社会"，使学校成为更加生气勃勃的社会机构，让学生可以在学校里参与社会生活，养成对社会有益和有用的习惯。在杜威所描述的理想教育蓝图中，学校生活经验成为儿童学做合格社会成员的桥梁，每门学科的教学都富含伦理意义，能够增进学生对社会的了解、唤起学生对社会的关心、提高学生参与社会的能力；各门学科的学习经验不是彼此割裂的，而是有机浑融为一体的，因为它们分别从不同方面提升个体参与社会、为社会做贡献的意愿和能力。

在各门学科的学习经验相互支撑的连续德育过程中，德育课也能找到合理的位置，发挥其积极的功能。德育课所传递的关于道德的学问（如诚实、勇敢等美德）集中讨论人类社会中的伦理关系，其社会价值就在于引导学生深入反思、理解伦理关系，认同和支持合理的伦理准则，学会适宜地处理人际关系。但杜威认为，德育课不能脱离生活经验展开的过程来培养品德。"如果说道德水准低下，那是因为个人与其社会环境的相互作用所提供的教育有缺陷。当整个社会都在崇尚'成功'人士、即崇尚那些因掌握了金钱或其它权力而出人头地受人羡慕的人们时，宣扬谦逊朴实和自足自乐又有何用？"① 他认为理想的德育课教学应该"从行为做起"②，即在基于经验的学习中，学生必然会不断遇到一些与个人品质相关（如勤奋、执着）、与人际交往相关（如合作、关心）的问题，学生面对并处理这些问题的过程，其实就是主动的美德探索过程。这种过程与学生掌握自然科学的过程是相似的：学生有一个真实的经验的情境，有一个对活动本身感兴趣的连续的活动；在这个情境内部产生一个真实的问题，

① 《新旧个人主义——杜威文选》，孙有中等译，上海社会科学出版社1997年版，第102页。

② 沈益洪编：《杜威谈中国》，浙江文艺出版社2001年版，第97页。

作为思维的刺激物；他占有知识资料，从事必要的观察，对付这个问题；他必须负责有条不紊地展开他所想出的解决问题的方法；他有机会通过应用检验他的观念，使这些观念意义明确，并且自己发现它们是否有效①。考虑到将伦理课内容融合于主动作业在短期内难以完美实现，杜威主张"不得已而思其次，从做戏的行为上，也可以养成道德的习惯"。所谓"做戏"，就是"使书本子上的东西，能有一种动作的表现，使儿童把自己看做书中事物的一部分"。通过演戏，可以使故事情节更鲜活，使儿童把自己看作剧中人，体验他人的情感，从而增强学生对他人需要的敏感和对道德规则的认同。因而，"倘能用演戏的方法输入道德教育，收效一定比那种纸上空谈的道德教育为大"②。这种"演戏"，其实是一种模拟的经验，学生可以尝试站在剧中人的立场思考问题、体验事件，形成相应的认识、情感和行为方式。随着学生的成长，伦理课教学应引导学生关注一些现实的伦理问题，如贫困、慈善等。杜威在《中学伦理学教学》中指出，伦理问题的教学应努力避免道德说教，而应引导学生将问题看作"只不过是个实际问题"，"根据所有可获得的资料来解释正被谈论的情况的形象，然后依据上述特定情况的需要和条件来决定特定问题"，从而逐步使学生"养成亲自认识他置身于其中的实际情景的性质的习惯"③。可以看出，这种讨论伦理问题的教学方式，是符合杜威强调学生社会智慧、社会情感和社会行动能力培养的一贯主张的。

　　杜威从学校生活全过程有机统一的角度，为儿童构建了充满社会精神的成长空间，使儿童得以在弥漫着共同体精神的学校中积累参与社会所需的社会性智慧和社会能力；在学校经验的连续展开过程中，德育课和其他学科、学校生活的其他部分有机融合、相互支撑，直接德育和间接德育相统整，构建了基于经验的连续德育过程。

---

① 参见［美］约翰·杜威：《民主主义与教育》，王承绪译，人民教育出版社2001年版，第179页。
② 沈益洪编：《杜威谈中国》，浙江文艺出版社2001年版，第96—97页。
③ ［美］杜威：《道德教育原理》，王承绪等译，浙江教育出版社2003年版，第278—279页。

（二）统整学科教学与品德培养，统整知识与道德，将德育看作教育的维度而非部分

持狭隘德育概念的人往往忽视学科教学的德育功能，即使从德育的角度审视学科教学，也只会强调学科教学内容中与某些具体德目相关的片断内容所具有的德育功能，而不能从培养社会生活的合格参与者的高度，在整体上承认并彰显学科教学全过程所具有的德育功能。

杜威主张"使道德目的在一切教学中普遍存在并居于主导地位"，从而将"一切教育的最高目的是形成性格"落到实处。既然"教师和学生的直接的、即时的注意力必然在大部分时间内是放在智力问题上"①，那么，就要用社会精神来统率所有的学科教学，把每一门学科"看做使儿童认识社会活动的情况的一种工具"②，按照了解社会生活的方式去教每一门学科③，使儿童的社会精神不断得到调动，参与社会的能力不断得到增长，形成社会性想象的习惯和概念。

当道德目的统率学科教学时，知识与道德的统一随之实现。可以将知识与道德的统一看作把握杜威德育思想的关键所在。起于古希腊的传统伦理学在道德与实用之间确立了边界，认为道德与数学、逻辑等方面的专门知识无关。柏拉图尽管主张"美德即知识"，但他所说的知识主要是人文伦理方面的知识，杜威则将知识扩大到个人在社会合作经验中获得的、与社会性动机相连的所有知识，包括各领域的自然科学知识。杜威对道德进行重新思考，认为对社会有益的就是道德的——道德是在具体情形中解决实际问题的能动过程，而不是对固定规范的遵守，实用的知识就是这一过程的必然要素。这一点可以通过杜威例举的盗贼的炸药"知识"与化学家的炸药知识的不同来理解：当化学家应用炸药工作的原理来炸山开路时，社会成员认可他所具有的是知识；当盗贼利用炸药来盗窃他人财物时，社会成员不承认他所具有的是知识。这就可以表明，在社会中，"知

---

① ［美］约翰·杜威：《学校与社会·明日之学校》，赵祥麟等译，人民教育出版社2005年版，第136页。

② 同上书，第147页。

③ 同上书，第151页。

识"是一个道德概念，人们对知识的认可是有条件的，这一条件就是
"对社会有益"。

　　与对知识的社会性的强调类似，杜威在其著作中也强调能力、修养、
纪律等的社会性，将其看作一种道德概念。因为人们只将个人服务社会的
才干称为能力；只有当修养标志着社会性的知识和训练的联合，有助于个
体恪尽其职责时，它才是真正为社会所认可的修养；遵守社会性活动所要
求的规章才是真正的纪律，遵守盗窃团伙的制度只能被视为团伙的守纪，
但不被整个社会认可为守纪。

　　通过将知识、能力、修养等看作由社会精神统率的道德概念，杜威在
教育目的领域将道德教育的广度扩展至整个学校教育，从而也将教育的道
德目的贯彻于学校教学和生活之中：教育的目的就是培养道德的人，道德
的人就是有用的好人，学校教育的全部过程就是为社会培养有用的好人；
学校教学应培养学生实用的并且与社会性动机相连的知识，学校管理应该
培养学生实用的并且与社会性动机相连的修养、纪律、沟通能力等。道德
教育的边界因而从狭隘的专门意义上的道德教育，扩展至学校行政、课程
和教学方法等一切教育活动。换言之，德育成为分析学校生活和学科教学
时必有的一个维度，而不是学校生活中的一个孤立模块。

　　（三）统整个人生长与社会参与，使人的发展与社会进步相辅
相成

　　初看起来，杜威的很多教育论述专注于个人的生长，与道德无涉。如
杜威主张"教育过程在它自身以外无目的，它是它自己的目的"；"生活
就是发展；不断发展，不断生长，就是生活"①；教育是经验的继续不断
的改组和改造，在经验的任何阶段，真正学到的东西，都能构成这个经验
的价值，也就是说，"任何一个阶段的生活的主要任务，就是使生活过得
有助于丰富生活自身可以感觉到的意义"②。

　　强调个体经验的改组，丰富个体生活的意义，这可以看作是教育的个

---

　　①　[美]约翰·杜威：《民主主义与教育》，王承绪译，人民教育出版社2001年版，
第58页。

　　②　同上书，第86页。

性目的；但在杜威的思想体系中，教育的个性目的实质上就是教育的社会目的。在民主社会中，个体经验的改组过程，其实是个人逐步掌握社会文化的过程，是个人从对共同体的知识、技能、艺术、价值观感觉陌生，到学会按照社会环境的要求做事，直至在思想上"把自己看作联合活动的共同参加者或伙伴"的过程。个人经验意义的丰富，是个人逐步成长为共同体的合格成员，在一定的社会环境中奋斗、奉献、合作和共享的过程。"个性实现的同时，由个人所组成的社会，其目的也应实现；而且，倒转过来，能满足社会需要的个人，其行为也必然满足了自己的需要。"[①]杜威所使用的"发展""生长""意义的丰富"等概念，都只有联系其在社会中的效用才能得到确切的理解。这就是为什么极其强调个性发展的杜威能将学校教育目的定位于培养社会的良好公民的思想根源。杜威在讲演中将教育目的表述为"培养社会的良好分子"，在《民主主义与教育》中主张教育培养有用的好人，这些，与其主张"教育目的内在于教育过程之中"是并不矛盾的。

二、杜威经验德育思想的民主性特征分析

有人认为，杜威的经验教育思想揭示了教育的本质属性，笔者对此并不认同，而是认为：在社会发展的不同阶段，有各自不同的教育标准，杜威所描述的恰恰是与民主社会相适应的教育标准或教育形态，杜威教育学说只是一种关于民主时代教育之可能样态的建构。对于这一点，杜威在《民主主义与教育》中有明确的声明，"一个不仅进行着变革而且有着改进社会的变革理想的社会，比之目的在于仅仅使社会本身的风俗延续下去的社会，将有不同的教育标准和教育方法"[②]。不仅"教育即生活""教育即生长""教育即经验的改组与改造"等思想均围绕富含变革理想的民主社会展开，而且，杜威的全部教育主张都是以维护和健全民主为旨归

---

① 单文经：《杜威道德教育理论研究》，台湾师范大学博士学位论文，1988 年，第 130 页。

② ［美］约翰·杜威：《民主主义与教育》，王承绪译，人民教育出版社 2001 年版，第 91 页。

的。唯有将经验教育、经验德育思想看作与民主社会相连的教育主张，我们才有可能理解为什么杜威所批判的以教学与经验相脱离为特征的传统教育能够在传统社会中长期延续下来。

（一）民主生活是杜威教育探索的出发点和归宿

杜威是坚定的民主思想家。他眼中的民主，在其外显形式上指以法律面前人人平等、投票选举、少数服从多数为表征的民主政治；然而，杜威认为，这些仅是手段，"是迄今所发现的用以实现作为真正的人的生活方式之民主的权益手段"；民主的真正价值是一种新的生活方式，且是"真正的人的生活方式"①。

杜威从社会和个人两个层面对民主生活进行了描绘。在社会层面，以民主为内核的社会作为人与人的共同体而存在，它符合两个标准：社会成员在平等的基础上共同生活，在数量上和种类上有着广泛的共同利益，并且对于共同利益有着普遍的共识；成员之间、社会团体之间能够进行紧密而自由的沟通与相互影响，而且通过应付多方面的交往而产生新形势，不断地重新调整社会习惯。在个人层面，民主赋予了个人平等与自由，同时赋予了与之相适应的责任，要求每个人作为一个平等而自由的人承担对于社会经济、政治、文化诸领域的责任。权利意味着责任，当个体对于公共事务投票或发表意见时，他随之要对其后的决策和行动后果承担责任。杜威指出，民主、自由"对于社会的每一成员在实际上（如果不是在文字上）提出这个问题：你愿意做一个自由人，站稳自己的双脚，接受作为社会的一个有效成员所应有的责任和义务吗？"②

民主社会提出了这个问题，现实社会生活中的人们可能出于对责任和不确定性的逃避而放弃自由人的权利，法西斯主义的出现就给人类敲响了警钟。杜威结合其时法西斯主义给世界带来的灾难指出，民主"不是可由某一人传给另一人或某一代传给下一代的东西"，"每一世代应重新建立民主"，民主是需要"根据我们逐年参与的和逐年变化极剧烈的社会生

---

① 《新旧个人主义——杜威文选》，孙有中等译，上海社会科学出版社1997年版，第3页。

② ［美］约翰·杜威：《人的问题》，傅统先等译，上海人民出版社1965年版，第26页。

活之需要、问题与情况，去重新创造的东西"。①

杜威将学校教育看作是维持、重建、更新民主的重要工具，"教育不是唯一的工具，但它是第一的工具，首要的工具，最审慎的工具"②。维持和重建民主，是民主社会赋予学校的根本使命，是学校教育的社会目的和道德目的，这一使命客观上要求通过学校教育的全过程来达成，以学校教育的社会使命来统率包括各学科教学在内的一切校园生活，使学生学习掌握的知识和能力都服从和服务于参与民主社会这一目的。这就是杜威用"对社会福利的兴趣"来统率学校活动、使各学科教学服务于个体未来承担社会责任背后的民主逻辑。

（二）民主奠定了经验与道德融合、经验与教育融合的前提，使统整的经验德育成为可能的德育形式

专制社会制造了道德与经验、教育与经验的隔离，民主社会则要求道德与经验、教育与经验的融合。民主社会重视个体承担社会生产、政治、文化责任的实际能力，因而需要重建道德观，重新审视一切活动、知识、能力和品质的道德意义，扩展道德的边界。在民主社会中，道德包含着有助于个人参与民主社会、承担民主社会的责任所需的一切因素，"潜在地包括我们的一切行为"③，具体来说，包括一切社会性的智慧（观察与理解社会状况的能力）、社会能力（经过训练的控制能力）和社会情感（愿意为社会的利益和目标服务）④。在此意义上，历史、地理、科学等各学科知识及反思性思维品质等都进入了杜威所理解的道德范围。在演讲中，杜威从自为与为人相结合的角度，将民主社会的公民所要具备的德行进行了细致分析，包括由保重身体、自尊自表、自培自发构成的自为品德和由各尽本职、通功易事、团体合作构成的为人品德⑤，凡与自为、为人相连

---

① ［美］约翰·杜威：《人的问题》，傅统先等译，上海人民出版社1965年版，第29页。
② 同上书，第27页。
③ ［美］约翰·杜威：《民主主义与教育》，王承绪译，人民教育出版社2001年版，第376页。
④ 参见［美］约翰·杜威：《学校与社会·明日之学校》，赵祥麟等译，人民教育出版社2005年版，第158页。
⑤ 参见单中惠、王凤玉编：《杜威在华教育讲演》，教育科学出版社2007年版，第368—373页。

的知识、技能、品格都被纳入杜威的道德范畴之中。

与这种扩展的道德观相适应，道德教育的边界也得以扩展，不再是关于道德的教学，而是被杜威理解为"道德的教育"①，即培养学生参与共同生活所需素养的教育。这种教育要求构建充满共同生活气氛的校园，建立各学科教学与生活经验的有机联系，使各门学科和一切教育教学活动都有助于个体成长为民主社会所需要的合格公民（或称为"有用的好人"）。由此，杜威德育思想实现了诸多因素的统整，与传统的狭隘、形式化、病态的道德教育形成了鲜明反差，突破了传统学校德育的束缚，开启了德育的新篇章。

第五节　杜威经验德育思想简评

对广大德育研究者来说，杜威经验德育思想无疑是一座值得深入挖掘而迄今为止挖掘程度远远不够的富矿；对我国德育变革来说，杜威经验德育思想的指导和借鉴意义远远还没有充分实现。在简要回顾杜威经验德育思想之后，笔者拟对杜威经验德育思想的进步意义和不足之处加以评点，以提示在巨人肩膀上前进的方向。

一、杜威经验德育思想的进步意义

杜威关于道德教育的专门论述并不多，但其道德教育思想却散布于他的全部教育论著之中。这无疑加大了后来人窥其门径的难度，"仰之弥高，钻之弥坚"，用于形容笔者梳理杜威德育思想的感受实在是最恰切不过了。通过反复研读，笔者认为，杜威经验德育思想揭示了个体品德成长的普遍规律，勾勒了在民主时代基于经验培养公民道德的大致路径，探讨了民主时代德育与专制时代德育的基本区别，不仅对各国德育实践有普遍的指导意义，而且对身处社会转型阶段的中国德育创新具有突出重要的适

---

① ［美］约翰·杜威：《民主主义与教育》，王承绪译，人民教育出版社 2001 年版，第 379 页。

用性。

其一，杜威经验育德思想揭示了个体道德学习的普遍规律，对解释不同社会的德育现象、指导不同社会的德育实践具有普遍的指导意义。

在经验中学习是杜威关于个体学习过程的基本观点，杜威强调，在经验中、基于经验的改组和改造学到的知识才是个体真正能够灵活应用的真知识，静听式学习所获得的知识则相当于船舱中的货物，无法学以致用。这一观点，也体现了杜威关于道德学习的基本立场。他指出，以个体与环境持续互动为标志的经验是个体生命活动的基本形式，个人参与人类的社会意识、分享人类积累下来的道德财富①的基本途径显然是经验，即个体在经验中、依据行动后果积累关于人际关系和社会生活的认识，习得特定社会的道德准则。杜威进而将借助语言文字的道德学习、在专门教育机构中进行的道德学习看作基于经验的道德学习的延伸和演化形式，分析了三者之间的内在一致性。

个体在经验中进行道德学习能够很好地解释不同社会的德育现象。传统教育生成错误的经验，滋养有利于专制制度的品格，可以通过"在经验中进行道德学习"进行解释；当代教育努力提供共同体生活经验，促进公民道德，也可以据此得到解释。以社会参与和社会服务为表征的实际生活经验的有无或多寡，实际生活经验的道德品性与道德说教之间的吻合程度等，也为解释德育实践的低效、德育实际效果与教育者预期之间的反差提供了诊断线索。

杜威对个体道德学习规律的揭示，总体上与当代公认的建构主义心理学的主张是一致的，和马克思主义所强调的"实践是检验真理的唯一标准"也是相呼应的。人的活动是有目的的，马克思和恩格斯指出"历史不过是追求着自己目的的人的活动而已"②，在日常经验过程中，个体依据活动进程的顺利与否、活动效果的好坏、活动收益和代价的对比等不断生成关于处理人与人、人与社会之间关系的认识，这些认识有些符合社会

---

① 参见［美］约翰·杜威：《学校与社会·明日之学校》，赵祥麟等译，人民教育出版社 2005 年版，第 3 页。

② 《马克思恩格斯文集》第 1 卷，人民出版社 2009 年版，第 295 页。

所认可的美德（如诚实、勤劳、谦让），有些则属于社会所理解的恶德（如"厚黑"、损人利己），这些认识不断积聚，个体逐步形成相对稳定的或善或恶的行动倾向。基于这种分析，为了确保学习者生成社会设定为善的思想品德，研究者有必要分析学习者在家庭、学校、同伴群体、社会中生成的经验的性质，判断这些经验会引发怎样的价值观念，考虑怎样才能扭转不良经验的品性从而促进个体的道德社会化。

杜威对个体道德学习规律的揭示，与我国教育研究者关于个体道德学习规律的理解也是一致的。如南京师范大学主编的《教育学》指出："人的思想品德的形成，是在多方面因素的影响下实现的……马克思说过，人的本质在其现实性上是一切社会关系的总和。受教育者的思想品德和相应的能力，是在人们经济的、政治的、思想的、文化的、道德的相互关系中，通过家庭、社会、学校等各方面综合影响下形成的。""活动和交往是思想品德形成的基础。受教育者的思想品德，在活动和交往中形成，又在活动和交往中表现出来。"[1] 这些说法和杜威基于经验哲学对个体道德成长规律的分析不谋而合。

其二，杜威经验德育思想扩展了对德育的理解，以经验为基础构建了间接德育与直接德育相统整、校内外经验育德相统整的德育工作体系。

"如果我们不把过去一度对教育事业发生关系的某些旧传统和旧思想作对比，就不能理解杜威教育思想的新颖。"[2] 杜威明确提出间接德育的概念，坚定地宣称学校生活经验对品格成长的影响远远大于直接道德教学，进而执着地从学校的社会性、教学方式的道德属性、教学内容的社会意义、德育课的教学方式等角度建构了一套整体把握学校德育体系的思路。同时，杜威经常提及家庭、社区生活经验对于个体成长的影响，尽管缺少系统的论述，但体现了合理定位学校德育功能、构建校内外德育体系的思想雏形。

杜威所建构的经验德育思路对于缓解乃至消解德育专门化、形式化、

---

① 南京师范大学教育系编：《教育学》，人民教育出版社 1984 年版，第 258—263 页。

② ［美］简·杜威：《杜威传》，单中惠编译，安徽教育出版社 1987 年版，第 185 页。

知识化问题具有积极的意义。当代社会拥有庞大的学校教育制度，容易助长"过分学校式的和形式的教育观念"①，在道德教育领域，这种观念体现在：将培养青少年的良好思想品德看作是学校独立承担的责任，无限夸大学校德育责任，动辄将青少年乃至成人社会中出现的劣迹恶行归咎于学校德育低效；学校德育又格外重视专门开设的德育课、德育活动，倾向于认为"关于道德的教学的专用课时"不仅能够让学生熟练背诵道德知识，而且足以培养学生的良好品德。杜威将文化传播、道德学习的源头追溯到经验，强调没有脱离"在经验中学习"之外的第二条法则，其首要的意义在于粉碎人们关于学校德育功能和直接德育功能的不切实际的臆想，认识到在形成学生依据道德准则而行动的倾向方面，直接德育只是一种相对表面的手段，弥散在学习者成长的各个时空的生活经验才是更为基本和更为持久的教导方式。

依据经验德育思想，学校生活的一切媒介、手段和材料，如学校中的气氛和理想、教学方法、人际关系等，都会对学生的性格的发展产生影响，是正规学科课程之外的隐性课程；学生在学习的时候，所习得的并不限于当时他学习的特定事物；学生在校园里的道德学习，在多数情况下是附随于学科学习而发生的；只有当教育者的言说得到学习者日常经验的证明时，主流价值观才能真正赢得学习者的认同和遵行。教育者一般能够胜任并且习惯于对主流价值观的言说，但是容易忽视学习者日常经验和主流价值观之间可能出现的背离。家长、教师以及负有德育责任的其他成员都有必要重视学习者日常经验与主流价值观之间可能出现的"南辕北辙"，并据此开展有力的纠正。

就学校德育而言，学校要细致分析学生的校园日常生活经验的属性，努力确保学生在学校中生成有价值的即合乎当代德育目标的经验。以社会主义核心价值观中友善品质的培养为例，学校要创设接纳、关心、欣赏每一个学生的校园氛围和班级氛围，让家境贫寒或有特殊需要的学生都能感

---

① ［美］约翰·杜威：《民主主义与教育》，王承绪译，人民教育出版社2001年版，第9页。

受到来自学校的友好；确定相应的行为准则，鼓励学生与他人友好相处，及时纠正和惩戒不恰当的言行；支持学生自主规划社团活动和志愿服务活动，自主践行友善这一道德准则。德育课的教学也可以在此过程中灵活展开，如针对学生在人际交往中遇到的困惑和问题展开专题引导，组织学生阅览相应的故事、影片和理论书籍，这样就可以建立德育课育德与校园生活经验育德的有机联系，改变德育课停留于孤立识记"关于道德的观念"的无效状态，使学生的道德学习过程成为前后支撑的统一体。

通过校园生活的一切经验对学生品德成长的影响显然远远大于直接德育教学内容对学生品德成长的影响（并且，德育课堂上发生的生活经验也从属于前者），依据当代德育目标重构当代学生的校园生活经验显然比编写一套教材要困难得多，而直接德育的教学效果也必须通过学生在校园内外的经验来加以检验。因而，学校德育体系的构建应该以校园生活经验的提升为核心、重点和难点，既要实施德育意图清楚明显的直接德育，又要分析德育意愿模糊不明显的、由大量教育活动和丰富校园生活所构成的间接德育，提升间接德育的德育自觉性，改善来自校园生活经验的"更大范围的、间接的和生动的道德教育"的品质，构建直接德育与间接德育有机配合的学校德育体系，才能更加有效地促进学习者的良好品德生成。

其三，杜威经验德育思想直面民主时代道德观与专制时代道德观之间的对立，提出了与公民道德培育相适应的德育思路。

杜威的德育贡献突出地体现在德育实施途径与德育目的两个方面。就德育实施途径而言，杜威不仅揭示了在经验中进行道德学习的普遍过程，而且主张通过让儿童从小在家庭和学校中参与有助于理解人类进步历程的活动、劳动来发展社会精神、社会智慧和社会行动，使个体逐步成长为民主社会的合格公民。而更深层的贡献是德育目的观或道德观的转变，杜威独具慧眼地指出，专制社会制造了劳心者与劳力者之间的阶级对立，导致道德与生活经验的割裂，使美德沦为统治阶级的装饰。这些对于我们立足民主背景重新思考道德和道德教育具有重大启发意义。

我国社会主义民主制度的建立来之不易。古代中国有漫长的封建专制历史，在皇权专制时代确立的道德体系不可避免地存在贬抑利己、忽视劳动创造的问题，出现了"存天理灭人欲"的极端口号，造成了以神权、君权、父权、族权、夫权压制民众能力的局面，导致国民性格存在"愚、贫、弱、私"等不足。当代中国一方面要继承和发扬中华优秀传统文化中爱国、自强等内核，也要依据民主社会发展的需要，加强对封建糟粕的辨别，构建新型道德体系和当代德育目标。

社会主义民主制度赋予了全体中国人在法律面前人人平等的公民身份，要求公民平等地承担祖国建设和发展的责任，明确提出了以"爱国守法、明礼诚信、团结友善、勤俭自强、敬业奉献"为核心的公民道德规范和"富强、民主、文明、和谐，自由、平等、公正、法治，爱国、敬业、诚信、友善"为标志的社会主义核心价值观。新型的公民道德体系均衡考虑社会发展和个性发展的需要，既倡导全体公民的社会责任意识，又鼓励公民的自由自立，能够为社会发展注入活力。笔者认为，我们有必要发掘杜威经验德育思想的积极意义，全面构建适合中国社会发展需要的公民经验德育，促进能够全面参与社会主义民主社会建设的合格公民的成长。

二、杜威经验德育思想的不足之处

除《中学伦理学教学》《教育中的道德原理》之外，杜威很少有专门论述德育的著作。尽管笔者循着杜威的经验哲学梳理出他的经验德育思想，但客观来说，杜威并未明确承担起建构一套完整的德育思路的使命，他所提出的经验德育思想还不够完整、细致，后人无法照搬套用，而必须在巨人的肩膀上前进，加以完善和转化。

其一，杜威搭建了经验德育的大致框架，但对经验德育体系中各种德育方法的关系缺少细致分析，对于如何在社会、家庭、学校中有机应用各种德育方法达成德育目标缺少细致分析。

循着杜威的论述，我们大致可以发现，他倡导的德育形态以个体在家庭、学校、社区中参与具有社会精神的活动、生成相应经验为基本载体，以角色扮演、榜样模仿、阅读、讨论等为辅助方式，但由于具体论述字数有限，不足以细致阐明各种德育方法的结构关系，不足以阐明有效应用各种德育方法所应注意的要点。

杜威认为，个体自出生以来在家庭和社区中的生活经验具有育德功能，相比之下，基于日常生活经验的德育更为基本、更为持久，学校德育只是一种相对表面的手段。① 然而，对于个体在家庭、社区中如何进行道德学习，社会经济、政治、法律、宗教制度如何影响经验改进和品德形成，杜威没有展开系统论述，有待后人来填充。

其二，杜威高度肯定作为共同体的社会、家庭、学校，但对于如何促使现实中民主化程度不高的社会、家庭、学校逐步成为民主生活共同体缺少分析。

杜威眼中的社会，天然地就是人与人的共同体，社会成员拥有共同的目的，大家依据这个目的调节活动。② 然而，生活在同一地域的人们并不自然而然地成为一个共同体，人们可能分属于不同的阶级，结成奴役与被奴役的关系而不是平等合作的关系。社会转型期的时代使命就是把并不合乎民主理想的社会逐步改造成为共同体社会，杜威对社会形态的转变所应遵循的路径以及转变过程的困难程度缺少分析。

杜威经常论及理想家庭、贤明父母，将理想家庭生活看作是理所当然的，没有考虑到大量并不完美和幸福的家庭。杜威认定儿童在家庭中可以有丰富的动手机会、交际机会，在经验过程中实现情感、知识和能力的建构，显然有一种想当然的倾向。事实上，在社会中存在大量不合乎民主共同体标准的家庭（不仅不能与其他家庭和社会机构合作，家庭成员之间也没有大家共同参与的、物质的、理智的和审美的利益③），存在大量不懂教育规律的家长，很多家庭生活的运行方式是束缚儿童成长、不利于儿童自主探索的。

杜威对学校的社会属性的改造的分析显然也不够充分。他似乎认为，构建充满社会精神的学校，从以个人主义为内核的教学走向充满社会精神

① ［美］约翰·杜威：《民主主义与教育》，王承绪译，人民教育出版社2001年版，第9页。
② 同上书，第10页。
③ 同上书，第93页。

的教学，只是一个观念转变的问题，"我欲仁，斯仁至"。然而，传统学校诸多不当状况有着深层的社会支撑因素，必须革除传统教学的背后推手，才能真正将依托学校日常生活经验达成公民道德培养落到实处。

另外，值得一提的是，对于中国德育创新来说，杜威经验德育思想总体上是一种外来思想，这一思想是否适用于解释中国德育现象，如何有效发挥其对于当代中国德育创新的借鉴和指导意义，有赖于中国研究者对其进行基于中国本土状况的阐发、完善和改造。

第二章　经验德育的模型建构

杜威指出，在经验中学习是个体学习的普遍原理，勾画了基于经验的持续改组培养民主社会合格公民的可喜图景。本章拟沿着巨人开辟的道路前进，结合唯物史观、建构主义心理学等相关理论细致分析经验育德的机制，搭建经验德育的方法模型，并将这一模型应用于当代中国公民道德培养过程之中。

第一节　经验德育论的基本主张

德育的方法要依据个体道德学习和道德成长的规律而确定。经验德育论以杜威经验哲学所蕴含的经验德育思想为基本依据，主张以经验为核心解读个体道德学习与道德成长。其主要主张包括如下两点：（1）经验是个体道德学习的起点，个体的生产活动、人际交往等经验是道德认知、道德情感和道德行为产生的源泉和动力；（2）经验属性随道德学习进程而改造，个体道德成长以个体生活经验越来越符合特定道德规范为标志。

一、经验是个体道德学习的起点

此处试以幼儿学习社交规则的过程来解释这一点。幼儿对社交规则的学习，是从在实际行动中"尝试错误"的生活经验开始的。一个幼儿很想玩另一个幼儿的玩具，下面的情形极有可能发生。

> 两岁的军军和龙龙在同一片草地上玩耍。军军想玩龙龙带来的玩具火车，直接伸手去拿。龙龙不让他拿，军军坚持要拿，两

个人动起手来，哭喊的声音很大。

对于曾经长期陪伴过儿童的人来说，这样的场景应该不会很陌生。两岁的孩子还处于自我中心的阶段，他们尽管在同一片草地上玩耍，但他们只是"平行""玩耍"并没有真正意义上一起玩；这个阶段的孩子还没有明确地把"我的"和"他的"区分开，也不能清楚地向他人说出自己的要求；在活动的时候，他们更倾向于按照预先的设想坚持到底，即使发生冲突，也不会变通。

这个事件的后续演化有很多种可能，对作为当事人的两名幼儿来说，分别会带来不同的影响。

[1] 他们的哭喊并没有引来其他人，军军比龙龙力气大一些，把龙龙推倒在一边，拿着玩具火车玩了起来。

[2] 他们的哭喊并没有引来其他人，龙龙比军军力气大一些，把军军推倒在一边。军军玩不到龙龙的玩具火车。

[3] 两个孩子的家长过来了。军军的妈妈把两个孩子分开后，先了解情况，而后批评军军，告诉他"别人的东西不能随便动"，"要拿别人的东西必须先征得别人的同意"，同时正式向龙龙表示道歉和安抚。尽管军军不情愿，但他要么选择放弃最初的拿龙龙玩具的想法，要么向龙龙有礼貌地提出请求。

[4] 两个孩子的家长过来了。军军的妈妈把两个孩子分开后，先了解情况，而后安慰军军，代表军军向龙龙索要玩具火车，或者拿军军的玩具来与龙龙交换。最后，军军如愿拿到了龙龙的玩具火车。

[5] 两个孩子的家长过来了。龙龙的妈妈把两个孩子分开后，先了解情况，而后安慰正在哭的龙龙，象征性地劝导他"要大方""要友好"，同时很正式地告诉军军如果想动龙龙的玩具一定要先得到龙龙的允许。

[6] 两个孩子的家长过来了。龙龙的妈妈把两个孩子分开后，先了解情况，而后极力劝说龙龙把玩具分享给军军，甚至直

接把玩具拿给军军。军军不哭了，龙龙大哭，妈妈嘲笑他"太
小家子气"。

　　……

　　围绕玩具火车事件，我们还可以设想出其他的结局，毕竟生活就像万
花筒，每一个事件都可能朝着不同的方向发展。我们把这六种可能的演化
分别看作一个完整的经验分析单元，分析一下不同的经验对于个体学会与
他人交往、形成个人的交往风格来说具有的不同效果。

　　在第一种经验中，军军学到的是靠武力来达成自己的目的，没有形成
物权意识，没有形成与他人友好协商的意识。龙龙体会到的则是弱者会被
欺负，没有形成与他人友好相处的意识。

　　在第二种经验中，军军没有形成物权意识，没有形成与他人友好协商
的意识，而是形成"身强体壮才能达到目的"的意识。龙龙体会到的是
要靠体力来维护自己，没有形成与他人友好相处的意识。

　　在第三种经验中，军军形成初步的物权意识，形成初步的与他人友好
协商的意识，形成克制武力攻击冲动的意识。龙龙体会到自己的物权是受
尊重的，自己是安全的、被成人爱护的。

　　在第四种经验中，军军没有形成物权意识，没有形成初步的与他人友
好协商的意识，而是意识到妈妈是他的靠山和后盾，在希望达成目的时可
以向妈妈求助，也就是说，妈妈的做法给军军明示了另一种可能的活动策
略。龙龙体会到自己的物权是不受尊重的。

　　在第五种经验中，龙龙体会到自己的物权是受尊重的，自己是安全
的、被妈妈保护的；军军形成初步的物权意识，形成初步的与他人友好协
商的意识，形成克制武力攻击冲动的意识。

　　在第六种经验中，龙龙体会到自己的物权是不受尊重的，自己是不安
全的、不被妈妈保护的；军军没有形成物权意识，没有形成与他人友好协
商的意识，而是意识到龙龙妈妈是他可以求助的对象，在希望达成目的时
可以向龙龙妈妈求助，也就是说，龙龙妈妈的做法给军军明示了另一种可
能的活动策略。

　　以上所进行的关于经验结果的推理，都是与活动主体的内部心理活动

分不开的。不管是军军还是龙龙，他们在这一短暂的经验过程中都在进行着复杂的认知、推理、判断、选择。基于人的趋利避害的本能，个体会随着事件的展开、环境的变化而改变自己的行动。比如当龙龙发现自己得到妈妈的支持时可能会更坚定地要把玩具火车抓在手里，而发现妈妈站在军军那一边时则可能会大声哭闹以示抗争，或者变得胆怯、沉默。

这一短暂的经验过程会在个体心理系统中留下或深或浅的痕迹，影响他此后的活动抉择。个体在实际活动之前会在内心进行不同活动策略的比较，而以往经验会为个体选择或放弃某种策略提供依据。在第二、三、五种经验中，军军最初的目的没有达成，以后在遇到类似情境时，他可能就会采用别的活动策略来追求目的达成，而不会再采用现在这种硬抢的策略。

偶尔发生的生活经验显然不足以促使个人形成稳定的心理倾向，但如果同一性质的生活经验持续发生，个人就会在日积月累中形成稳定的思考方式，形成稳定的达成个人目的、与他人相处的活动方式。假如军军生活在贤明的父母身边，每次想要动用别人的物品时都会得到"要拿别人的东西必须先征得别人的同意"的提醒，在有人想动用他的物品时都会被请示"军军，我能玩一下你的玩具吗?"，军军就会形成尊重他人物权的意识，在他想动用别人的物品时，他的首选活动策略就是征求对方的同意。并且，他会逐步优化自己的请求方式，以尽可能达成目标，如提出主动交换的请求——"龙龙，我把我的小汽车给你玩，你把你的小火车给我玩，好吗?"

综上所述，个体在人生早期的生活经验，会促使个体形成对于自我、人际关系、家庭、社会的初步认识，习得某种行为方式;个体所经历的各种生活经验，都会产生某种育德效果。

二、经验属性随道德学习进程而改造

通过幼儿学习社交规则的例子，笔者想说明的道理是:个体对于社会交往中的规则的认识，是以个体的经验为起点的。这里的"经验"不能称之为"道德经验"，而是个体行为及其后果统合而成的自发经验，因为在这一经验中的个体行为并不一定符合社会所设定的道德规范。个体行为如果符合社会所认可的道德规范，会给个体带来肯定性的行为后果；个体行为如果违背道德规范，会给个体带来惩罚性的行为后果。《杜威学校》指出，个体"不仅从做中学习，而且从看出他所做的事对他将来可能做或可能不做的事的关系中进行学习；他进行实验，他'承担后果'，他考虑这些后果。如果这些后果是好的，如果它们促进或开拓继续活动的其它道路，这个行动很可能重复地做；如果不然，这种行动的方式就会改变或中止。"① 以这样的生活经验为起点，个体慢慢形成对于道德规范、是非对错、善恶美丑的认识，逐渐能够依据这些认识来指导行动，做出真正具有道德意义的行为，生成合乎特定道德标准的生活经验。

儿童对社会文化资本的继承，儿童的知识、技能、品德建构，不是像获得实物一样轻易实现的，而是经历了漫长的、从无意识到有意识的建构过程或学习过程。杜威曾经以语言学习为例进行了分析。幼儿因为在经验过程中多次被提醒戴上帽子，逐步理解"帽子"这个词与该物品之间的关系，进而能够慢慢地说出这个词，将词语与自己的行动有机地组合起来。② 道德学习显然也遵循相似的规律，但过程更加复杂，因为就道德学习而言，儿童所要学习的不是一个个明确的音节，而是要依据推理、概括等掌握社会的评价取向，据此进行自己的行动抉择。成人会根据某种价值观对儿童的行为作出"真棒""乖""不好"之类的评价，肯定性评价往往与微笑、奖励相伴，否定性评价往往与批评、惩罚相伴，儿童在漫长的趋赏避罚和学做好孩子的过程中自然而然地学习掌握了特定的道德规范，形成了特定类型的社会交往方式。当然，尽管在基于经验的学习过程中，学习者可能没有明确的意识，但环境中的一些人（主要指年长者）可能是有意而为之，他们会主动地为儿童设置一种环境，以促使儿童选择特定的某些行动方式。③

---

① ［美］凯瑟琳·坎普·梅休、［美］安娜·坎普·爱德华兹：《杜威学校》，王承绪等译，华东师范大学出版社 1991 年版，第 417 页。

② 参见［美］约翰·杜威：《民主主义与教育》，王承绪译，人民教育出版社 2001 年版，第 21 页。

③ 同上书，第 25 页。

在漫长的道德建构过程中，个体的经验类型缓慢地发生变化。我们可以将个体品德形成过程中的行动及与之相应的生活经验细分为相互联系的三种类型：第一类是相对自发的、不一定合乎道德规范的行动和经验；第二类是基于避罚或获奖动机而遵守道德规范的他律道德行动和经验；第三类是出于对道德规范的自主认同而做出的自律道德行动和经验。三种经验处于个体品德发展阶段的不同层次，第一类经验虽然不能被视为"道德经验"，有时个体行为可能是违背社会道德规范、伴随惩戒后果的，但这些经验仍然是道德学习的重要环节；第二类经验表面上合乎道德，但个体行动是功利取向的，不够稳定；第三类经验则标志着个体品德的成熟，此时个体行为动机不取决于功利性回报的有无，而是基于较成熟的道德意志，类似康德所说的意志自律。

与以上分析相类似的表达在中外学者的德育论著中一直是存在的。杜威在论及德育时，将德育与教儿童游泳进行类比①，进一步解析可知：儿童在初次下水游泳的时候，其动作可能是完全错误的，后果是呛水，这对应的是第一类行动及经验；儿童在教练指导下纠正游泳动作的时候，只是机械照做但不明白缘由，这对应的是第二类行动及经验；当儿童熟练掌握之后，他拥有的是第三类经验。檀传宝教授也曾将道德发展概括为"无律—他律—自律—自由"的过程，他认为：在无律阶段，儿童对许多道德规范尚无明确的认知和体验，所以其行为不能归入具有道德意义的阶段，但这一阶段的儿童行为是道德发展的特殊形态；他律道德阶段指儿童借助于成人的权威去体认道德规范的发展阶段；自律道德阶段是指儿童能够借助自身的道德判断、情感等因素自觉体认道德价值与规范，进行道德行为的发展阶段②。笔者认为，本书依据杜威经验论对于个体品德形成过程中三种行动和经验类型的分析，与檀传宝教授对道德发展阶段的分析是吻合的。

依据个体在经验中学习道德的道德学习规律，我们可以顺理成章地推

---

① ［美］约翰·杜威：《学校与社会·明日之学校》，赵祥麟等译，人民教育出版社2005年版，第141页。

② 檀传宝：《德育美学观》，山西教育出版社1996年版，第124—126页。

导出经验德育论的第三个主张：德育应该以特定社会的道德体系为依据引导儿童生活经验的发生和展开，起于经验，经由经验，促使个体生活经验由相对自发、不一定符合道德的状态上升到以对道德规范、道德原则、道德理想的认知和理解为基础的、越来越符合道德的状态。

第二节　人和环境的交互作用与经验德育

经验是有机体与环境的交互作用，如果对这种交互作用进行细致拆分，我们可以看到，经验是由个体在具体环境中的活动、具体环境对个体活动的反应以及个体基于环境变化进行的下一步活动、环境的再次反应有机嵌合而成的复合体。对个人的道德成长而言，这种对经验的内在结构的分析具有原型意义，即个人的全部道德成长，都是基于这样的周而复始的交互作用而实现的。一般情况下，个人依据经验结果是肯定性的还是否定性的来调整自己的活动策略，以期顺利达成自己的目的，并在此过程中逐步将社会所认可的道德准则建构为自己在做出活动选择时的准则；但随着个体成长，个体的行动选择越来越丰富多样。为了深入把握经验育德的过程，我们有必要围绕经验的结构要素——个人和环境及其交互作用——进行分析。

一、个体活动与道德学习

在经验过程中，个体进行主动的活动，个体品德在活动过程中发挥作用，并且随着活动而建构。马克思主义哲学认为，人的活动是有意识、有目的的。人的活动追求目的的达成，这意味着人为了尽可能充分地达成目的，会在活动之前对周围环境、自身能力等进行推理和判断，对可能采取的活动方式或者活动策略进行推敲，选择一种活动策略，而后开始活动。明智的个体在活动过程中并不是盲目地依据预先确定的活动策略来活动，而是会根据自己对活动过程中内在和外在因素变化的认知随机应变，调整活动策略和活动目的。个体在活动过程中灵活应变的能力，个体的明智程度，显然又是因个体的素质、生活经验或人生阅历的不同而有很大差异的；在活动策略、活动目的的选择和调整过程中，个体的知识、技能、品德都可以发挥相应作用，同时也都可以随着这一过程而实现生长或建构。

需要和目的紧密相连，人的活动目的源于人的需要，人的活动就是力求满足需要的过程①，即如马克思所说，人们"积极地活动，通过活动来取得一定的外界物，从而满足自己的需要"②。人的需要是多方面、多层次的，孟子说"鱼，我所欲也；熊掌，亦我所欲也"，马斯洛将人的需要划分为由安全需要、归属需要、尊重需要、爱的需要、自我实现的需要构成的金字塔。需要有时单独对个体活动发挥支配作用，如幼儿可能仅仅想到要玩新奇的玩具，而没有考虑其他的需要（如安全、被夸奖等）。有时需要又组合起来对个体活动发挥支配作用，使人的活动目的具有多重性，这一点，即使在幼儿身上也有所显现，如军军可能既想玩到别人手中新奇的玩具，又想避免被玩具的主人痛打一顿，还想被妈妈夸奖是个好孩子，这三种都是他想达成的目的。活动目的的多重性在年长一些的个体身上体现更加明显，如一名中学生既想看偶像主演的电视剧，又想完成老师布置的作业、在班级演讲比赛中获得好名次，还想参加同学的生日聚会、完成自己心动的小创作。个体在实际活动之前，要对多重的活动目的进行权衡，明确哪些目的对自己来说是最重要的，哪些目的是相对次要的；哪些目的是可以共生的，哪些目的是不能共生的。而后，个体才确定指导下一刻活动的一个或者一组活动目的。如军军既想玩到新奇的玩具，又想避免被玩具的主人痛打一顿，还想被妈妈夸奖是个好孩子，这三种目的有时就是可以共生的。

需要的多样组合决定了个体活动的丰富多样，激活、唤醒了个体的活动智慧。在活动目的大体明确之后，个体开始着手选择有助于达成目的的活动方式或活动策略。"无知者无畏"，容易莽撞行事，而随着生活经验的丰富，个体会三思而后行。回顾自己过去的生活经验（硬抢玩具被打还被家长批评），借鉴自己知晓的别人的做法（妈妈讲的分享玩具的做

---

① 郭湛：《人活动的效率》，中国人民大学出版社 2014 年版，第 9 页。

② 《马克思恩格斯全集》第 19 卷，人民出版社 1963 年版，第 405 页。

法、童话或动画片里的故事），军军会确定自己的活动计划：有礼貌地向对方提出请求，或者主动拿出自己的玩具来要求与对方交换。在实际活动之前，权衡多重活动目的和筛选多种活动方式的内部心理活动过程已经发生；在实际活动过程中，个体自身情况和环境条件都是动态变化的，个体的内部心理活动并没有停止，而是时刻都在进行，对活动过程中自身情况的变化、环境的变化进行监督、推理，据此确定继续执行预设计划还是修改活动方案。如当军军发现对方坚决不肯交换玩具或者成人即将赶来对自己实施惩罚时，就要考虑是不是放弃原来的想法，改道而行。

需要注意的是，个体需要有层次高下之分，个体所追求的目的不限于物质财富，这为个体达到道德高地提供了可能。在高层次需要的指引下，个体活动选择有可能超越功利计算，不受奖惩的支配，体现较强的自主性，如意志坚定的革命者宁可被砍头也不向反动派投降，科学家拒绝高薪吸引而坚持开展"板凳要坐十年冷"的高难度研究，就属于此类。总之，多样的个体需要和活动目的导向丰富多彩的活动，促使个体习得具有独特性的品德。

经验延续向前，道德学习亦随之伸展向前，个体的道德观念、行为习惯乃至品德逐步得到确立或修正。一方面，个体的内部心理活动和外部实践活动会受到以往经验的影响。在对活动目的、活动方式进行权衡和筛选的时候，个体以往的生活经验会发挥参考价值，如曾经因迟交作业而被惩罚的中学生可能会把按时完成作业作为首要的活动目的；个体观察到的、听说过的他人的生活经验也会发挥借鉴价值，如曾经目睹同桌因迟交作业而被惩罚的中学生会努力避免受到类似的惩罚。另一方面，后来发生的经验会确证或者动摇个体所持的思想观念，如曾经相信"不劳无获"的个体在经历腐败带来的高额利益后可能会迷失信仰，反之，曾经迷恋"不当得利"的个体在经受法律制裁或者目睹高官落马的下场之后可能回归正途。

二、环境对个体道德学习的作用

（一）环境的构成

对环境的分析可能要相对复杂得多。杜威指出，经验"是一种无数力量的继续不断的相互作用"①，环境包括促成或阻碍、刺激或抑制生物的特有活动的各种条件。

个体所处的环境，可以大致分为自然环境和社会环境。自然环境指水土、地域、气候等自然事物所形成的环境。自然环境对人的生活有重要影响，如风调雨顺会带来丰收年景，让人们有更多的享受机会；洪水、地震则会给人们的家园带来毁灭性的打击，引发逃生、救灾、重建等一系列活动。社会环境是受人类长期有意识的社会实践活动影响而被加工和改造了的自然物质、创造的物质生产体系、积累的物质文化等所形成的环境体系，是对我们所处的社会政治环境、经济环境、法制环境、科技环境、文化环境等宏观因素的综合。随着人类的发展，自然环境越来越打上人类的烙印，成为"人化的自然"，具有社会性。

在社会中，人与人紧密相连，"既存在着利益的一致，也存在着利益的冲突"②，社会生活因而蕴含着制度化的需要，如诺思所说，"制度是一系列被制定出来的规则、守法程序和行为道德伦理规范，它旨在约束追求主体福利或效用最大化利益的个人行为"③。各种类型的社会制度逐步生成并发生作用，成为社会环境的重要组成部分④，成为个体活动的重要影响力量。我们可以依据制度化水平的高下将社会环境进一步细分，将其分为制度环境和非制度环境。就制度环境而言，各种类型的社会制度厘定了社会成员之间的权利和义务关系，对于社会成员的生存状态、思想观念和活动选择的影响极大。例如，生产资料所有制关系到每个人的生存，在深层决定了特定社会中的人际关系格局；学校教育制度规定了教师对于学生的教育管理职责和权利，总体上决定了校园内的师生行为和关系格局。社会环境中也有一些相对随机、偶然的条件，如邻家老人对街道上玩耍的儿童进行训斥或者表扬，具有偶发性；当然，即使在这一事件中，我们也可

① ［美］杜威：《道德教育原理》，王承绪等译，浙江教育出版社2003年版，第92页。
② 齐延平：《论社会基本制度的正义——对罗尔斯正义理论的讨论》，《北方法学》2007年第4期。
③ ［美］道格拉斯·C.诺思：《经济史中的结构与变迁》，陈郁、罗华平等译，上海三联书店、上海人民出版社1994年版，第235—236页。
④ 参见刘超良：《制度：德育的环境支持》，《教育科学》2004年第4期。

以看到某些社会制度的作用，如老人对儿童的表扬或批评是以特定社会规则为依据的，而社会成员普遍推崇尊老的规则使得老人在教育儿童方面有相应的权威性和使命感，也使得老人的教导能够得到儿童的尊重，甚至老人和儿童的社会经济地位等客观因素也会对这一偶发过程产生影响。

（二）环境作用于个体活动和道德学习的机制

杜威指出，社群借助于环境的作用，引起个体的某些反应，实现语言、习俗、道德、价值等的传递。"所需要的信仰不能硬灌进去；所需要的态度不能粘贴上。但是个人生存的特定的生活条件，引导他看到和感觉到一件东西，而不是另一件东西；它引导他制订一定的计划以便和别人成功地共同行动；它强化某些信仰而弱化另一些信仰作为赢得他人赞同的一个条件。所以，生活条件在他身上逐渐产生某种行为的系统，某种行动的倾向。"① 个体所认同的道德准则是个体在进行活动选择和计划过程中的重要指导力量，可以理解为个体在行动中的某种倾向，道德准则可以通过环境对个体活动的影响而实现社群内部的传递。

笔者认为，杜威的这段极为精简的论述提示了环境影响个体活动和经验以及据此而生的经验育德过程的基本机制。每一代人、每一个人都处于现实的物质生活条件之中，环境作为个体所处的现实生活条件，规定着个体的需要和活动目的，指引着个体的活动方式选择，为个体活动有效性的判断和后续的反思与归纳提供基本依据。

首先，环境规定着个体的需要和活动目的。和其他生物一样，人有延续生存的需要，同时，作为一种高级生物，人的需要是多方面、多层次的。需要内在地规定了"一定的客体对象或对象状态对于主体存在和发展的价值"②，确定了人当下的活动所追求的目的，为人的活动提供动力，如马克思所说，人们"积极地活动，通过活动来取得一定的外界物，从而满足自己的需要"③；人的活动也构成了历史，"历史不过是追求着自己

———————

① ［美］约翰·杜威：《民主主义与教育》，王承绪译，人民教育出版社 2001 年版，第 17 页。

② 郭湛：《人活动的效率》，中国人民大学出版社 2014 年版，第 9 页。

③ 《马克思恩格斯全集》第 19 卷，人民出版社 1963 年版，第 405 页。

目的的人的活动而已"①。

在纷繁多样的需要中,为什么某一种需要成为人在当下的唯一需要或主导需要呢?在缺少自觉意志的个体那里,我们可以看到环境的决定性影响。个人生存所处的特定的生活条件,如个人的身体状况、经济状况、社会地位、知识水平,决定了个人当前的需要主要是什么,个人当下最想要的是什么。孟子说:"鱼,我所欲也;熊掌,亦我所欲也。二者不可得兼,舍鱼而取熊掌者也。"这里呈现的是孟子的选择,但并不一定会成为众人一致的选择:设定一斤熊掌的单价是一斤鱼单价的一千倍,且个人在拿到熊掌或鱼后只能把它吃掉而不能拿去售卖,如果将价值相等的熊掌和鱼放在饥饿且思维正常的穷人面前,穷人更可能选择鱼而不是熊掌;如果放在衣食无忧、不缺鱼吃但从来没尝过熊掌味道的富人面前,富人有很大的可能选择熊掌。

对于具有自觉意志的个体而言,环境对个体的需要和活动不具有决定性影响,但其影响力仍然是强大的。如果把"鱼"比作人的低水平需要,"熊掌"比作人的高水平需要,我们可以看到,孟子之所以"舍鱼而取熊掌""舍生取义",是因为他具有较强的自觉意志,受到高层次需要的指引,其行为选择超越了功利计算。同理,专制统治下的臣民为了满足生存和安全需要,倾向于顺应环境见风使舵,为了向皇权表达效忠之心而放弃尊严和道德操守,甘心做忠顺的奴才;民主社会中的公民则更重视人格尊严和自我实现,对于环境条件中的不合理、不公平因素,会坚持原则,奋起抗争。

其次,环境规定着个体所能选择的活动方式,规定着社群内部的价值准则。在不同的物质生活条件下,个体所能采取的活动方式是有限的。如在收获季节,当代的农民可以选择使用收割机还是使用人工;而古代的农民只能选择使用人工,对他们来说,可以选择的是仅靠自家的人工还是约请亲友免费帮助或聘请其他的人工。收获季节很短,需要抢收抢种,需要大量人工,最好是免费的人工,这决定了古代农民必须注重人际关系的维

---

① 《马克思恩格斯文集》第1卷,人民出版社2009年版,第295页。

护。可见，在活动方式和道德准则的选择过程中，环境的力量是巨大的。

再次，环境规定着个体活动有效性的判定标准，为个体进行活动反思和调整提供依据。这一点与第一点紧密相连，人的活动的有效性判断是根据活动结果和活动预定目的之间的符合程度而进行的，"人的活动的有效性是在活动的效用和效果中体现出来的，人以自己的活动引起作用对象变化，并使之符合自己目的的特性"①。既然环境规定人的活动目的，自然也提示了对活动结果进行判断的标准。对于求温饱的农民来说，凡是有助于实现一年温饱、带来富足生活的活动方式都是好的，凡是不利于实现温饱、可能会带来饥饿和动荡不安的活动方式都是不好的。中国古代农民推崇的美德是勤劳、节俭、墨守成规，反对懒惰、奢侈、标新立异，显然是与古代社会的生产力水平低下、科学不够发达、农民处于求温饱的生存状态紧密相连的。

综上所述，在多数情况下，环境决定了个体的活动目的、活动方式，决定了个体评价和反思活动的基本态度，从而强化、支持特定的活动方式及其内在的道德准则和价值观念，弱化、否定另类的活动方式及与之对应的道德准则和价值观念。

三、环境中的他人对个体道德学习的影响

在影响个体活动的各种条件之中，他人显然是不应该被忽视的条件。他人作为个体活动的管理者、示范者、同路者、合作者、反馈者、旁观者存在于个体活动的环境之中，对个体学习发生着重要影响。

（一）他人自发地影响个体的道德学习

社群的生活是先于儿童而存在的。儿童自降生之日起就开始与他人共处，并且由于儿童先天能力的不足必须要依赖于周围的年长者，投入大量精力去观察年长者的言行，由此，年长者自然而然地成为儿童成长过程中的示范者。随着儿童活动能力的增强，儿童不再是社群中纯粹被照顾的对象，而是可以和周围人一起从事一些力所能及的活动或劳动，他和周围人

---

① 郭湛：《人活动的效率》，中国人民大学出版社 2014 年版，第 35 页。

之间越来越多地发展起分工合作、休戚与共的关系（如在小河滩捕鱼时每个人负责堵住一个出口），周围人为了儿童的安全成长或者共同活动的成功而不断地对个人进行提示、指导、鼓励、批评。健全的儿童拥有吸收能力发达的头脑，能够感受、理解他人的面部表情、话语、语气、手势、动作，据此形成特定的活动方式和处世方式。

相对于学习者而言，环境中他人的活动是学习者活动的环境，由他人的活动所构成的环境并不是僵死不变的。在很多情况下，他人的活动与学习者的活动互为刺激，互为反应，这种持续开展的刺激—反应给学习者提供了进行后续活动选择的依据，对于学习者的活动方式有很大的影响。不过，在自发状态下，他人的活动并不以指导学习者的活动选择、传递社会的科学和道德财富为清晰表达的目的。如母亲把孩子放在背篓里，带着孩子到田间劳动，可能只是因为家中没有多余的人代她照看孩子，而不是为了让孩子从小了解田间劳动的方式和"不劳动则不得食"的道理；孩子把邻居家的小鸡踩死了，邻居到家里来索要赔偿，可能只是为了自己家的利益，而没有想到要教育这个孩子从小明白财物的宝贵以及"别人家的东西不能随便毁伤"等道理。显而易见的是，"无心插柳柳成荫"的效应是可能出现的，学习者确实可能因为他人的活动而掌握很多道理。

（二）他人主动地影响个体的道德学习

有时，个体身边的人会积极主动地分享经验、提出建议、发布要求或命令，以期影响个体决策和活动。那些因为血缘、地域、政治等因素与学习者结成稳定依存关系的人更能意识到对学习者进行有意识教导的必要，从而使环境对学习者引导作用的发生从自发状态过渡到自觉状态。这一点在儿童社会化过程中表现得最为突出。家长对家中晚辈的教导、政府对年轻民众的教导是有意识教导的两种突出类型。

在人类历史中，家庭一直是重要的经济单位，这一点在生产力水平低下的情况下显得尤其突出。"养儿为防老"的观念尽管未必为当代人普遍公认，但在古代却是不争的事实。在"家无隔夜粮"的农村，丧失劳动能力的老年人如果不能得到儿孙的供养就只能慢慢饿死，因而，父辈一定要实施教导，确保儿孙在成长过程中掌握自食其力的本领，具备供养老人的劳动能力和孝养意识。

政府也会有意识地对年轻民众以及全体民众实施教导。作为社群秩序的维护者，政府希望民众在社群生活中承担好自己分内的职责，拥护现行的社群生活秩序。政府对民众的道德教导方式包括奖惩、树立榜样、思想宣传等，而学校是代表政府对民众进行教导的重要机构。

为了帮助儿童尽快掌握社会生活中的规则和文化财富，父母、教师等重要他人会主动实施各种形式的教导：在儿童即将开始活动前帮助儿童分析自身条件和环境状况，提出行动建议；在儿童活动过程中提供指导；在儿童活动受挫时分析受挫原因，提示可能采取的各种方案，提供自己或者他人的活动经验供儿童未来活动借鉴。引导儿童读书、掌握书中所记载的人类智慧则是更为系统、正式的教导，凭借书籍这一媒介，儿童可以接触到"无欲速，无见小利""一枝独秀不是春，百花齐放春满园""No pains, no gains"等经典智慧，如果能够灵活地将古今中外的智慧和故事与自己的生活相连，儿童自然可以从中获益甚丰。经验论提示我们，不管是何种形式的教导，它们实际功能的显现，都要落实于个体的生活经验过程之中，转化为个体活动目的和活动方式选择、调整过程中的实际应用，从而使长辈的生活经验、书籍或者传说中的生活经验自然而然地进入儿童的视野，汇入儿童的生活经验。

父母、教师对儿童的道德教导并不必然有效，提升德育实效是永恒的教育主题。没有一位家长在抚养和教育孩子的时候希望孩子将来成为"不孝子"，但很多家庭出现了不孝子、败家子；没有哪个政府希望民众成为暴民，但很多朝代也出现了为数不少的暴民。依据经验德育视角来看，德育与经验的隔离是导致德育实效低下的重要原因：一方面，道德教导有时是与儿童的活动经验相脱离的，如在儿童没有从事人际交往时传授待人接物的各种训条，在儿童从事人际交往时又缺少适时的引导；另一方面，在有意识的道德教导和自发的生活经验之间存在冲突，如父母和教师口里说一套，实际做一套，儿童面对价值冲突将会变得困惑。

第三节　经验德育的方法体系

围绕经验展开的德育是什么样子的？德育理论和实践普遍认可的课程育德、活动育德、环境育德等各种德育方式是否符合经验德育理念？如果符合，它们在经验德育的实施框架中分别处于何种位置？本节中笔者拟对这些问题进行分析，以提升经验德育的理论解释能力和实践指导能力。

一、经验德育的方法集合

经验德育论认为，个体在经验过程中生成对社会和人生的认识，习得道德规则；个体通过各种方式所获得的关于道德规则的观念都必须在实际的经验过程中加以应用、验证、修订，才能最终确立为稳定地指导个体活动的道德观念。基于这样的分析，我们有必要重新审视并解释古今中外那些流传已久的德育方法，基于它们在个体学习道德的过程中所发挥的作用来确立它们在德育方法体系中的位置。

德育论著所公认的德育方法有说服教育法、陶冶教育法、实际锻炼法、自我教育法等，各论著的理解方式大同小异。经验德育论并不能发明一套全新的德育方法，而是认为，古今中外那些行之有效的德育方法都可以在经验德育的框架内找到其位置，在不同时代的德育实践中发挥作用；笔者要做的工作，是以经验德育论为指导，澄清各种德育方法的内在关系，重新组合各种方法，构建符合经验德育理念的德育方法体系，使各种方法相互支撑、相互补充、相互促进，以达到最佳的德育效果。

首先，笔者拟依据经验德育论的观点，对各种德育方法的内涵进行阐释。

（一）直接经验法

直接经验法指个体在实践活动过程中经历自己与环境之间的互动，基于经验过程中的选择、活动、反思、调整等学习道德规则，学会用特定的道德规则指导自己的活动。这种方法源于个体在自发的生活经验中学习道德规则的原理。之所以说这是一种德育方法，那是因为父母、教师等教育者依据个体在经验中学习道德的基本原理，有意识地提供相对稳定、纯净的环境，基于环境的诱导力量来促进个体做出相应的活动，促使个体在经验过程中习得社会所期望的道德准则。教育者还会在个体的选择、活动、反思、调整过程中加以引导，促使个体意识到怎样的活动是更好的、更被社会所接受的，更加自觉而有效率地习得道德规则。

例如，母亲经常带孩子到小区的游乐场去玩，孩子不断地接触到同龄人，与同龄人发生分享、争执。当孩子友好地与同龄人分享时，得到母亲的肯定和鼓励；当孩子与同龄人发生争执且场面严重时，母亲会介入，进行必要的指引。在这些经验发生之后，母亲还会引导孩子回顾与同龄人相处的经过，体会其中的美好和风波，引导孩子思考怎样才能更好地与同龄人相处。

经验包含主动的一面和被动的一面，因而，在主动与被动两点之间，直接经验法可能体现出若干变体。有时个体的行动处于主导地位，个体先做出主动的行动，引发某些后果，而后个体依据后果调整自己的思想和行动。如儿童想喝水，失手打翻了杯子，因而被扎伤或者被批评或者得到相应的指导，此后，儿童做事会更加小心谨慎。有时环境的影响、陶冶处于主导地位，教育者首先为个体安排特定的环境，这一环境基本上决定了个体可能选择的行动，个体在这样的环境中活动，自然会习得特定的思想和行动方式。如勤劳的父母带幼儿到农田干活，幼儿感受到劳作的辛苦或收获的喜悦。尽管在理论上来说，幼儿可以拒绝一同前往，可是，有时幼儿根本没有被征求意见，他可能在熟睡时就被父母放进背篓离开了家门。当然，经验的主动方面和被动方面不是截然分开的，每个经验都必然有主动方面和被动方面，如被父母带到农田的儿童开始时是被动的，但他们会根据分工帮着做一些力所能及的活儿，因为有能力帮助父母、为家庭做贡献而感到自豪，因为得到父母的表扬而感到愉快，而如果父母能够给予相应的示范、带领、鼓励，这一经验的德育效能会更大。

（二）活动强化法

活动强化法指个体的活动会得到教育者安排好的即时反馈，逐步习得社会所认可的活动方式和道德观念。教育者会对个体的良好行为进行鼓励性的强化，对其不良行为进行惩罚性的强化，以期增加良好行为出现的频率，减少不良行为出现的频率，促使个体养成合乎特定道德规则的行为习惯，逐步认同这些行为方式所内含的道德规则。

这种方法是直接经验法的一个小小的延伸或者变异，与直接经验法有如下区别：在直接经验法中，教育者的作用更多地体现在环境的安排上，对活动者的引导方式相对多样；在活动强化法中，教育者的作用更多地体现在及时强化上，对活动者的引导方式相对单一。活动强化法的优点是能够以较快速度塑造个体外显的行为习惯，缺点是相对忽视个体对道德规则的认知和认同。与之相伴的结果是个体在相似的环境中容易表现出符合教育者期望的行为，在环境改变后则可能采取不符合教育者期望的行为。

例如，学校每天检查学生寝室，对合乎寝室卫生要求的学生进行表彰、奖励，对不合乎寝室卫生要求的学生进行批评、惩罚。与之相应的结果是学生出于趋利避罚的动机将整理寝室卫生作为重要任务，遵守学校所规定的寝室卫生标准。但是当学校停止例行检查时，学生可能不再重视寝室卫生。在学校没有规定的和卫生相关的领域（如公共卫生间的卫生、着装卫生等），学生也不是很在意。这些事例说明学生只是习得了按照奖惩标准来行动的习惯，而没有发展起讲究个人卫生和公共卫生的规则意识。

（三）榜样示范法

个体是富有灵性、善于观察的，会依据周围人的活动得到肯定或否定的后果而确定自己的活动方式。这是班杜拉等社会学习论者所揭示的学习机理。据此，教育者会将一些人设定为示范者，对示范者的活动提供肯定或否定的反馈，引导学习者意识到不同的活动方式会带来不同的后果，为了得到肯定的后果而模仿特定的行为。教育者本身也可能作为示范者，亲自向学习者展示不同行为可能带来的后果，但此时因为环境所提供的反馈是随机的，教育者并不能确保自己的行为一定会带来怎样的后果，所以，教育者以身示范所举的例子往往是过去发生的已成定局的事情，是以回顾过去的方式展开的。由此可知，榜样示范法是活动强化法的延伸。在活动强化法中，个体的活动得到教育者的反馈，因而，更加真切而直接；在榜样示范法中，示范者的活动得到教育者的反馈，学习者作为旁观者，对这种反馈的感受并不强烈。个体越是能够感同身受，这种方法在培育相应活动方式方面就越有效。个体对示范者所得到反馈的感受强烈程度，取决于个体本人的以往经验、当前需要和目的。

例如，教师表扬那些写字工整、学习认真、关心集体的同学，并给以一定的奖励，鼓励大家向他们学习。假定奖品是一本《红楼梦》，家里正好有这本书的同学对这个奖励的期望程度不高，对榜样的向往就减少；而正好非常盼望拥有这本书的同学对这个奖励的期望程度很高，愿意为之而努力。有时，教育者会以身示范，如父亲非常勤劳，每天起早贪黑地干活，赢得了很好的收入；有的父亲将这一点讲解给孩子，希望孩子由此学会勤劳、坚韧，并且很可能达成所期望的德育效果；有的父亲"只做不说"，缺少对孩子的引导，孩子只是父亲通过劳动所创造的美好生活的享受者，而没有意识到未来自己要靠劳动来创造自己和家庭的美好生活，此时，父亲对榜样示范法的使用就是不全面、不充分的。

（四）角色扮演法

在角色扮演法中，教育者安排受教育者扮演特定的角色，站在该角色的角度对某些事件进行虚拟的经验；教育者通常会设定剧本，规定剧情的展开方式，促使受教育者体会到不同做法可能带来的不同后果，形成对特定道德准则的认识，以期指导受教育者在未来的真实生活情境中依据这些准则来选择和行动。

角色扮演法是直接经验法的一种延伸。一方面，很难要求教育者在某个学习者做出积极或不良行为时准时出现进行反馈，教育者在很多道德准则的传递方面可以通过角色扮演法主动施教，影响学习者的后续行为选择。另一方面，学习者并不能亲历所有事件，比如如何面对重大疾病、灾难等变故。如果教育者事先进行类似情境的引导，使学习者初步确立某种应对立场，那么，当意外事件发生时，学习者相对来说不易慌乱，能够更加心平所和地应对。例如，设计一个儿童在地震中失去双亲但顽强面对最终取得成功的剧本，让学生来演练，那么，学生在未来遇到灾难时可能会联想到剧本中的剧情，从而更为积极地面对。因而，基于故事、游戏的虚拟情境体验及指导成为必要的、有价值的德育方法。

角色扮演法的实施方式可能是多样的。首先，教育者和受教育者在扮演过程中的关系是多样的，既可能是教育者全面掌控、受教育者被动执行的状态，也可能是教育者与受教育者平等协商、共同创编的状态。为了使角色扮演法能够有效达成预定目标，一方面，要让受教育者在此过程中发挥主体性，从而对虚拟情境有更多的认同；另一方面，教育者要以巧妙的方式发挥主导作用，通过角色扮演过程引导受教育者达成预期的认识，而不是达成与预期相反的认识。其次，受教育者既可能进行实际的角色扮演，也可能进行抽象的角色扮演，如教师可以出示或者讲述在游戏中强壮者欺负弱小者的情况，引导学生思考当事人会有怎样的感受以及这种情况会带来什么后果；出示主人翁面对困境的故事，引导学生思考"如果我是他/她，我会怎么做"，以言说的方式来思考相应的问题。总体来说，角色扮演的逼真程度对于效果达成具有重要影响。角色扮演越逼真（情节尽可能地丰富、场景尽可能地还原等），受教育者对德育主题的感受越强烈，教育效果越大。比如，传统的京剧习惯于用两把椅子来简单地布置场景，而当代的电视剧则会把场景尽可能完整地布置出来，对演员和观众的感染程度显然是不同的。

当前中小学德育课努力建立教学内容与学生生活之间的联系，所使用的教学方法很多属于角色扮演法。不过，角色扮演或虚拟情境体验不应成为德育最主要的方法，因为学生面对虚拟情境时的表态，只有和他/她在面对真实问题时的行为相符，才能表明其品德发展情况。教师如果陶醉于学生在德育课、语文课、历史课上慷慨激昂的发言，忽视日常生活中的观察、互动，就会陷入"知性德育"的老路。

（五）说理法

说理就是讲道理。关于人生的本质和意义、人与社会的关系、处世的原则和策略，社会中积累了丰富的学问，教育者如果能够将这些道理向受教育者进行清晰讲授，引导受教育者明白并认同各种社会安排和活动选择的逻辑和理由，就可以引导受教育者形成社会所期望的道德观念，并作为自己活动选择的向导。

讲道理与"洗脑"在形式上有相似之处，但在本质上是不同的。两者都借助于说理，但"洗脑"所讲的"道理"其实是宣讲者虚构的，不能得到直接经验的验证；作为一种正当的教育方法，讲道理只讲真实的道理，这些道理可以得到直接经验的验证。

说理法所讲解的内容以社会生活中的规律、道理为主，但也不排斥事例的支撑作用，"摆事实，讲道理"是说理的常用方法。

说理法能否有效，取决于如下因素：

一是说理是否充分。说理要引起受教育者的重视和认同，需要保持必要的强度、频率，如果强度过低、频率太少，所讲道理不能引起受教育者的足够重视，不足以达到记忆、理解、应用的水平，其对道理的应用很难形成习惯。因而，进行常规性的说理，有助于引导受教育者形成社会期望的世界观、人生观、价值观。

二是说理能否得到生活经验的验证。教育者讲授的道理如果能够得到生活经验的证实，自然容易得到受教育者的信任和遵从。从总体上来说，说理法应该是附着于经验建构法之上的一种方法，受教育者可能先拥有一定数量的直接经验而后再学习与之相匹配的理论，也可能先学习理论再经历与之相匹配的直接经验，说理能大大地缩短仅依托直接经验建构品德的过程，但并不是脱离经验建构法以外的一种独立方法。当学习者还不能在实际经验中对有些道理进行验证时，我们说个体具备了这一方面的初步认识，但这种认识能不能成为个体开展实际活动的指南，还是需要在具体经验情境中才能得到证明。因为学生基于听讲而进行的人生世事的阐发和表态，只有和他/她在面对真实问题时的行为相符，才能表明其品德发展情况。

（六）讨论法

说理是教育者对受教育者的单向灌输，而纯粹的单向灌输更多地发生在"洗脑"中，而不是正当的说理中。正当的说理是不反对、不害怕讨论的，因为"道理越辩越明"，所以，正当的说理会鼓励受教育者提问，主动地转向双方的讨论。讨论法就是教育者与受教育者就人生和社会的学问展开讨论，基于讨论解决受教育者的思想困惑，促进受教育者认同并遵行社会所倡导的道德准则的过程。

教育者要自觉认识到自己作为德育过程中的对话者的角色。儿童在幼年时比较缺乏批判思维能力，容易顺从师长的思路去推理和思考，但即使是幼儿，也会对为什么要早睡早起、为什么不能打人等提出质疑；随着年龄的增长和自我意识的觉醒，儿童渴望尊重的愿望更加强烈，他们的想法需要得到表达，讨论就变得更为必要。

在各种德育方法的实施过程中，讨论都会发生，且经由讨论，这些德育方法的合法性、有效性会得到更大的提升。在经验建构法、活动强化法、榜样示范法、角色扮演法中，受教育者可能会提出各种问题，比如"为什么在我跟姐妹抢食物时父母往往批评我而不是批评姐妹"，"为什么主人公在遭遇地震时应该积极而不是消极"。此时，教育者如果能正视问题，与受教育者就这些困惑进行讨论，这种教育就会更加有效。

讨论法对教育者的逻辑推理能力和语言表达能力提出了挑战，教育者的语言表达能力越强，越能够主导讨论的进程。但讨论不是雄辩，更不是诡辩。一时的雄辩或者诡辩尽管能够在一时的短兵相接中压倒受教育者，但受教育者未来并不会真正认同教育者所讲的道理，因而，不能说这种雄辩或诡辩具有什么实质的德育效果。真正能够使讨论法发生德育效果的关键，一是教育者所持的观点是合乎实情和逻辑、能够得到真实经验证实的，二是教育者具有相对完善的理念、相对清晰的表达，足以解决受教育者所持的各种困惑。第二点，显然要求教育者具有丰富的关于社会人生的学问，是一个事理通达的人，而后才能更好地成为受教育者的人生导师。

需要指出的是，有些时代的德育是以灌输固定教义为宗旨的，在这样的德育中，讨论很少发生，即使发生，也并不彻底、并不纯粹。如韩愈《师说》指出："师者，所以传道、受业、解惑也"，"传""受""解"都将教师置于真理在握、向学生传授真理的角色，此时，师生之间不大可能有平等而深入的讨论。

（七）指导阅读法

阅读是人们普遍采用的一种搜集信息的方式。当代对于阅读活动的深入研究发现，阅读绝不仅仅是一个获取信息的过程，而是一种读者主动进行的个性化活动，是读者与作者的平等对话过程，读者在阅读中了解作者的想法，形成自己的想法，实现复杂的内在建构。指导阅读法也可以看作一种重要的德育方法，即教育者对受教育者的阅读内容、阅读过程进行规定和引导，促使受教育者在阅读过程中形成社会所期望的道德认识并能依据此指导实际生活情境中的活动选择的方法。

阅读既可以是对纸质材料的阅读，也可以是对影视材料、网络资源的阅读。阅读混合了观察、示范、说理、讨论等方式，有时还能吸引读者进入代入式的阅读，在不知不觉中把自己当作文本中的主人公，随着情节的展开而感同身受。

在阅读这一看似平静的过程中，读者实则在接触作者的说理，与作者进行讨论。为什么在阅读同样一本书时，一位读者可能会随之而心情愉悦、潸然泪下，另一位读者可能觉得味如嚼蜡、麻木不仁？这涉及读者以往的生活经验。一位从未离开过家门的青年不太可能体会到"他乡遇故知"的喜悦，而生活在高铁时代、随时可以和家人联络的大学生也很难体会古代读书人赴京赶考动辄几年不能与家人联络的痛苦。唯有与读者的以往生活经验相一致、具有充分的逻辑说服能力以及必要吸引力的阅读材料，才能让读者信服，真正实现教育者所期望的德育目标。

经由阅读实现道德建构的心理机制提示我们，德育中的说理、讨论、经验建构、活动强化均可以借鉴理论著作的逻辑严密和文学作品的丰富想象，以发挥更好的德育效果。

（八）自主修养法

"教是为了不需要教"，随着受教育者的成长，受教育者对社会所期望的道德准则有了基本的认同，愿意据此来推进自己的道德建构。此时，受教育者主动选择自己的活动环境、交往对象、阅读内容，规划自己的活动过程，开展高频的自我对话，提醒、鼓励自己遵守道德准则，对自己合乎道德准则的行为进行自主的奖励，对自己违背道德准则的行为进行自主的批评和惩罚，逐步形成符合特定道德准则的思想观念和活动习惯。

严格来说，自主修养法不属于由外在于本人的教育者实施的德育的方法，而是教育者实施的德育在学习者身上所达成的理想效果。上述各种由他人实施的德育方法均可能在自主修养中找到相应的位置。举例如下：

（1）直接经验法：我特意安排时间到福利机构，进行志愿服务活动。

（2）活动强化法：在参加了志愿服务活动之后，我奖励自己看一场电影、吃一顿丰盛的晚餐。

（3）榜样示范法：我将志愿服务标兵作为自己的成长榜样，向先进人物看齐。

（4）角色扮演法：我把自己扮演成残疾人，体会残疾人生活的艰难。

（5）说理法：我向自己说理，说服自己"人与人应该互相帮助""只问耕耘，不问收获"。

（6）讨论法：我主动与师长和同学交流，围绕"惰性""自私""爱国"等话题展开讨论。

（7）阅读法：我自主阅读关于志愿服务的报告文学、理论著作。

以上所列的自主修养法可以组合使用，如为了增强社会责任感，我利用假期去湖南参观毛主席故居，返程后我给自己买了若干本伟人传记，坚持阅读。自主修养法与他人对"我"实施的德育方法也可以组合使用，如师长针对"我"在日常表现中缺乏团队精神提出批评，引发了我围绕团队精神的自我修养。

二、各种德育方法在经验德育体系中的结构关系

依据经验育德的原理，直接经验法处于经验德育体系中的中心位置。一方面，直接经验法的使用，使个体不断积累与道德规则学习相关的经验，逐步形成相应的认识，这些认识因为得到经验的支撑而成为指导个体未来进行活动推理和选择的能动的认识，即杜威所说的道德观念。另一方面，个体经由阅读、听讲、虚拟体验等而获得关于道德规则的认识或者知识，这并不意味着个体已经具备了按照这些规则去行动的主动意识；这些认识或者知识必须经由个体的直接经验的验证（而且往往需要得到持续的验证）之后，才能真正成为指导个体行动的观念。

活动强化法可以看作直接经验法的一种变体。两者没有本质的区别，差异之处在于在直接经验法中，个体在教育者加以调控但相对自然的环境

条件下经受活动后果；在活动强化法中，教育者往往直接对个体的活动进行后果反馈。例如，教师带领儿童到福利院慰问孤寡老人，老人们对这些献爱心的儿童表示喜爱和感谢，这属于直接经验法；教师组织儿童为学校图书角捐图书，对捐献图书的儿童进行表扬，这属于活动强化法。在教育者控制的较小的时空范围内受到强化，有助于学习者在较短时间内熟练掌握某些活动方式，生成某些活动观念，不过，这些观念能否稳固发挥作用，还需要学习者在脱离教育者控制的环境条件下进行直接经验的验证。

榜样示范法可以看作是活动强化法的延伸，上文已经对此进行了分析。

角色扮演法是直接经验法的另一种延伸，往往用于学习者目前无法亲身经历的事件的学习。角色扮演能否取得成功，还要建基于学习者已经具有的相似生活经验。学习者如果拥有享受父母关爱和远离父母独立生活的两种不同经历，可能更能体会到父母双亡者的痛苦。

说理法、讨论法、阅读法大体是同一个类型的德育方法。在聆听教育者说理或者阅读论著时，学习者的心理活动总是在进行的，因而，必然在心理内部发生着讨论，只是，讨论法是将这种心理内部发生的讨论更加清楚地展开，将双方对话作为推进、修正说理和阅读的一种方式。这些方法能够使个体生成相对清晰的道德知识，而这些知识必须得到个体经验验证之后才会成为个体日后活动的稳定遵循。

严格来说，自主修养法不属于由教育者实施的德育方法，也不是一种单一形态的德育方法，而是由学习者本人作为教育自己的主体、对自己的道德成长进行自主规划和组织的一种成长阶段。在自主修养阶段，以上所列的各种德育方法都可以发挥作用。《学会生存——教育世界的今天和明天》指出："未来的学校必须把教育的对象变成自己教育自己的主体，受教育的人必须成为教育他自己的人，别人的教育必须成为这个人自己的教育。"[①] 在德育过程中，随着学习者主体性的提升，学习者逐步形成自己

---

① 联合国教科文组织国际教育发展委员会编著：《学会生存——教育世界的今天和明天》，华东师范大学比较教育研究所译，教育科学出版社1996年版，第200页。

的人生理想、价值观念和行为准则，自觉地运用多种方法来修炼品德，德育可以过渡到自主修养、自我教育阶段。

第四节　经验德育在公民德育中的自觉应用

行为主义心理学家华生有一段著名的言论："给我一打健康的儿童，把他们带到我独特的世界中，我可以保证，在其中随机选出一个，训练成为我所选定的任何类型的人物——医生、律师、艺术家、商人，或者乞丐、盗贼，不用考虑他的天赋、倾向、能力、祖先的职业与种族。"[①] 这种说法有些夸张，因为个体的知识和能力的发展在很大程度上受到先天遗传的制约；但仅就道德品质的培养而言，如果健全个体自出生以来的环境和随之产生的经验都受到精确控制，个体确实可以生成相应的价值观念和行为习惯。笔者认为，在经验中进行道德学习是个体道德成长的普遍过程，教育者可以使用经验德育的方法框架引导个体生成一定的道德品质。

中华人民共和国成立之后，社会主义制度逐步确立，决定了当代中国德育的核心使命是培养与社会主义民主制度相适应的公民道德[②]。面对培养公民道德的时代使命，经验德育论可以给出怎样的解题思路呢？

一、识读公民道德

（一）公民道德的内涵分析

在全球历史上，公民一词与民主紧密相连，这可以解释一些研究者对公民一词格外情有独钟的原因。然而，民主的政治制度仅仅将公民身份赋予社会成员，在法律层面大致确定了公民的行动规则（如"法律面前人人平等"），但真正意义上的公民必然是受过教育的公民，即能够理解并

---

① ［美］华生：《行为主义》，李维译，北京大学出版社 2012 年版，第 110 页附彩页。
② 当代中国德育研究者在论及德育目标和德育内容时，都是自觉或不自觉地以公民道德为描述对象的，如在 20 世纪 90 年代曾经出现过关于德育的精神享用性价值的讨论，专制时代的臣民道德显然并不具有这样的享用性和超越性，唯有民主时代的公民道德才具有这样的特性。

按照公民的内涵去生活的人。考虑到公民身份对于民主社会成员的一切社会交往具有广泛的辐射作用，笔者以公民道德作为当代中国社会所倡导的道德准则体系的统称，认为公民道德是具有公民身份的人在处理人与人、人与社会关系中所应遵循的道德规范或道德准则。当个人充分掌握了与公民相应的道德规则之后，他才成为一个真正意义上的公民。

关于公民道德的内涵，目前没有公认的界定。杜威在分析民主社会的生活方式时指出，民主的生活方式意味着公民的自由与责任，公民需要对自己与社会、他人的关系有较清醒的认识，才能主动加入共同体的生产和生活，成为社会的有效成员。我国《公民道德建设实施纲要》大力倡导"爱国守法、明礼诚信、团结友善、勤俭自强、敬业奉献"的基本道德规范，社会主义核心价值观进一步明确了当代中国公民道德建设的要求，倡导富强、民主、文明、和谐，倡导自由、平等、公正、法治，倡导爱国、敬业、诚信、友善。笔者认为，如果把富强、民主、文明、和谐看作国家发展所追求的价值目标，把爱国、敬业、诚信、友善看作公民行动所应履行的社会责任，把自由、平等、公正、法治看作是社会主义民主社会治理所应遵循的价值取向，那么社会主义核心价值观既指出了公民要承担的各项责任，也指出了社会治理的原则，比原先提出的公民道德规范更为全面立体。

近距离审视公民道德，我们可以发现如下图景。

在人与社会的关系上，公民摆脱了"率土之滨，莫非王臣"的人身依附关系，赢得了自由身份，获得了言论和行动的自由，想象力、创造性、批判精神得以张扬；公民摆脱了命中注定的世袭身份，在社会中进行自主的探索，寻找适合的职业和位置；各种职业的价值被重新评估，每一位有能力的劳动者的劳动都被作为社会发展的动力而得到珍惜；公民以主人翁的姿态关注社会公共事务，通过与其他人协商合作的方式确定公共事务的处理方式，将社会建设得越来越美好；公民在社会中的一切活动，遵循法治精神，既受到法律和规章的约束，也得到来自法律和规章的同等的保障。

在人与人的关系上，公民之间依据"法律面前人人平等"的原则，确立了平等、尊重、友善、合作的交往关系。人与人之间在地位上是平等的，分工有差异，人格无高下；每个人理应得到来自周围人的尊重，同时尊重任何一个人，每个人的命运随之掌握在自己而不是某个有权势的人手中；人们彼此友善对待，平等协商讨论；人们分工合作，依据自己在经济、政治、文化各领域中的分工做出自己的贡献，全体社会成员的福利因之受益。

在人与自我的关系上，公民依据民主社会所确立的自由、平等、公正、法治原则，成为自己人生的主人，能够（同时也不得不）自主发展、自主负责。民主社会要求发展个人的首创精神和适应能力①，使每个人有对于社会关系和社会控制的个人兴趣，成为自己经济和社会的前途的主人②。

据此，笔者以自主探索（人与自我的关系）、公共参与（人与社会的关系）、平等友善（人与人的关系）作为公民道德的基本内涵，同时将遵循法治（既服从法律规范，又能够以法律规范为武器来保护自我、他人和社会的正当权益）作为三者共有的基本元素。

（二）公民道德的自律特征

对比传统道德观，公民道德是以法律面前人人平等为前提的道德，符合康德所提出的自律道德的标准。

自律是个体依据理性选择为自己确定行动准则的行动状态，通常被看作个体品德成熟的标志。然而，如何理解自律，其实是一个难题。很多成年人能够自主选择行动准则，如封建大家庭中的子女在专制家长面前唯命是从，不敢有半点违抗；仅就这一现象来看，并没有谁命令他必须服从，我们可以说他是自主选择服从，然而，我们很难说他的这种做法是自律的表现，因为他所选定的"听话"这一行动准则，是他依据对自身条件和环境因素的分析、根据以往不断被压制的生活经历而被迫选择的，其实质是基于理性判断对外在条件的顺从。这并不是自律，而是通常所说的

---

① ［美］杜威：《民主主义与教育》，王承绪译，人民教育出版社 2001 年版，第 98 页。

② 同上书，第 109—110 页。

"安守本分"。皮亚杰依据对儿童游戏的观察指出，在自律条件下，"规则是自由决定的结果，而且它已获得彼此的同意，因而是值得尊重的"①。如果这种关于规则的共识是基于相关各方对于相互之间利害关系的审度而确立、未来将随着相互力量格局变换而改变的，那么，他们所选定的规则是不稳定的，不能看作品德确立的标志。

康德提出了比较公认的严格的自律标准，这涉及道德类型和个体状态两个方面。就道德类型来说，康德所认可的道德是普遍适用于所有人的"绝对律令"，即"在同一意愿中，除非所选择的准则同时也被理解为普遍规律，就不要做出选择"②。具体而言，这种绝对律意味着把人当作目的，把每个人看作平等的，即"每个有理性的东西都须服从这样一条规律：不论是谁在任何时候都不应把自己和他人仅仅当作工具，而应该永远看作自身就是目的"③。就个体状态来说，康德所认可的自律是意志的自律，即个体对绝对律令的选择和坚持仅受善良意志的支配而"不以任何动机和爱好为基础"④。康德式自律的两个方面是紧密相连的，唯有把每个人看作目的的、普遍适用于所有人的道德标准才能经受住理性的反复拷问，才是一个具有发达理性的人仅仅出于对道德真理的尊重而愿意选择的道德标准，因为人的理性命令人们"要只按照你同时认为也能成为普遍规律的准则去行动"⑤。

据此标准来看，专制时代的道德无法达到自律，一方面，这些条规（如"君要臣死，臣不得不死"）无法推广至所有成员，假如普及，社会发展会受损，甚至引至社会的灭亡；另一方面，专制时代人们对"三纲"等道德规条的遵守，都是带着功利计算的，即臣子服从君主的命令，在很大程度上因为对方是君主，如果时移世易，对方不再是君主，臣子可能又

---

① ［瑞士］让·皮亚杰：《儿童的道德判断》，傅统先、陆有铨译，山东教育出版社1984年版，第68页。

② ［德］伊曼努尔·康德：《道德形而上学原理》，苗力田译，上海人民出版社2005年版，第61页。

③ 同上书，序言第30页。

④ 同上书，序言第36页。

⑤ 同上书，第39页。

转而服从当下的君主，将过去君主的命令（哪怕是正确的命令）抛到脑后。

唯有在民主时代，人才真正成为自己人生的主人；唯有在民主时代，社会主流的道德原则才得以超脱于统治阶级的一己私利，走向尊重每一个人、发展每一个人、成就每一个人的应然状态。如果将公民道德与以往社会所存在的道德形态相比较，我们不难发现，公民道德越是普及，社会发展越会因之而受益；公民道德可以经受住理性的追问，因而，公民可以在理性的指导下遵行公民道德，不掺杂其他功利计算。简言之，唯有公民道德是合乎康德所说的自律标准的道德，即公民道德可以普遍适用于全体社会成员，可以明确坦诚而无须伪装地告知全体社会成员。

二、经验德育论在公民道德教育中的自觉应用

社会主义民主制度的确立，为公民道德生成提供了最首要的前提。尤其是自20世纪80年代以来，中国政府自觉启动了经济、政治、文化等领域的体制改革，中国社会由此进入社会全面转型期，社会转型将进一步促进公民道德的生成。公民道德的培育与社会转型的深入是相互促进的：一方面，社会转型逐步促成自由、平等、公正、法治的社会治理格局，鼓励公民通过自主探索、公共参与、与人为善获得更加全面的发展；另一方面，广大公民的自主探索、公共参与、与人为善能够为社会经济、政治、文化发展注入不竭动力，推动社会进步。当代中国社会越来越清晰地将如何有效调动、整合社会资源和环境条件，促进广大社会成员生成公民道德作为社会发展的重大课题。

当代中国德育理论研究总体上是紧密围绕培养公民道德这一当代德育目标而展开的。尽管已有研究者的论著可能将培养主体性道德人格、引导学生学会选择等作为德育目标，但细致分析不难发现，这些德育目标是对培养公民道德的个性化表达而已。自改革开放以来，我国德育研究者持续对德育目标、内容、方法进行探索，不仅引入了国外德育理论，而且创造性地提出了主体德育、欣赏德育、活动德育、生活德育、制度德育等理念，给德育实践提供了新鲜思路。这些德育思路都是服务于公民道德培养

的，如主体德育强调学生的道德学习主体地位，主张培养主体性道德人格，显然与以灌输、服从为核心的臣民道德教育恰成对立。

面对培养公民道德的时代使命，经验德育论主张引入经验的反思与建构，细致分析当下学生生活于其中的社会环境、家庭环境、学校环境，从公民道德培养的视角审视学生日常生活经验的属性，对其中混杂着专制因素的部分加以改造，促使学生的生活经验成为一个有助于公民道德生成的连续系统。

"品质来自相同的现实活动"①，要理解个体德性的生成，有必要深入个体的成长过程中去具体分析他经历了什么，他所处的社会环境鼓励什么、倡导什么、反对什么、压制什么；同理，要引导个体德性的生成，教育者必须依据德育目标调控个体的成长环境，促使个体生成相应的经验。依据经验德育论，当代社会的公民道德教育应该以个体经验的持续生成为线索，有机运用各种德育方法。

就直接经验法而言，我们需要思考：在家庭、学校、社会中，个体是否获得了外在行动的自由，是否拥有自主探索、自主发展的机会，是否拥有参与团体和公共事务的资格，是否得到了来自他人的基于平等的尊重，个体自由、权益有没有得到法律规章的保障？年轻一代公民应该从小被他人和社会以公民的方式来对待，拥有自由活动的机会而不会被随时喝止，在活动可能侵害他人或者带来危险时被合理地叫停；对自然、社会进行自主探索，勇于进入未被开拓的疆域，勇于发表不同于他人的观点；被看作团体和社会中的平等成员，了解公共事务，并且得到鼓励去为公共事务作出贡献；个体能够感受到法律规章的存在和威力，逐步领会法规在促进公民成长和社会发展方面所具有的积极意义。公民应该从小开始每天获得丰富的与民主相应的以上经验，逐步生成与民主相应的品质。

就活动强化法而言，个体的自主探索、公共参与、与人为善能得到家长、教师、社区成员乃至政府的赞赏，而个体的盲目顺从、自我中心、傲

---

①　[古希腊] 亚里士多德：《尼各马科伦理学》，苗力田译，中国社会科学出版社1990年版，第28页。

慢冷漠会受到相应的批评。就榜样示范法而言，政府、社会、学校、家庭赞美和宣传勇于探索的人、关心公共事务的人、平等友善待人的人，号召个体向这些人学习公民品质。就角色扮演法而言，个人可以在虚拟情景中扮演特定角色，探索如何以公民的方式来选择和行动。就说理法而言，教育者对个人讲解民主社会的组织结构，帮助个人理解民主社会的运行规则，促使个人认同并遵守相应的道德规则。就讨论法而言，教育者与个人、个人与同学就社会、人生展开讨论，个人经过讨论进一步体会到公民道德的合理性。就指导阅读法而言，教育者指导个体阅读有助于民主精神、公民意识、道德情感生成的材料（包括批判性地阅读来自封建时代、渗透着专制精神的材料），让公民道德经由阅读进入个体人格。就自主修养法而言，个体基于对公民道德的认同，开展相应的活动、阅读、反思，向优秀公民学习，不断提升自己的公民道德修养。

童年阶段的生活经验和专门教育在公民道德培养的过程中具有至关重要的意义。一方面，个体在童年阶段积累下来的生活经验应该合乎以上公民道德标准，个体在家庭、学校、社区中得到自主探索、公共参与、与人为善的鼓励。另一方面，儿童的未完成性决定了他既不能自发地做出符合以上标准的行为，需要得到不断纠正、强化、指导；也不能自然而然地融入业已变得复杂丰富的人类文明，需要积累相应的知识、能力才能在成人后充分承担民主社会所赋予的各项责任。随之而来的问题是：如何使童年期经验合乎公民道德标准？童年期的专门教育如何为成年后参与社会奠定可靠基础？

杜威描述的理想家庭和进步学校的做法部分地回答了这两个问题。理想家庭是由贤明父母主持的家庭，家庭从事正当职业谋生，以手工劳动服务社区；儿童从小通过参与家庭承担的手工劳动服务社区，同时也通过参与劳动以鲜活方式积累关于自然、社会和人际关系的丰富知识。进步学校以理想家庭为范本，以传递民主社会的文化财富、培养民主社会的合格成员为宗旨；在小学阶段引入纺织等主动作业，学校中的学习围绕主动作业展开，促使儿童基于对这些具有社会效用价值的活动的参与来积累知识，锻炼才干；随着年龄的增大和抽象思维能力的发达，逐步过渡到以分科教学为主的课程组织形式。杜威认为，理想家庭和进步学校的以上运行方式，与儿童的制造、活动的天性相符合，体现了教育的社会原理与心理原理的双重规律。我们可以发现，理想家庭和进步学校均符合杜威所提出的民主社群检验标准，在这里，自主探索、社会参与、平等友善的生活经验的积累和知识技能的积累充分地融合为一，实现了公民道德培养和知识技能传递的双赢。

由于我国社会有漫长的封建专制史，君主制、等级制、家长制等在几千年间持续约束着国人的生活经验和思想意识，这种约束慢慢渗入中国社会道德观念和教育组织形式的方方面面。我们有必要循着经验反思与建构的路径，分析家庭、学校、社会中的生活经验，开展有针对性的改造，以期扎实推进公民道德教育。

第三章　家庭中的经验德育

自出生始，个体道德学习就伴随着经验过程的展开而开始，而家庭是人生的第一个港湾，是"我们的第一宇宙"①，个体最初的价值观念和道德规则意识就是在家庭中、在父母身边萌发的。并且，家庭不仅是个体最初的社会化背景，也是终身的社会化背景，更是将个体与社会联系起来的重要中介②。在个体道德社会化的过程中，家庭教育的重要性可以从以下几个方面来分析：（1）家庭是人生的第一个港湾，个体在家庭中开始最初的人际互动，在家人的影响下建构最初的自我观念，形成最初的关于人际关系、人与社会关系的观念；（2）即使在个体进入学校之后乃至成人之后，家庭仍然是个体寻求安全、帮助、指导的重要源泉，家人的道德观念和互动方式持续地影响着个体的生活轨迹；（3）社会政治、经济、文化对个体道德观念的影响，部分地要借助于家庭这一中介力量来实现。如果德育研究者忽视了家庭的育德功能，公民德育缺失了家庭德育这个重要平台，显然这样的德育体系是不合理的、不完善的。

重视家庭德育也是众多思想家的共识。杜威对进步学校的建构就是以他心目中的理想家庭为蓝本的；内尔·诺丁斯的专著《始于家庭：关怀与社会政策》开门见山地倡导"先描述最佳家庭，然后延伸到考察大社会"③，

---

① ［美］内尔·诺丁斯：《始于家庭：关怀与社会政策》，侯晶晶译，教育科学出版社 2006 年版，第 119 页。

② J. Mark Halstead, "Moral Education in Family Life", *Journal of Moral Education*, 1999 (3), pp.265-281.

③ ［美］内尔·诺丁斯：《始于家庭：关怀与社会政策》，侯晶晶译，教育科学出版社 2006 年版，第 1 页。

指出家庭在价值观教育方面的奠基作用；中国自古就有"养不教，父之过"的说法，当代中国精神文明建设出于对优良教育传统的继承而重视对家风、家训的挖掘和发扬。以培养公民道德为旨归的当代经验德育，应该冷静反思家庭生活经验的属性，分析它所传递的价值观和道德观的类型，以此作为优化家庭德育的起点。

第一节　杜威家庭德育思想评析

杜威对经验教育、经验德育的阐发，在很大程度上是以对幼儿生长经验的分析为起点的；尽管杜威教育理论的重心是对既有学校教育的批判与重构，对家庭德育的直接论述不多，但关于家庭教育有限的甚至可以说微乎其微的论述足以表明他对家庭德育的主张。细致梳理杜威家庭德育思想，对于我们在家庭中应用经验德育思想具有重要的先导作用。

一、杜威家庭德育思想概观

田园牧歌是无数当代人关于家庭生活的梦想，而杜威恰恰是在这样的环境中长大的。滕大春先生在《杜威和他的〈民主主义与教育〉》一文中以简洁的文笔对杜威的童年生活和家庭背景进行了如下的描述：

> 杜威于 1859 年生于美国佛蒙特州风景秀丽的农业小镇柏灵顿。他的祖辈系 1630 年为避英国法兰德斯公爵迫害而逃到新大陆的欧洲移民。父亲是小商，母亲是地方法官之女。佛蒙特虽是经济繁荣的新英格兰地区的一州，但地势偏远，比较落后。杜威一家是当时道地的美国平民，杜威幼年平凡无奇。和同时的青少年一样，他从事过送报纸、干杂工、垦荒地、修水渠等劳动。他在当地小学和中学修业。由于学校陈腐，他的学业平平常常。他后来回忆道，他不过是在课堂之外的广大乡村活动中获得了一点重要的教育而已。①

———————

① ［美］约翰·杜威：《民主主义与教育》，王承绪译，人民教育出版社 2001 年版，第 1 页。

　　笔者由这段文字对杜威的童年生活产生了一种赞叹和向往：本州经济繁荣而小镇地势偏远，恰似陶渊明笔下的"桃花源"，小镇居民可以从容度日；小镇经济以农业为主，青少年需要从事劳动，使杜威和他的伙伴们从小参与了小镇的劳作和公共生活；学校陈腐，不免让人想到鲁迅先生笔下百草园与三味书屋的反差。事实上，在杜威的论述中，家庭教育（自然而然地在家庭中发生的教育）正是作为传统学校教育的对立面和学校教育改进的样板而出现的。

（一）家庭教育是学校教育的榜样

　　在《我的教育信条》中，杜威清晰地表达了学校生活应该向家庭生活学习、家庭教育是学校教育的榜样的观点。他指出：

　　　　我认为既然学校生活是如此简化的社会生活，那么它应当从家庭生活里逐渐发展出来；它应当开展并继续儿童在家庭里已经熟悉的活动。

　　　　我认为学校应当把这些活动（笔者按：指儿童在家庭里已经熟悉的活动）呈现给儿童，并且以各种方式把它们再现出来，使儿童逐渐地了解它们的意义，并能在其中起着自己的作用。

　　　　我认为这是一种心理学的需要，因为这是使儿童获得继续生长的唯一方法，也是对学校所授的新观念赋予旧经验的背景的唯一方法。

　　　　我认为这也是一种社会的需要，因为家庭是社会生活的一种形式，儿童在其中获得教养和道德的训练。加深和扩展儿童对于植根于他的家庭生活的价值的认识，是学校的任务。①

　　此处，杜威把家庭生活看作社会生活的一种形式，而且是比较合乎他所持的民主社会观的一种生活形式，他认定儿童在家庭中习得的教养和道德是好的，学校德育的任务就是"加深和扩展儿童对于植根于他的家庭

---

　　①　[美]约翰·杜威：《学校与社会·明日之学校》，赵祥麟等译，人民教育出版社2005年版，第5—6页。翻译据英文版微调，见 John Dewey, *My Pedagogic Creed*, E. L. Kellogg Company, 1897, pp.7-8.

生活的价值的认识"。同时，杜威从经验的前后联系的角度认为学校生活应当延续家庭生活中的主要活动形式，使儿童的知识与能力建构可以和家庭教育前后相继。显然，杜威是以理想家庭中的生活为标准的，或者可以说，因为杜威从小生活在一个和谐、民主、合理、正当的家庭中，所以，他在不知不觉中将理想家庭看作家庭生活的普遍状态。

（二）理想家庭的标准

杜威将"群体内成员有意识地参与的利益有多少"和"和其他团体的相互作用，充分和自由到什么程度"二者作为判断民主社会的标准，接着就以他心目中的理想家庭的状态为例对标准进行说明。他说："如果我们以说明标准的那种家庭生活为例，我们就发现，有着大家共同参与的、物质的、理智的和审美的利益，同时，一个成员的进步，对其他成员的经验是有价值的——在这种家庭里，经验容易传授。而且，这种家庭并不是一个孤立的整体，它和其他商业团体、学校、一切文化机构以及其他类似团体，都有密切关系，它对于政治组织也发挥相当的作用，并且得到政治组织的支持。总之，有许多共同的利益有意识地相互传递，共同参与；和其他联合方式有许多不同的和自由的接触。"①

在《学校与社会》中，杜威对他心目中的理想家庭进行了更为清楚的描述，而这种描述基本上是以他对于自己的童年生活的回忆为蓝本而完成的：

> 在工厂制度之前，存在着家族和邻里制度。今天我们这辈人，只要回溯一代、两代、至多三代以前，就能发现那时候一切典型工业实际上在家庭进行，或者群集在它的周围。穿的衣服绝大部分是在家庭里缝制的；家庭的成员一般都熟悉剪羊毛、梳理羊毛和纺羊毛以及纺织机的操作。室内照明的整个过程，不是按一下电灯开关就行，而要经历宰杀牲畜，提炼油脂，制成烛芯，制造蜡烛这样长时间的辛勤劳动。面粉、木头、食物、建筑材

_____

① ［美］约翰·杜威：《民主主义与教育》，王承绪译，人民教育出版社2001年版，第93页。

料、家具，乃至金属用品，如钉子、铰链、锤等等的供给，都是附近的作坊生产的。这些作坊经常供人参观，往往是邻近地区集会的中心。因此，从田间原料的生产到成品的实际应用这一整个过程，都明显地显示出来。不仅如此，而且实际上每个家庭的成员都分担了工作。当儿童有一定的力气和能力时，就逐步地传授给各种生产过程中的诀窍。这是直接和亲自关切的事情，甚至可以说是到了实际参与的程度。①

如上，杜威所描述的理想家庭生活符合了他所理解的民主社群生活及经验德育的全部要求：（1）在家庭内部，家庭成员都在劳动，做着相互服务、共同创造美好生活的工作。（2）在家庭与家庭之间，不同家庭提供不同的产品，小镇上的人们相互依存，相亲相爱，相互成就。（3）每个人都需要从事劳动，但他们不是不得不进行劳动，而是对所从事的劳动有兴趣，做着自己感兴趣的劳动。（4）儿童从小参与相应的工作，逐渐成长为共同利益的关心者和共同事务的参与者。

可以看出，杜威心目中的理想家庭，和他自己成长于其中的家庭相似：家庭规模不大，没有多少富余的产业，既能衣食无忧，又不剥削他人；既需要付出劳动，又有适量的闲暇；家庭成员之间相亲相爱，有共同的利益。专制大家庭、剥削者家庭、一夫多妻制家庭，显然不在他的考虑范围之中。

（三）理想家庭中的儿童道德成长

杜威认为，儿童从小参与这样的家庭生活，自然就可以成为家庭生活中价值观和道德准则的分享者和继承人。他指出："我们不能忽视这种类型的生活中所含有的训练和品格形成的因素，即养成守秩序和勤劳的习惯，对于世界的责任感以及应当做这些事和生产某些东西的义务感。每个家庭总是有些事情需要去完成，它的每个成员必须竭尽自己的本分，并与

---

① ［美］约翰·杜威：《学校与社会·明日之学校》，赵祥麟等译，人民教育出版社2005年版，第27页。

其他成员相协作。在行动中具有实效的人格被培育出来并通过行动得到检验。"① 从这段话可以看出，家庭生活具有培养儿童负责任、守秩序、勤劳、合作、克制等美德的功能。

知识和能力的分享与继承，也在同一过程中实现。接下来，杜威马上分析了家庭生活中个体能力的发展："再者，直接地去接触自然、实际的事物和素材，它们的手工操作的实际过程，以及关于它们的社会需要和用途的知识，对于教育目的极为重要，我们对此不能忽视。这一切，都在不断地培养观察力、创造力、建设性的想象力、逻辑思维，以及通过直接接触实际而获得的那种现实感。家庭纺织、锯木工场、磨坊、制桶工场和铁工场的教育力量，都不断地在起着作用。"②

在参与共同劳动的过程中，儿童所生成的美德、知识和能力，是完整的经验过程的必然产物，是混合为一体而无法在时间和空间上分割开来的。杜威指出："在一个有目的、而且需要和别人合作的作业中学到的和应用的知识，乃是道德知识，不管有意把它视为道德知识，还是无意把它视为道德知识，因为这种知识能养成社会兴趣，并且授与必需的智慧，使这种兴趣在实践中生效。"③ 杜威反对将美德与知识、能力相割裂，认为个体的责任担当必然需要动用相应的知识和能力，知识和能力在运用于对社会有益的事务时必然地具有道德属性。儿童在民主家庭中参与家庭生产劳动的过程，使随之生成的个体知识、能力和品格都与生俱来地带有浓厚的社会兴趣、社会精神，在当下和未来能够顺畅地用于个体承担各种人生职责的活动之中，推动个体在面临具体环境时作出合乎社会期望的选择。

（四）贤明父母的教育理念

无数民众生活的事实表明，劳动者家庭可能培养出大懒虫，善良的父母可能培养出冷酷无情的子女，一些孩子没有成长为家庭生活和社会生活

① ［美］约翰·杜威：《学校与社会·明日之学校》，赵祥麟等译，人民教育出版社2005年版，第27页。

② 同上。

③ ［美］约翰·杜威：《民主主义与教育》，王承绪译，人民教育出版社2001年版，第375页。

的真正意义上的参与者或共享者。杜威对于这样的情况考虑不多，或者，杜威寄望于他所推重的贤明父母。关于贤明父母，杜威有这样的表述："最贤明的父母所希望于自己孩子的一定是社会所希望于一切儿童的。"①具体来讲——

> 如果我们从一个理想的家庭找一个例子，这个家庭的父母十分贤明，懂得什么对儿童最有益，并能满足儿童所需要的东西，我们就会看到，儿童是通过社交性交谈和家庭的组织进行学习的。在进行谈话时，有些是对儿童有兴趣、有价值的东西：进行了叙述，提出了询问，讨论了问题，儿童继续不断地学习。他陈述自己的经验，他的错误概念得到纠正。而且儿童参与了家庭操作，因而获得勤勉、有序的习惯、关心他人的权利和意见以及使他的活动从属于家庭成员的共同利益的重要习惯。参与这些家务工作变成了获得知识的机会。理想的家庭必然要有一间工作室，儿童可以在这里发挥他的建造的本能。要有一个小型实验室，他的探究可以在这里得到指导。儿童的生活可以在户外扩展到公园、周围的田野和森林。他将有自己的远足、步行和谈话，由此就为他打开了一个户外的更广阔的世界。②

在这里，杜威呈现了贤明父母或者理想家长的基本特征：（1）清楚社会对个体的期望是什么，清楚社会的良好公民应该具备哪些素养；（2）具有足够发达的教育学知识，知道应该通过怎样的方式来促进子女成长。换言之，这样的家长持有正确的家庭教育目的，且能够实施科学有效的家庭教育。总之，在贤明父母的主导下，家庭生活清新而美好，儿童的活动丰富多彩，儿童与成人之间展开真正意义上的对话（儿童的观点得到倾听，在平等的讨论中儿童的错误观念得到纠正），儿童在家庭中所受的教育很有生气，很切实用，各种良好品质都可以顺理成章地得到发展。

---

① ［美］约翰·杜威：《学校与社会·明日之学校》，赵祥麟等译，人民教育出版社2005年版，第25页。

② 同上书，第41页。

　　显然，这两大特征不是一般人都能自然而然具备的。比如有的家长对孩子事事代劳，使儿童没有机会在参与家庭劳动之中磨炼意志、发展能力；有的家长沉默寡言，与孩子的交谈很有限，没有充分地在家庭中通过口耳相传来促进儿童成长；甚至有的家长所从事的谋生方式是违法的，早早地把孩子引入了人生的歧途。

（五）基于理想家庭来建构理想学校

　　杜威批评违背经验教育原理的学校教育，倡导学校以理想家庭为蓝本，建立学校教育与儿童经验的有机联系。他认为："如果我们将这一切（笔者按：贤明父母主导的家庭生活中的教育元素）加以组织和概括，这就是理想的学校。"杜威认为，学校教育应该遵循与理想家庭同样的路径，学校教育的价值在于学校是专门的教育机构，可以比家庭教育更为系统而有效，"它不过是将大多数家庭中有各种理由能够做到而只是偶然做了又做得很少的事情系统地、大量地、明智地、适当地去作的问题。"[1]

　　学校教育与家庭教育的联系与差异可以这样来理解。就联系来说，学校教育应该延续理想家庭的样子，围绕儿童的生活经验而组织。"学习？肯定要学习，但生活是首要的，学习是通过这种生活并与之联系起来进行的。当我们这样以儿童的生活为中心并组织儿童的生活时，我们就看到他首先不是一个静听着的人，而是完全相反。"[2] 就差异来说，与家庭教育相比，学校教育具有如下优点：（1）学校是家庭的扩大升级版，"理想的家庭应当加以扩大。儿童必须与更多的成人和儿童接触，才能有最自由最丰富的生活。"（2）学校的组织和安排以促进儿童成长为首要和直接的目的，其教育效能是自觉的而不是自发的。"家庭中的工作和人际关系不是为了儿童的生成而经过专门选择的；主要的目的不在这里，儿童从中能获得的东西是偶然的。因此才需要学校。在这种学校里，儿童的生活成了压倒一切的目标。促进儿童生长所需的一切媒介都集中在那里。"[3] 换言之，

---

① ［美］约翰·杜威：《学校与社会·明日之学校》，赵祥麟等译，人民教育出版社2005年版，第42页。

② 同上。

③ 同上。

理想家庭只是在自发状态中发挥了最佳的教育效果，但这种效果的出现具有随意性；学校的使命是依据经验教育原理，系统地实现这种教育效果，促进每一个儿童的成长。

（六）技术进步导致家庭教育功能式微及学校教育的必要性凸显

在杜威的教育思路中，依据经验教育重建学校教育的必要性还与大工业时代家庭教育功能的削弱有重要联系。杜威说："当前，工业的集中和分工实际上已经消灭了家庭和近邻的各种职业——至少对于教育的目的来说是这样。"[①]

杜威肯定工业化带来的进步及其对个体成长的一些好处："宽容精神的增长，社会见识的扩大，对于人性的更多的直接知识，从外在的表现识别人的性格和判断社会状况的敏锐性，适应各种不同人格的准确性，接触更多商业上的活动。这些取得的好处，对于今天在城市里成长的儿童极为重要。"[②] 同时，他强调进步的代价也不容忽视，即儿童参与实际劳动的机会越来越远离现在的儿童，家庭没有能力保留"严格要求个人负责和培养儿童同外界现实生活有关的各种作业"，以致人们"哀叹美好往日里孩子们的质朴、谦恭和绝对服从的消失"。[③] 杜威认为，哀叹是无济于事的，说教也很难生效，可行的办法是将这些主动作业引入学校，让学校来代行理想家庭的教育职责。

笔者认为，杜威对当代家庭教育功能的悲观看法既有其合理性，又有些夸大。一方面，生产技术的进步使家庭生活的经济功能弱化，使儿童无法在家庭中看到父母的劳作，减少了从小分担家庭劳动的机会，这可以看作是技术进步带来的家庭教育功能的削弱。另一方面，技术进步将人们从繁重的体力劳动中解放出来，使人们的创造性得到更大程度的发挥；使更多的父母有精力来关注和陪伴儿童成长，使更多的父母受到良好的教育从

---

① ［美］约翰·杜威：《学校与社会·明日之学校》，赵祥麟等译，人民教育出版社2005年版，第28页。
② 同上。
③ 同上。

而可能采取平等、民主的育儿方式；并且，使社会合格成员的标准也随之变化（既能领导也能服从，既能适应变化又能引领变化），为新型公民的成长提供了宽广的可能。

二、对杜威家庭德育思想的评价

杜威对家庭教育以及家庭德育的专门论述就数量来说是微乎其微的，但这些论述在其教育理论体系中的地位不容忽视。一方面，杜威家庭德育思想清晰地体现了杜威的经验教育主张，对合乎民主理想的家庭生活和家庭教育进行了粗线条的描绘，为后来人开展相应的探索指示了方向。另一方面，杜威对不同类型的家庭生活和家庭教育缺少关注，对技术进步之后的家庭教育功能持相对悲观的态度，这些可以看作是其不足之处。

（一）杜威家庭德育思想的贡献

其一，杜威家庭德育思想贯彻了其经验教育主张，提示了在家庭中开展经验德育的线索。杜威指出，儿童在家庭中开始学习价值观和道德准则；家庭生活可能体现民主生活共同体的一切价值观和道德准则，因而成为向年青一代传递民主价值观和道德准则的有力载体；家庭中的价值观传递，主要是通过家庭生活以及儿童在家庭之中参与实际活动的经验来进行的；儿童在家庭生活经验中既能习得关心他人和社会等价值倾向，也能生成有助于在各种社会关系中积极承担责任所需要的知识和技能。概言之，在作为民主生活共同体的家庭中，经验与道德相融合，经验与教育相融合，儿童的经验持续展开，生长持续实现。

其二，杜威家庭德育思想呈现了理想家庭、良好家庭德育的部分要素或特点。杜威指出，理想家庭符合民主社群的两大标准；贤明父母对子女的成长期望与民主社会对公民的期望是一致的；贤明父母拥有发达的教育智慧，善于通过家庭空间布置、活动安排和亲子沟通等促进儿童的情感、认知和能力发展。

其三，杜威家庭德育思想建构了理想家庭的样貌，为学校德育提供了蓝本。杜威的整个教育学说是围绕个体生命历程而展开的，而个体生命起步于家庭生活。杜威通过分析儿童在家庭中玩耍、做事而习得语言、能力和品格的过程，阐明了经验教育的基本原理，这就是杜威所说的"从几个月的小孩子，可以得到教育原理"①。杜威将理想家庭作为民主社会的雏形，将学校看作是家庭生活的扩大和提纯，认为学校应该依据理想家庭所提供的范本进行改造，才能充分承担起培养良好公民的使命。

（二）杜威家庭德育思想的不足

首先，杜威对不同的家庭形态及其教育效果缺少关注。杜威将理想家庭生活看作理所当然，没有考虑到大量并不完美和幸福的家庭。杜威认定儿童在家庭中可以有丰富的动手机会、交际机会，在经验过程中实现情感、知识和能力的建构，显然是杜威本人美好童年生活的一种缩影，体现了想当然的倾向。事实上，在社会中，存在大量不懂教育规律的家长，很多家庭的人际结构和活动安排是束缚儿童成长、不利于儿童自主探索的。理想家庭固然能培养社会所认可的良好公民，而不理想的家庭却造就儿童的错误经验，促使儿童形成不符合社会期望的甚至是反社会、反人类的价值观。完整的家庭德育理论必须要分析不同类型的家庭对儿童成长所发挥的正面或负面的影响，从而提出扬长补短的有针对性的建议。

其次，杜威对当代家庭的育人功能持悲观态度，没有充分理解技术进步对人类的解放功能和积极意义。技术进步削弱了家庭生活的经济功能，使成人变成流水线的一部分，这可能使人难以理解自己的工作价值，导致人沦为机器的附庸；但另一方面，技术进步将人们从繁重的体力劳动中摆脱出来，使人们拥有更大的发展个性和创造性空间，也拥有了给予子女以更高质量陪伴和指导的自由。正如杜威本人所指出的："机器的发明扩大了闲暇的时间，一个人就是在工作时也能利用闲暇。掌握技能成为习惯，可使脑子得到自由，从事高级的思维活动，这是一种常识。在工业中引起机械的自动操作也有同样的情形。它们可以使人的脑子得到自由，思考其他题目。"② 家庭德育研究不应一味地缅怀昔日的美好，而要正确看待技术进步带给家庭的机遇和挑战，与时俱进地提出应对思路，以尽可能地扬

---

① 单中惠、王凤玉编：《杜威在华教育讲演》，教育科学出版社 2007 年版，第 57 页。
② ［美］杜威：《道德教育原理》，王承绪等译，浙江教育出版社 2003 年版，第 172 页。

长补短。

总体而言，笔者认为，杜威以其经验哲学为基础，分析了理想家庭培养良好公民或开展公民道德教育的机理，为后来者构建合乎经验教育理念的家庭公民道德教育体系提供了重要的线索。

第二节　中国家庭德育的经验论反思与建构

杜威以略具乌托邦色彩的方式描述了理想家庭生活经验对于促进个体的社会认知、社会情感和社会参与能力发展方面所能够发生的积极作用，提示了基于家庭经验培养公民道德或者负责任的公民的可能性。以此为镜鉴反观中国家庭，我们可以看到，中国家庭德育有悠久灿烂的传统，但也存在很多不足，亟待得到纠正。

一、封建时代家庭德育的经验论审视

在漫长的封建历史中，中国涌现出了以《颜氏家训》《朱子治家格言》为代表的家庭德育论著，出现了"岳母刺字""孟母三迁"等众所周知的家庭德育故事。一方面，重视家庭德育和家风建设、反对娇惯溺爱等是很多古代知识分子的共识，这些宝贵传统，值得当代学习和发扬。另一方面，作为封建时代的产物，古代家庭德育受到封建经济、政治和文化的制约和影响，带着浓厚的封建色彩①。

首先，古代家庭德育传递的道德观，是与封建社会的统治秩序相适应的臣民道德。

以流传较广的《颜氏家训》《朱子治家格言》《弟子规》为例，这些论著倡导忠君顺从，以"三纲五常"为核心从小约束子女，让他们从小心甘情愿地做顺民；体现对封建时代"劳心者"和"劳力者"阶级对立的认同，灌输"官本位"思想，鼓励子弟通过读书、科举投身仕途，争相加入封建社会的统治者阵营；反映封建时代臣民普遍持有的恐惧心理，

---

① 赵忠心：《家庭教育学》，人民教育出版社 2000 年版，第 74 页。

传递节制欲望、安分守己、明哲保身的处世哲学，不鼓励大胆探索，不支持公共参与，如劝导子弟"无多言，多言多败；无多事，多事多患"（《颜氏家训》）、"勿营华屋，勿谋良田"（《朱子治家格言》）、"彼说长，此说短；不关己，莫闲管"（《弟子规》）。

其次，古代家庭生活经验总体上服务于臣民道德的传递，有助于维护专制统治。

家国同构是中国封建时代的基本特征，专制统治者将子女对父辈的孝顺看作臣民对君主服从的根基，坚定地维护父辈的权威，使当时的家庭生活经验带着浓厚的臣民生活预备和演习的性质。在古代家庭中，家长制盛行，"父为子纲、夫为妻纲"将所有子女、妻子置于听话、服从的卑贱地位，一夫多妻制、嫡庶有别制进一步制造了妻妾之间和她们的子女之间的等级关系，"长兄如父、长嫂如母"使兄弟关系等级化。此时，权威人物的意志高于一切，家长（一般是家庭中最高辈分的男子）拥有全家的经济大权，居于支配地位，掌握全家人的命运，就连子女本身也是家长的私有财产或附属品，没有独立的人格，不能有任何的独立思考和见解，不能擅自行事；家长有权对子女任意处置和体罚，甚至操有生杀予夺、出卖之权，至于买卖婚姻更是常见的现象。听话的孩子会得到家长和邻里的称赞，而逆反的孩子会受到来自成人社会的普遍指责。① 他们从小被教导向孝子、节妇、忠臣学习，被告知即使父母有过错也要温柔地提出或者委曲求全地顺从（如"芦衣顺母"故事中被后母虐待但毫不反抗的闵损），他们所接触的书籍、戏曲无不传递类似的价值观。女性更是处于稳定的听话者的地位，她们被要求"在家从父，出嫁从夫，夫死从子"，丈夫纳妾另娶也要慷慨支持，不能嫉妒，如古代社会将嫉妒作为"妇人七去"的罪名之一。总之，虽然封建时代的家庭生活有时候能够导向勤勉、节俭、爱国等品质，但总体上，这种家庭生活传递了对权威人物的服从和对个性的否定。

最后，古代家庭德育存在直接德育与间接德育的分离以及知行脱节的

---

① 赵忠心：《家庭教育学》，人民教育出版社2000年版，第76页。

问题。

家庭德育天然地具有在日常生活中向子女传递道德规范、价值观的特点。每个家庭成员的命运与家庭的命运息息相关，家长与子女休戚与共，家长倾向于将自己认为正确、有利于生存和幸福的价值观传递给孩子，并且，这种传递方式绝不限于说教，更多的时候是通过家庭成员之间的高频互动、家长对孩子言行的及时反馈和指导而实现的。这决定了中国古代家庭德育具有注重在生活经验中传递道德的特征，只不过，古代家庭生活经验所传递的是顺从、节制等臣民道德条目。

一方面，在"万般皆下品，唯有读书高"这一观念的驱动下，古代家庭很早就开始对子弟进行儒家经典的教育。古代儿童的启蒙教育、小学教育主要是在家庭中实施的；在义务教育理念尚未产生的时代，供子弟进学堂纯粹出于家长自愿，并且，家长支持子弟接受学校教育的基本出发点是期望子弟能够"学成文武艺，货于帝王家"。正统儒家教义充满着希圣希贤的道德理想，鼓励读者遵从道义，但家长、学子只是把这些言论看作博取功名的叩门砖，看作记诵的对象和口头表态的堂皇冠冕，圣贤言论与家庭成员以保全自我、升官发财为主导的价值观之间存在不小的鸿沟。另一方面，道德修养过程漫长，而求取功名者普遍急于求成，这决定了从童蒙阶段开始，读书郎们迅速背诵各类教材，将全部精力用于寻章摘句和书法练习，而无暇去思考字里行间的道义理法。套用当代研究者对学校德育实践进行反思的观点，不难发现，封建时代的家庭德育存在严重的德育边缘化、外在化、知识化问题①，年轻人的道德标榜、心口不一、知行脱节在家庭中就埋下了根基。

总之，透视古代家庭德育，我们可以看到，重视家长权威而忽视子女独立性、重视科举应试所带来的光宗耀祖效应而忽视对儒家道德的身体力行、重视保全生命而忽视创新开拓等特征渗透到家庭生活的方方面面，至今仍影响深远，使新型家庭生活和家庭德育的开展不得不进行大量的反

---

① 鲁洁：《边缘化 外在化 知识化：道德教育的现代综合症》，《教育研究》2005 年第12 期。

思、清理工作。

二、当代中国家庭德育的经验论审视

社会主义制度的建立和社会转型的迅速推进，促使当代中国家庭发生着日新月异的变化。就外显特征来看，当代中国家庭生活与传统家庭有很多不同：从家庭规模来看，聚族而居的扩展家庭逐渐淡出，由父母和未成年子女组成的核心家庭成为主流；从家庭结构来看，子女数量减少，家庭中倒金字塔格局明显；从家庭生活水平来看，广大家庭脱离贫困，经济压力减小，家庭生活现代化程度提高。从道德教育角度来看，当下中国家庭德育有哪些值得注意的特点呢？

其一，社会主义制度确立了国家发展和人生幸福的一致性，越来越多的家长把在社会主义建设事业中实现人生价值的观念传递给孩子。[①]

一方面，社会主义制度打破了阶级对立，使全体社会成员构成一个拥有共同理想信念的共同体，使家庭与社会之间有了越来越多的共同利益。在此背景下，国家和人民群众的根本利益一致，国家的前途、命运和每个家庭的未来息息相关；依据"各尽所能，按劳分配"理念，每个人要通过对社会的服务，为社会和他人提供有价值的产品和服务，来获得回报，实现人生价值，"职业有分工，劳动无贵贱""为人民服务"等观念深入人心。很多家长主动向孩子传递为人民服务的理念，引导孩子认识人与社会、人与他人的和谐共生关系，鼓励孩子将人生理想与社会发展紧密结合起来。另一方面，由于社会转型期很多制度设计存在漏洞、盲区，一些社会成员趁机浑水摸鱼、搭便车、钻空子时有发生，一些家长对这些急功近利的现象缺少批判，反而将唯利是图、为达目的不择手段的想法传递给孩子，他们所采取的经营家庭幸福的方式有时是以损人利己、损公肥私为特征的，这样的家庭生活经验使孩子的思想观念从人生起步阶段就开始步入歧途。

其二，以民主平等为特征的新型亲子关系正在形成，但总体上有待合

---

① 赵忠心：《家庭教育学》，人民教育出版社 2000 年版，第 90 页。

理定位。

家庭规模变小、家庭经济状况改善、子女数量减少拉近了亲子距离，而家长文化水平的提高、教育理念的进步，更推动亲子关系走向现代化。当前，越来越多的家长愿意蹲下身来和孩子说话，倾听孩子，用民主的态度对待和教育子女，孩子的想法在家庭里受到尊重，个性得到发展。不过，当前家庭中亲子关系类型是多样的，既有民主型，也有专制型、放任型。部分家长迷恋传统的家长制，对孩子的态度简单粗暴；更有大量家长把孩子看作宝贝，"捧在手里怕掉了，含在嘴里怕化了"，娇生惯养，无原则地纵容孩子，使孩子与父母的关系成为"小皇帝"与"奴仆"的关系。

其三，转型期的价值迷失投射到家庭生活之中，家庭德育领域呈现多元价值的交锋。

社会转型期是价值观重建的特殊历史时期，传统价值观迅速解体，新型价值观逐步确立，而在"破"与"立"之间，社会成员的价值选择出现分化，这种分化自然而然地反映到他们的家庭生活和他们对子女的教育引导之中。有的家长坚持勤俭持家，有的则崇尚奢华；有的家长鼓励孩子探索创新，有的则教导孩子安分老实；有的家长带领孩子参与社会，成为社区中的活跃分子，有的则告诫孩子"枪打出头鸟"；有的家长鼓励孩子遵德守礼，有的则认为"有奶就是娘"……

综上可见，在社会主义初级阶段，我国家庭德育已经表现出巨大的进步，但是，几千年的封建传统不可能自动退场，理想家庭不可能自动生成，家庭德育领域呈现新与旧交替、进步与落后交织的复杂局面。家庭德育研究的意义就在于开展冷静、全面而深入的分析，扬长补短，促使家庭更好地成为健全公民成长的摇篮。

三、经验德育在当代中国家庭德育中的应用

借鉴杜威所描述的理想家庭，当代中国家庭要发挥好培养公民道德的责任，需要理顺家庭与社会的关系，使家庭成员成为社区、社会的积极建设者，使家庭为社区和社会进步作出积极贡献；优化父母与子女的关系，

在家庭日常生活中体现出对子女个性、独立性、探索精神的尊重和鼓励，促使子女在家庭中发展自主探索、公共参与、平等友善的良好品质；调整家庭生活内容，让劳动、服务等具有社会意义的经验贯穿于家庭，让儿童能够在参与家庭的经验中形成有助于未来承担公民责任的道德观念、思维方式和知识技能，即实现家庭经验与道德、教育的融合。

笔者拟以自主探索品质的培养为例，综合考虑经验德育的各种方法，对家庭中的公民道德培养进行分析。

家长要鼓励儿童的自主探索，在饮食起居、同伴交往、学习等方面不应设置太多障碍，更不应包办代替，而要给予儿童大量独立行动的机会，从最初的饮食自理、承担家务劳动、大胆提问到自主规划作息、寻找伙伴、从事兼职、打工理财等都要鼓励儿童自主，在这些过程中逐步锻炼儿童的自主能力，探索可能的发展空间，磨炼意志品质，逐步养成勤奋、勇敢、惜时、乐观、进取等良好品质，发展独立分析问题、解决问题的能力。

儿童并不天然地喜好独立做事、自主探索、勤奋，有时倾向于依赖、懒惰、保守。对于儿童合乎自主探索的积极表现，家长要予以积极肯定，协助儿童对这一经验进行细致的回顾，使儿童最大限度地感受到自主探索给他带来的快乐，帮助他逐步体会到自主探索能够证明自己是很棒的，是积极有为的。对于儿童懒惰、保守等表现，家长不宜过分指责，但可以通过忽视等冷处理方式使他意识到自己的错误所在。当儿童身处前习俗和习俗水平的时候，来自成人的强化总是能够发挥很好的引导作用。

家长要善于为孩子树立自主探索的榜样。最好的状况是家长本人就是这样的榜样。家长要用自己在职业上的积极有为、刻苦奋斗、勇于创新为孩子营造富足的家庭环境，也要用自己在日常生活中的乐观、大度、百折不挠、独具匠心来帮助孩子发现生活中无处不在的美好。勇于探索的家长会带领孩子做很多具有冒险性、探索性的事情，使孩子在目睹家庭发展的过程中积累进取向上的智慧和意志。此外，家长也要巧妙地将社会上的自主探索榜样引入孩子的视线，让孩子感受到勇于探索的品质对于人生的意义，激发孩子向榜样学习的意愿。

当孩子对于"人要不要勤奋，要不要独立探索"等存在疑问时，当孩子表现出"等、靠、要"的依赖性时，家庭中要巧妙使用说理、讨论的方法。亲子之间的交流不宜空洞、抽象，而应摆事实、讲道理，引导孩子从身边小事、真人真事出发学会思考人生；不宜单向灌输、家长"一言堂"，而要平等交流，循循善诱，促使孩子逐步发现"人生的意义在于奋斗"等道理。

关于人物事迹和人生道理的阅读既可以单独发挥作用，也可以与说理、讨论相结合，促使儿童明理增慧，奋发有为。

家长要逐步调动儿童在探索、奋发方面的主动性，鼓励儿童自主修养，自觉地通过多种方式培养自己在自主探索、奋发有为方面的能力。

第三节　建设作为民主生活共同体的家庭

杜威提出了民主生活共同体的两个标准（社会群体内成员有广泛的共同利益；该社会群体与其他群体有充分和自由的相互作用），并以理想家庭为例对两个标准进行解释。笔者认为，第二个标准要求家庭与社会中的其他家庭、机构相互促进，意味着家庭是社区和社会进步的积极力量，这一点主要通过优化社会治理、根据社会成员及家庭对社会的贡献分配利益来予以确保；第一个标准则要求我们细致审视中国家庭生活中延续数千年的家长制传统，依据新时代特点确定家庭成员之间民主平等的关系，将家庭建设成为民主生活共同体。

一、从"乖孩子"和"小皇帝"说起

"乖孩子"和"小皇帝"是当代中国家庭中的两种现象，这两者看起来水火不相容，但细究起来，两者都源于中国古代的封建家长制，只是各自走向了极端而已。

"乖孩子"指孩子很听话，愿意按照父母的指令做事。绝大多数中国家长、教师乃至社会成员喜欢听话的"乖孩子"。然而，要求孩子听话，是典型的家长制思维的表现。中国古代家庭极其强调长幼有序，长幼有序意味着孩子要听父母的话，服从命令听指挥，用《弟子规》里的话来说

就是："父母呼，应勿缓；父母命，行勿懒；……亲有过，谏使更，怡吾色，柔吾声；谏不入，悦复谏，号泣随，挞无怨。"意思是说：父母呼唤时，要马上回答而不要迟疑；父母命令时，要马上行动而不要偷懒；……父母有过错时，孩子要进行劝告，劝告时神色要温和，声音要柔美；父母不听劝告，等父母高兴的时候再劝告，可以哭着劝告，假如父母因为孩子劝告而责打，孩子只能默默忍受，不能有一点怨言。要求孩子听话，可以维持家庭秩序和长辈的威严，然而，从现代的眼光看来，对儿童成长的伤害很大：它违背儿童的成长特点，促使儿童的成人化；强调儿童对成人的服从，阻碍公民人格的养成；禁锢儿童的思维，限制创造力的培养；压制儿童的个性，造成人才的同质化。①

"小皇帝"指那些娇生惯养、被成人围着转、在家里说一不二的孩子。传统家庭要求孩子听大人的，现在一些家庭则是大人听孩子的，孩子在家庭中的地位提高了，这是不是封建家长制被肃清的表现呢？笔者认为，"小皇帝"现象仍然是封建家长制的表现。封建制度强调臣民对君主的服从、子女对父母的服从，听话的孩子对父母百依百顺，不惜以贬损人格的方式来侍奉父母，如"老莱娱亲"里的孝子为了博父母一笑而花样百出，亲子关系既不平等也不人道。"小皇帝"家庭则反其道而行之，出于对孩子的珍视、溺爱，家长用侍奉专制君主、封建贵族的那一套来照顾孩子，一方面让孩子无须从事劳动，衣来伸手、饭来张口，另一方面让孩子不懂得尊重、体贴家长，甚至蔑视所有规则。可见，"小皇帝"所处的家庭没有实现人与人的平等民主，亲子之间建立的恰恰是颠倒过来的专制关系；而"乖孩子"和"小皇帝"盛行，足见要在家庭中建设民主生活共同体的任务是迫切而艰巨的。

要使家庭成为民主生活共同体，使家庭成员之间有广泛的共同参与的、物质的、理智的审美的利益，笔者认为，可以从如下三个方面做起：转变亲子沟通方式，让孩子学会做平等的对话者；转变家庭事务分工格局，让孩子学会做共事的合作者；转变家庭管理方式，让孩子学会做自主

---

① 程伟：《"听话教育"的批判性反思》，《中国教育学刊》2016 年第 11 期。

的管理者。

二、学会做平等的对话者

对话的对立面是听话，即一方对另一方无条件、无原则的服从。当代家庭教育要反思封建家长制传统，确认子女的独立性，鼓励子女的自主探索，那么，转变亲子沟通方式，让孩子学会做平等的对话者可以看作是第一步。

对话意味着倾听。经常有家长想当然地声称"我都是为了你好"却从来不征求孩子的意见，然而，"询问他人喜欢什么，需要什么，有什么意见，这是民主观念的一个要素"①，鞋子是否合脚，只有自己知道，如果儿童在家庭生活中没有表达自己愿望的机会，家庭成员就不可能有真正意义上的共同利益。倾听表明了父母愿意听儿童表达自己观点的态度，真正的亲子沟通应该是亲子之间的相互交流，父母把自己的想法告诉孩子，孩子把自己的想法告诉父母，双方的想法不断碰撞，不断引出新鲜的话题，最后达成共识和相互理解。倾听要求父母摆正态度，"蹲下身来听孩子说话"，平静而认真地听孩子表达，用恰当的反馈和引导来帮助孩子更全面地思考问题。

对话促进儿童明理。与其期望孩子"听话"，不如期望孩子"懂事"："听话"是听别人的话，自己不会思考，没有立场，而且既可能听正确的话，也可能听错误的话；"懂事"是自己能够思考，明白事理，因此只做正确的事，不做错误的事。培养明白事理的孩子，父母要学会摆事实、讲道理，倾听孩子的推理，向孩子呈现自己的思维，引导孩子学会辩证地看待生活。比如当前青少年沉迷网络的事件时有发生，父母在引导确立网络使用方面的规则时要引导孩子思考网络带来的益处和危害，明白"为什么现在不能给你买手机""为什么你不能无限制地使用手机"，使孩子不仅"知其然"而且"知其所以然"。父母还要支持孩子自主探索，给孩子

---

① ［美］约翰·杜威：《人的问题》，傅统先、邱椿译，上海人民出版社 1965 年版，第 26 页。

提供尝试错误的机会。孩子对社会、人生的认识发展是逐步实现的，父母有必要让孩子在实践中摸索前进，让他通过不断地战胜错误最终走向正确。

对话确立父母的新型权威。在民主时代，父母的权威不是靠家长身份压服孩子，而是以理服人，以自身魅力让孩子心服口服。在对话过程中，父母不应该是专制的，专制的父母总是让孩子"听我的"，孩子的思维能力在此过程中慢慢钝化；父母也不应该是放任的，溺爱的父母总是对孩子说"你真棒"，导致孩子根本就不知道这个世界上还有道理和规则存在，更谈不上懂事了。父母应该是民主的：允许孩子独立思考，支持孩子独立行动，鼓励孩子在错误中前进。当孩子的思路有问题时，父母像伙伴一样和孩子交换意见，向孩子呈现"假如是我，我会怎么做"，启发孩子完善思路；当孩子犯错时，父母应及时指出错误所在，要求孩子改正错误。这样的父母，不断地用自己的智慧、情感、生活经历来影响孩子，在全面了解孩子的同时，也让孩子越来越多地了解父母，愿意向父母请教，父母的权威形象自然就确立起来了。

三、学会做共事的合作者

家庭事务关系到父母和子女的共同利益，子女不能坐享其成，而要积极参与，学会共同承担。让子女从小学会以合作者的身份承担家庭事务，不仅对于家庭生活来说是必要的，而且对于子女未来成为社会生活的合格、有效成员来说也具有重要意义。

（一）全面审视不做家务的代价

承担家务劳动，是青少年参与家庭事务的常规形式，然而，在当代中小学生群体中，不做家务的大有人在。很少有人追问：青少年不做家务的代价是什么？有人会说："家务很简单，孩子这么聪明，有必要时一学就会"；"不做家务，孩子就有更多的时间读书，发展兴趣特长，将来更有可能成为拔尖人才"；"我家孩子将来是要做大事的，鸡毛蒜皮的家务哪还需要亲自做，不做家务能有什么代价？"笔者无意危言耸听，但很想心平气和地对"孩子不做家务"这个当代中国的常见现象多说几句。

不做家务可能失去发展能力的机会。以前的初中语文教科书曾经收录了华罗庚先生以烧水泡茶为例写作的科普短文《统筹方法》，提示人们在烧开水的同时可以把茶壶茶杯洗好，据此呈现统筹方法在节省时间方面的妙用；很多成年人回想起这篇课文，都说"受益终身"。可是，不做家务的孩子从来都是只管喝茶而不知道前面还有这么多工序的，试问他们能学会统筹规划吗？顺着能力的思路说开去，分得清小麦和韭菜、炒菜时判断火候是否适当、在市场上挑选新鲜的菜和肉，难道不算能力吗？做家务经常会遇到意料之外的情况，需要即时、灵活应对，清扫房间、淘米做饭甚至给宠物洗澡，无一不是现实而非虚拟问题、开放而非封闭问题、复杂而非简单问题。当代教育所倡导的培养学生解决复杂问题的能力，恰好都可以从这些活动中得到培养。

不做家务可能失去发展创造性的机会。当代社会崇尚创新，但创新的源泉是生活，而且这里的生活主要还是衣食住行的日常生活。很多名企所提供的产品都是日常生活所需的，如行李箱、刀具、种子、食用油。而一个不需理会衣食俗务的年轻人尽管向往创新，但眼高手低，会对日常生活中的创新机遇熟视无睹。中华文明发源很早，但几千年来的农业、手工业生产方式都停留在极其原始的水平上，蒸汽机、洗衣机、机器人等发明都产生于西方，原因何在？不得不说，中国教育文化中"君子动口不动手""君子远庖厨"、不事稼穑的传统害人不浅，因为它导致中国最有才华的人沉迷于书山题海，"四体不勤、五谷不分"，不关注民生日用，不了解日常劳作是多么的机械和亟待改进，这些与中国科技落后的局面有很密切的关系。难道，我们还要让 21 世纪的年轻人重蹈覆辙，沿着脱离世俗生活的道路继续走下去吗？

更为严重的是，不做家务还让年轻人失去了自主自立的机会。衣食住行是每天生活的必需，但一个年轻人如果什么事都不会做，就必然要依赖家人，仰仗他人，凡事"等、靠、要"，遇到一点儿麻烦就六神无主，手忙脚乱。常有人说现在的孩子是"抱大的一代"，"被抱大"固然有其"幸福"的一面，但也有凡事不能自主、凡事由家长说了算的另一面。在中小学校园里，我们经常看到这样两类孩子：前者遇事胸有成竹，很有主见，能淡定地安排各种事情，是同学心目中的"智多星"和领袖；后者遇事犹豫退缩，只能承担最不起眼、最没有技术含量的工作，容易被同学忽视。经过了解，我们就会发现，前者往往从小就在家里做各种家务、替父母跑腿，他们的独立性就是这样练出来的；后者则往往是"温室里的花朵"，凡事由家长代劳，他们的依赖性也是这样养成的。

（二）为孩子提供参与家庭事务的机会

马克思主义认为，劳动是人类的本质活动；劳动也是公民服务社会、报效祖国、实现人生价值的基本途径。中小学生是祖国的希望，享受着家庭的呵护、老师的关心和全社会的爱护，但他们也需要从小养成劳动习惯，端正劳动观念，在劳动中锻炼能力，磨炼意志品质，发展创新能力，学会合作共处，不能变成只会索取、不懂奉献的"寄生虫"。

劳动的范围很广泛，学生可以从自己的事情自己做、承担力所能及的家务开始参与劳动。青少年的生活起居，小到整理书包，大到洗衣做饭、到超市采购家庭用品都是劳动。"一屋不扫，何以扫天下"，中小学生要逐步做到自己的事情自己做，如早上能够自觉起床，不麻烦爸爸妈妈反复催促；吃饭时可以为全家端好饭菜，在餐后将餐具洗净；放学回家，可以自觉地完成作业，不用爸爸妈妈督促和陪读；周末和假期，可以当几天小管家，主持家庭采购，为家人烧几个简单的家常菜……在劳动的过程中，青少年不仅减轻了家长的劳动负担，而且自理能力提高，越来越能干，越来越有实践智慧，这也能为将来的生活做好准备。

脑力劳动也是重要的劳动形式，父母还可以大胆向孩子授权，将孩子推向前台，更加主动地参与家庭。比如让孩子思考给爷爷奶奶准备什么样的新年礼物；在一家人旅行时，委托孩子负责订票、收拾行李，让孩子决定路线……总之，只要有心，锻炼的机会是很多的。

四、学会做自主的管理者

理顺亲子关系之后，当代家庭不能再沿用"父母责，须顺承""号泣随，挞无怨"的家规，也不能放任孩子自由散漫地成长，而要以合乎民主精神的方式确立家庭生活的合理规则，促使孩子从家庭中开始学会自主管理，为成长为民主社会中"既能领导也能服从"的合格公民奠定基础。具体来说，要基于亲子平等沟通确立家庭规章；家庭规章要公正合理，对父母和孩子一视同仁；要坚定地执行家庭规章，保障规章的权威性。笔者试以移动互联时代数码产品使用方面的家庭规章为例对此进行解析。

当前，互联网、智能手机、笔记本电脑等在中小学生群体中的普及程度迅速攀升。然而，很多家长在指导孩子使用数码产品方面的做法还有些任性，不够谨慎。一方面，家长仓促为孩子配备数码产品，没有冷静地思考"孩子做好拥有数码产品的准备了吗""孩子知道如何合理使用数码产品吗"。另一方面，家长在数码产品使用方面宽严失当，对孩子的网络行为缺少引导和监督，有时让孩子随便玩，而一旦发现孩子成绩下降、视力减退就严加管束甚至马上没收，不但没有使孩子形成理性上网的规则意识，还可能引发严重的亲子冲突，进而酿成家庭惨剧。子女成长无小事，家长要树立与移动互联时代相应的责任意识和风险意识，高度重视孩子"触网"问题，掌握科学的育儿方法和有效的亲子沟通策略，指导孩子做互联网时代的弄潮儿，避免在信息化旋涡中溺亡。

其一，要与孩子"约法三章"。一是要把好数码产品的入口关。让孩子靠自己的优良表现来获得拥有数码产品的资格，当孩子在学习和生活中表现出一定的自我约束能力时才同意给孩子配备数码产品，不能把配备数码产品当作收买孩子好好学习的手段，更不能受制于孩子"你不给我买我就不上学"的要挟。二是要管好数码产品使用时间。与孩子约定每天使用数码产品的时间，约定当孩子学习状态、品行表现出现波动时的奖惩措施，帮助孩子学会自我克制，不能放任孩子的网上冲浪行为。三是要明确没收数码产品时的操作程序。数码产品是孩子与外界联系的一个渠道，其中有孩子的社交和秘密。当孩子的表现触碰了亲子共同约定的暂时上交数码产品的红线时，家长仍然要保持平和心态，提前告知以便孩子在上交数码产品前完成与他人的对话、删除个人隐私内容，还要说明在何时、何种条件下归还数码产品，还可以允许孩子为上交的数码产品上锁，以消除孩子担心秘密泄露的不安心理，切忌冲动地抢走孩子手中的数码产品，让孩子出于担心隐私泄露等因素而走极端。

其二，要持续有力地执行规章。孩子的自律能力是逐步成长的，家长有责任陪伴孩子慢慢成长。一要确立家长内部的统一立场。家庭所有成员要达成共识，成立管理同盟，不能让孩子钻空子。二要坚持正面引导。要在孩子自觉遵守上网规则时予以表扬，在孩子学习和生活表现良好时可以适当予以上网时间的奖励，不要吝啬对孩子良好行为的赏识。三要做到令行禁止。当孩子出现沉迷倾向或者因网络游戏影响学习和品行时，要严格依规则减少上网时间，直至将数码产品没收一段时间，确保规则的权威性，不能只是唠叨批评而不采取有力措施。

其三，要进行充分的亲子沟通。一要学会摆事实、讲道理，引导孩子思考网络带来的益处和危害，明白"为什么现在不能给你买手机""为什么你不能无限制地使用手机"。二要与孩子平等沟通、倾听孩子的想法，在沟通过程中适时指出孩子的想法存在哪些盲区，确保孩子对家庭规章心服口服。三要在规章制定过程中学会妥协，对孩子的要求适当让步，赢得孩子对规章的认同，不能让孩子觉得"一切都是家长说了算"以致产生逆反心理。四要"蹲下身来"和孩子说话，关注孩子学习成长过程中的喜怒哀乐，平和地与孩子就上网内容进行交流，及时了解孩子感兴趣的网络信息类型，在交谈中引导孩子学会辨别并抵制不良信息，养成绿色上网和文明上网的习惯。

其四，家长要做好适当使用数码产品的示范。一要坚持规则面前人人平等，不仅就孩子触网进行限制和引导，家长也要带头遵守相应的规则。要求孩子做到的，家长首先要做到，每个人的网络使用，都要努力做到有益、有度、有取舍。二要在孩子面前管理好自己的行为，尽量控制自己对手机和网络的依赖，不可放任。三要尽可能将手机和网络用于提升自我、协助工作方面，为孩子树立终身学习、锐意进取的榜样，不能用"人到中年不需要奋斗"等借口为自己狡辩。

其五，家长要带领孩子丰富家庭生活，学会经营现实世界中的美好生活。预防沉迷网络，不仅要做减法，还要做加法。一要优化亲子关系，做孩子成长的良师益友和亲密伙伴，舍得在孩子成长过程中投入时间，努力给孩子高质量的陪伴，让孩子获得足够的安全感、归属感、成就感。二要丰富亲子活动类型，创造比玩网络游戏更加有趣的活动经验，如全家一起读书、下棋、运动、做家务、走亲访友、举家旅行、参观博物馆和欣赏音乐会等，支持孩子结交朋友、参加社团、开展志愿服务和勤工俭学，协助孩子在现实生活中培养兴趣。

事实证明，如果家长依据平等、尊重的原则与孩子共同制定规则，鼓励和督促孩子遵守规则，慢慢地，孩子会形成相应的自主管理能力，并且随着年龄的增长，越来越能够将这种自主管理的意识和能力迁移应用于学习和生活的方方面面。

五、民主家庭中的父母角色分析

建设作为民主生活共同体的家庭，是当代父母在社会转型阶段的重要责任。这一责任的承担，要求父母对自己在子女成长中的角色重新定位。笔者认为，当代父母要扮演好如下角色。

一是关爱者。新生儿非常需要父母的关爱，父母的关爱可以帮助新生儿确立最初的安全感、信任感，为以后人生中的自主探索、社会参与、与人为善奠定基础。在子女成长的全过程中，即使是在他们成年以后，父母对孩子的关爱都能够给儿童稳定的安全感和归属感，促使儿童出于对家庭的归属而愿意为家庭的荣誉而奋斗。同时，父母对孩子的关爱，对孩子来说是与人为善的很好的示范。

二是支持者。关爱不是无原则的保护、代劳、包办，关爱不能缺少对儿童独立性的尊重，合理的关爱应该体现为在逐步放手中支持儿童独立。父母要尽早开始高频地欣赏、肯定儿童在自主探索、社会参与、与人为善方面的表现，增强儿童对自己能力的信心，同时促使"自食其力""有效参与社会"等价值观融入儿童的心灵。当儿童在成长过程中表现出不完美和失误时，父母仍然要表现出支持，只是这种支持不是无原则的褒奖，而是善意的提醒，多宽容少批评，慢慢等待其自主纠错。

三是示范者。父母应该是自主探索、公共参与、与人为善的示范者。他们应该从事对社会有益的工作，这是确保家庭成员拥有共同利益、这个家庭与社会中的其他家庭和机构拥有共同利益因而可以沟通的必要条件；

有旺盛的进取精神，乐于在工作和生活各方面展开探索和创造；关心国家大事和社区事务，愿意并能够做国家和社会中的有力参与者；为人善良，在家庭中相互关心爱护支持，文明有礼地对待周围或熟悉或陌生的人们，对周围人尤其是处境不利的人予以适当的帮助。

四是家庭环境规划者。个体道德学习是通过经验，通过个体与环境的持续互动展开的；父母对子女道德品质的引导，也要借助于成长环境这个媒介。一方面，父母本身就是子女成长环境的重要组成部分，父母的言行直接影响着子女；另一方面，父母还有义务规划成长环境的其他部分，如规划孩子的日常游戏和活动，规划孩子的社交范围，规划孩子通过阅读、上网等方式接触的媒体信息内容等。通过巧妙的规划，父母可以为孩子营造相对纯洁、健康的成长环境，有力地影响孩子的价值观学习。

五是合作者或伙伴。父母和子女亲密地生活在一起，他们要共同面对生活，共同开展与环境的互动；尤其是在子女较少的情况下，父母和子女之间的合作者或伙伴关系更加明显。一方面，父母会吸引子女参与成人社会的一些活动；另一方面，父母也应子女邀请加入子女策划的一些活动之中。在共同的游戏、生产、生活中，以伙伴角色出现的父母更能够与孩子建立亲近关系，父母的生活心得等能够更加顺理成章地被子女所接受。

六是对话者。父母对子女道德学习的引导，显然离不开说理和沟通，而在民主条件下，父母对子女的说理不是居高临下的"布道"，而是基于平等对话和讨论。在对话过程中，父母鼓励子女说出自己的真实想法和疑问，与子女展开真诚的论辩。由于公民道德本身具有公正性和自律性特征，所以，理越辩越明，对话最终可以促成子女对公民道德的认同和遵行。

第四章 学校中的经验德育（上）

在杜威所处的时代，一些人秉持狭隘、形式化、病态的观点来讨论德育：将德育目标定位于培养标上诚实、贞洁等标签的抽象美德；将德育手段理解为孤立开设的德育课。杜威别开生面地阐发了他的观点，主张以理想家庭为典范，将学校建设成充满社会精神的共同体，将德育途径扩展至整个学校生活，通过各学科教学和学校氛围来实施德育，把学生培养成为能够在人生的各种关系中承担起相应角色的合格公民。以主动作业贯穿的杜威学校充满了杜威所说的社会精神，其中展现的经验教育、经验德育令人向往。然而，虽然杜威主持的实验学校展现了令人激动的教育图景，但其后一百多年的世界教育变革历程表明，要建成合乎杜威理想的学校注定是相当艰难的。我国传统学校和当代校园与杜威笔下的理想学校有很大距离；经验德育论提示我们对学校德育开展经验论反思，借由学校生活经验创新来促进立德树人根本任务的落实。

第一节 中国学校德育的经验论审视

杜威对关于学校提供的"道德的教育"的期望是这样的：学校由社会建立，应社会需求而生，以维持生活和增进社会的福利为目标；学校为学生成长提供社会的气氛①，学生在学校里形成"有效地参与社会生活的能力"②。那么，中国历史上的学校和当下的学校是否合乎这样的期望呢？

---

① ［美］约翰·杜威：《民主主义与教育》，王承绪译，人民教育出版社 2001 年版，第 377 页。

② 同上书，第 379 页。

一、封建时代学校德育的经验论审视

放眼中国古代教育史，学校德育领域存在一幅令人费解的复杂图景：以四书五经为代表的儒家著作被奉为古代学校教育的不二教科书，但是古代读书人却很少具备儒家所倡导的君子人格；饱读圣贤书的学子很少能体现出君子的磊落胸襟，更多的是趋炎附势、欺下媚上、"喻于利"的"小人儒"。如何理解儒家德育理想在几千年教育实践中的无数次落空？如何理解古代学子的道德表态与实际行动之间存在的巨大反差？笔者认为，以上史实恰好验证了杜威提出的经验育德原理。

汉代兴办太学时，孔子删订的儒家经典"五经"被确定为太学的法定课程①；自此以后，虽然经历不同朝代的些许变化，但儒家经典著作一直是封建官学的主要教科书。从小学至大学，封建时代的读书人以"头悬梁，锥刺股"的顽强意志勤读儒家"圣贤书"，凭借对儒家话语体系和经典著作的熟练掌握程度获得秀才、举人、进士、状元等学衔和官府中大大小小的官职。然而，从经验论视角来看，与儒家道德话语的流行相伴的，是学校伦理教学的知识化、专门化、孤立化以及伦理教学与生活经验的隔离。

其一，封建时代儒家经典教学的核心目标是对儒家伦理道德话语体系的掌握，而非对儒家伦理道德的切己躬行。

汉代太学教育的目标是为国家培养"经明行修"的官吏②，从字义上来看，封建统治者对古代儒家经典教学目标的期望是学生既能熟练记诵儒家话语体系，又能知行合一、身体力行儒家伦理道德。儒家思想是伦理色彩浓厚的政治学说，儒家伦理道德思想是构成儒家经典著作的主要内容；就文本内容而言，儒家经典的教学确实可以完成既传授知识又培育品德的使命。然而，品德考评难以实施，文字考校易见高下，于是，在漫长的封建时代，从蒙学到太学的各级学校都将促进学生对儒家话语体系的熟练掌

---

① 王炳照等编：《简明中国教育史》，北京师范大学出版社 2007 年版，第 100—101 页。

② 同上书，第 100 页。

握作为核心，很少对学生提出切己躬行的行动要求，所知与所行在不知不觉中分道扬镳，彼此隔绝开来。

历代很多思想家对当时的教育注重对儒家经典"囫囵吞枣"式的记诵而忽视知行合一的践行进行了批评。如韩愈在《师说》中指出："师者，所以传道受业解惑也"，"彼童子之师，授之书而习其句读者，非吾所谓传其道解其惑者也。句读之不知，惑之不解，或师焉，或不焉，小学而大遗，吾未见其明也。"韩愈所说的"小学"是指学生就不理解的句子进行求教，教师督促学生学会用相应的文字来写作；"大遗"则是指学生不深入思考社会和人生，对现实生活中的困惑视而不见。《儒林外史》展示了明清时代，学生为了追求科举成功而沉迷于阅读历代考取功名者的考卷，甚至不愿意阅读儒家经典原著，"两耳不闻窗外事，一心只读圣贤书"，哪里谈得上躬行圣贤教诲？

其二，儒家伦理道德话语体系体现君主制度下的克己奉公思想，封建时代教育的运行逻辑总体上却服务于个人功利追求。

儒家道德要求个人扮演好在社会和家庭中的各种角色，承担人际关系赋予的种种责任，却独独不谈自己，不谈如何实现自己的理想和抱负，"克己"以及宋明理学提出的"存天理、灭人欲"显示了儒家道德体系的无我。梁漱溟指出："中国人是不要我的。在母亲之于儿子，则其情若有儿子而无自己；在儿子之于母亲，则其情若有母亲而无自己；兄之于弟，弟之于兄，朋友之相与，都是为人可以不记自己的，界己以从人的。他不分什么人我界限，不讲什么权利义务，所谓孝悌礼让之训，处处尚情而无我。"[1] 古代学生自幼开始熟读儒家经典著作，对其中的道德话语非常熟悉，久经熏染，确实可望形成不同程度的克己奉公品质。

然而，古代学校是把儒家经学作为士子做官的"敲门砖"[2] 来看待的，这在根本上为学校中教与学的活动奠定了个人功利的底色，这种底色是如此浓重，足以抹杀儒家经典对利他行为的着力呼唤。中国古代教育很

---

[1]　梁漱溟：《东西文化及其哲学》，商务印书馆 1999 年版，第 152 页。

[2]　王炳照等编：《简明中国教育史》，北京师范大学出版社 2007 年版，第 101 页。

早就蒙上了一种功利色彩，孔子在评论当时的教育时就指斥"古之学者为己，今之学者为人"，"为人"之意就是为了得到他人的奖赏。自春秋战国至明清，教育、科举给民众提供了一条摆脱血缘出身规限、提升社会地位的出路，这条路上一直熙熙攘攘。在"学而优则仕"的人群中，自然也有少量心忧天下、立志造福苍生的仁人，但为数不少的人一心只想自己做官扬名，将求学、读书当作提升个人之"市场价格"的必要手段。当教育的动力是学习者的个人功利追求时，宣讲仁义礼智信的私塾、官学上空笼罩着功利主义的气息。隋唐之后，科举制度的建立和完善最终将教育功利化推至顶峰。在科举制统摄下，各类学校作为科举的预备机构存在并繁荣，以"黄金屋"和"颜如玉"为标志的荣华富贵引发了学子及其家长对应试教育的狂热追求。

细致分析古代读书人的求学历程，我们不难发现，杜威所批判的诉诸"个人主义的低级动机"① 的教学方式大行其道：蒙学先生用竹鞭和戒尺唤起学童的畏惧，用持续的惩罚来催促学童死记硬背，用不断的考试和成绩唤起学童胜过同学的斗志；随着年龄的增长，求取功名、争取"光宗耀祖"或"出人头地"成为读书人的自觉追求。中国古代涌现了"囊萤映雪""凿壁偷光"之类的求学佳话，但支撑多数学子发奋攻读的，不是"为天地立心，为生民立命"的远大理想，而是争做"人上人"的个人野心。

其三，儒家伦理道德话语中部分内容因为得到生活经验的支撑而融入学生人格，部分内容因为得不到生活经验的支撑而无缘内化。

尽管古代学校教育受到正统儒家代表人物的批评，但如果说古代学校教育完全没有在学生身上培养儒家道德，显然是不符合实情的。古代学校教育在培养忠君、顺从等儒家道德（亦即被专制政权改组为臣民道德的儒家道德、"小人儒"）方面，总体上是成功的，成功的原因不在于数十年如一日的知识教学，而在于以忠顺为取向的教学方式和学生管理方式。

━━━━━━━━━━

① ［美］约翰·杜威：《学校与社会·明日之学校》，赵祥麟等译，人民教育出版社2005年版，第144页。

儒家论著充斥着以"君君、臣臣、父父、子子"为支撑的伦理知识，维护专制统治，同时，孔孟等人也有少量的民本思想（如"民为贵，社稷次之，君为轻"），不过，这些体现民本思想的只言片语基本上被历朝统治者删改剔除了。封建时代的官吏选拔都把忠实掌握政府审定的儒家经典放在首位，学校的教学方式和例行考试将这一标准贯彻于教学全过程。如在官学的教学过程中，没有师生的讨论争辩，而只有教师对教学内容的阐发和单方面灌输；禁止学生对"圣命"的质疑，强调师道尊严，要求学生对教师的绝对服从及对教师所传"圣人之言"的绝对信仰；每隔一段时间，学生就要参加相应的考试，面对思想性极强的考题，学生只有顺应统治者意志作答，才可能顺利过关；有些考题本身就是要求学生以虔敬态度默写君主的教诲，如清代学子不断被要求在考试时默写《圣谕广训》，默写必须一字不错、一字不涂，这清楚地体现了思想控制的意图。在学生日常言行管理方面，统治者制定严格、具体的监规、学规。监规、学规由皇帝颁布，并张贴在学校中。对违反规章制度的人，予以严厉的惩罚，以儆效尤，其目的在于约束和规范人们的思想和行为，使其思不出其位，行不逾规矩，完全服从皇权统治①。在仕途、功利的诱惑下，忠君、顺从的品性渐渐深入读书人的骨血，令他们沉迷其中而无力自拔。

而古代教育在培养特立独行、"富贵不能淫、贫贱不能移、威武不能屈"的君子人格方面总体上是失败的，失败的原因并不是没有灌输这方面的道德话语，而是这些话语无法得到当时的学校生活经验乃至社会生活经验的支撑。如前所述，古代学校教育教学全过程都致力于唤起学生的顺从，即使到了官员考选环节乃至进入官场之后，这些过五关斩六将的学子仍然没有独立自主的资格。为了金榜题名，很多读书人考前忙于到处拜公卿、献文章、送礼物，卑躬屈节，低首就之，还有人干脆跪到官僚的车马前跪献文章，以示其诚②。诗人朱庆馀写了一首《近试上张水部》："洞房昨夜停红烛，待晓堂前拜舅姑。妆罢低声问夫婿，画眉深浅入时无?"

---

① 张建仁：《试论明代教育管理的特点》，《华东师范大学学报》（教育科学版）1992年第1期。

② 王炳照等编：《简明中国教育史》，北京师范大学出版社2007年版，第162页。

这首诗因角度新颖而广为流传，诗人用新娘梳妆打扮完毕马上要去拜见公婆来形容自己即将参加科举考试的心态，联系到古代男尊女卑的普遍状态，我们不难想象考生自比新娘时的心态是多么复杂。

简要回顾一下中国古代君子人格难产、臣民道德盛行的历程，我们可以发现，这是杜威所揭示的经验育德原理的生动例证：封建时代学校教育缺少杜威所倡导的社会精神或共同体精神，这在整体上使学生的道德成长失去了现实土壤，学生养成的品德修养要么是深入骨血的臣民道德，要么是对臣民道德的空泛装饰。中国古代官学教育在培养臣民道德方面总体上是成功的，成功的缘由不仅在于官学的教学内容，而且在于官学的教学方式、评价方式、学生管理方式和官学的整体氛围总体上是维护专制皇权，倡导甚至逼迫学生顺从的；进一步分析可知，中国古代官学教育是封建教化系统的一环，学生之所以成为臣民道德的忠实践行者，不仅是学校教育的功劳，而且是因为封建社会的政治制度、统治方式要求百姓成长为臣民。这恰好印证了杜威关于专制时代德育的论断：“直接的道德教学只有在少数统治多数的社会群体中才有效果。之所以有效，不是由于教学本身，而是由于整个政权加强这种教学，教学不过是一件小事情。”①

二、当代学校德育的经验论审视

近代中国社会的巨大变迁带来了教育领域的变化，这些变化突出地表现在西式学校兴建、学制调整、增加西方科技和语言等教学内容、留学教育的产生和发展等方面。学校课程与社会需要的联系变得比纯粹教授“之乎者也”的时代紧密多了，不过，传统教育观念根基太深，而现实社会中又有“官本位”滋生的土壤，追逐个人功利仍然是学校教育的主流，就民国时期的总体情况而言，教育功利化仍然严重而且普遍地存在着。在当时的文学作品（如《围城》和《藤野先生》）中，我们可以看到当时很多留学生、大学生的功利心态。

---

① ［美］约翰·杜威：《民主主义与教育》，王承绪译，人民教育出版社 2001 年版，第 373 页。

　　社会主义制度的形成，确立了人的发展和社会发展的统一关系，为学校教育服务社会共同体利益的新型学校—社会关系的确立提供了制度保障，使基于充满共同体精神的学校生活培养公民道德成为可能。新中国成立之后，在社会主义信念及共产主义信仰的指导下，由于革命胜利之后当家作主的自豪感、全社会范围内共产主义的广泛宣传、一大批作风纯正的先进人物的示范效应等因素的综合影响，这一段时期的学校德育在培养青少年的爱国主义情感、社会责任感、公共参与意识等方面收效明显。然而，在 20 世纪 60 年代中后期，相继开展的"反右"、知识青年下乡、"文化大革命"等破坏了社会中初步建立的和谐，青年学子乃至社会一般人的信仰发生了动摇。

　　社会转型的自觉启动再次为基于学校经验培养公民道德提供了可能，不过，由于人们对于经验与教育、经验与道德隔离的传统缺少分析，学校德育脱离生活经验、学校德育成为学校中的孤立领域这种不良局面仍然存在。

　　一方面，德育学科化、专门化是学校生活中的普遍现象。各级各类学校普遍重视专设的德育学科，希望通过德育学科来完成德育任务。德育学科化使其课程内容和教学设计与学生当下的生活经验分道扬镳，转而追求伦理知识的完备性、深刻性，教学中所倡导的道德行动标准也倾向于脱离实际，走向"高、大、全、美"的过高标准：道德教育的目标是引导学生树立责任意识、集体意识、个人利益服从集体和国家需要、舍小家顾大家的觉悟，引导学生把有限的生命投入到无限的为人民服务之中去；道德教育的内容包括了从个人修养、家庭美德、职业道德、社会公德在内的各方面内容，要求学生认真遵守，尤其强调个体在工作中要任劳任怨、无私奉献；道德教育的方法主要采取"社会本位"的说理，强调个人对社会、对他人的责任，通过社会需要、榜样事迹来调动学生的道德追求，时刻将个人与集体、社会、国家、他人连在一起，提醒个体为集体、社会、国家、他人做贡献。

　　另一方面，由于就业压力较大，"官本位"意识、职业观念根深蒂固等因素，当代中国人仍然普遍重视接受学校教育（尤其是高等教育）对于个人前途的意义，缺少对学校教育之社会责任的考虑，以致时至今日，以升学为取向的功利主义教育价值观仍然影响着广大城市、乡村的小学、初中、高中。对此，鲁洁教授这样概括："在中国人的心目中，升入高校是影响人一生的生存竞争，它直接影响人的今后的名誉地位、金钱与财产。中小学教育全部功能就表现为使人在这场生存竞争中取胜，被注入了极强的功利性，它的一切都要从这种功利出发。"① 反观当下学校教育，我们仍然能够看到教育功利化的影响无孔不入。支撑整个学校教育的，是学生对个人美好未来的追求。学校教育以满足学生的功利追求为己任，教师将自己看作助考师，而没有考虑到社会发展对学校教育的要求。教育成为教师、学校与学生、家长之间的私事，而不是学校对社会所应承担的责任。由此，学校教育、教师失去了社会责任感，甚至发展出一种与教育功利化相匹配的责任感——对学生的考试负责就是好教师、好学校。在此背景下，学校的教育组织形式、师生互动方式、各学科教学传递的价值观念和生活方式等的功利化，使学校教育不可避免地培养和造就了大批精致利己主义者。

在教育改革进程中，我们可以看到直接德育与学生经验正在相互靠近。当前学校德育目标走向平实，打破面向全体成员的过高德性要求，建立先进性要求与普遍性要求相结合的目标体系，使德育目标更具合理性②。德育课程理念走向生活化，注重创设生活化情境，倡导联系生活、师生平等对话的教学方式，促进学生知行合一。尤其重要的是，国家实力的强大越来越能够支持每一个人过上幸福美好的生活，以往学校教育承担的选拔功能逐步被人才培养和人的发展功能所取代，弥漫在学校上空的竞争的硝烟正渐渐散去，现在的学校教育越来越紧密联系社会发展的需要，追求个性发展与社会发展的协调，促使学生能够较好地适应社会发展的要求。据此，学校生活经验的整体德性得到提升，可以为高度适宜的德育目标的达成提供必要条件。

---

① 鲁洁：《教育的返本归真——德育之根基所在》，《华东师范大学学报》（教育科学版）2001 年第 4 期。

② 王道俊、王汉澜：《教育学（新编本）》，人民教育出版社 1989 年版，第 343 页。

从经验论角度来看，德育研究的重要使命就是加速德育与经验靠近并融合的进程，缩短德育进步的过程，提升德育创新的效率。德育课程联系生活如何从理念倡导转化为常态开展的课堂教学实践，学校全体教学和学校生活如何与德育课教学相互支撑，共同促进公民道德生成，是值得研究者深入探讨的现实问题。

第二节　实现德育课教学对学生生活经验的指引

通过德育课教学为学生当下和未来的人生提供指引，是学校开设德育课的基本出发点和目标。我国的学校教育一直重视德育课，希望通过系统的德育课堂教学，为学生生活指引方向。《义务教育思想品德课程标准（2011年版）》指出，帮助学生过积极健康的生活、做负责任的公民是课程的核心；思想品德课程要以初中学生逐步扩展的生活为基础，以学生成长过程中需要处理的关系为线索，有机整合道德、心理健康、法律、国情等方面的内容，进行科学设计。然而，德育课堂教学指引学生生活的目标并不总是能够实现，在校园和生活中，学生言行不一、违背德育课教学内容的现象屡见不鲜，其原因在于德育课堂教学指引学生生活的逻辑链条存在漏洞或者断裂之处，亟待完善。

一、从中学德育课实录说开去

近年来，笔者观摩了多地的中学德育课近百节，发现中学德育课均有通过教学指引学生生活的目标预设，不过，就实际效果而言，指引学生生活的目标在绝大多数课堂上都没有达成或者充分达成。

在A校的一节德育课上，一名中年男教师在执教"友谊"这一主题。教师很死板地把教科书上关于友谊的内容读了一遍，并不时停下来对一些说法进行解释；学生们"秧田式"静坐着，多数学生很不认真，边听讲边根据教师要求或者自己的理解在课本的相应部分画线。这个讲解过程用了二十分钟，课堂气氛很沉闷。教科书上的内容讲完后，教师让同学们拿出练习册，用五分钟时间把练习册上的配套练习题做完。而后，教师以点名回答的方式和学生核对答案。练习题均为选择题，教师手里有标准答案。例题如下：

你认为交友的原则有（　　）

①善交益友　②乐交诤友　③不交损友　④自己有利可图

A.①②③　B.②③④　C.①②④　D.①③④

答案：A

解析：本题主要考查学生对待损友与诤友的正确态度，④的交友态度带有功利性，不单纯，应排除，故选A项。

与这节课相比，B校的一节德育课要活泼得多。这节课的主题是"独立"，在课堂上，年轻的女教师先围绕初中生的日常生活提出一些问题，如"每天是不是自己来上学"，"说一下自己可以独立完成的事情"，等等。学生们很踊跃地回答，慢慢引出"自己的事情自己做"这个主题。随着教学的展开，教师进一步提问，引导学生将课堂上所学的内容与生活相联系，说出自己接下来将如何做到更加独立，如坚持自己背书包、学会做饭等。整节课总体上以一种紧密联系生活的方式进行，可是，下课之后，学生们是不是能够做到独立呢？很难说，就像在讨论中一些学生提到的："我想自己做事，可是，家长不同意，他们非要替我包办一切啊！"

以上两节课基本上可以看作当前初中德育课的缩影。前者是传统德育教学的典型，重视书本知识的灌输和记忆，强调引导学生学会答题和考试；后者是现代德育教学的典型，注重德育教学与学生生活的联系，引导学生学会思考和处理生活中的问题。两种教学方式有很大差别，但其共同之处是就实际效果而言，对学生的实际行动选择所发生的实际影响都不大。这种德育课教学实效低下的状况，吸引笔者就德育课堂教学指引学生生活逻辑链条中的缺陷展开追问。

二、德育课教学指引学生生活的逻辑漏洞阐析

德育课堂教学以学生在现实生活中需要处理的关系、需要面对的问题

为中心，引导学生思考现实生活，期望学生学会更好地独立生活；如果不进行细致追问，大家可能会觉得这种"德育课堂教学指引学生生活"的逻辑是完整的。然而，事实情况并非如此，这一逻辑链条存在如下三个重要的漏洞。

（一）德育课并非学生品德形成的唯一影响源

德育课堂教学指引学生生活的逻辑前提是德育课是学生规则意识、价值观念形成的唯一或首要影响源，然而，这个逻辑前提并不成立。在《我的教育信条》中，杜威开宗明义地指出："一切教育都是通过个人参与人类的社会意识而进行的。这个过程几乎是在出生时就在无意识中开始了。它不断地发展个人的能力，熏染他的意识，形成他的习惯，锻炼他的思想，并激发他的感情和情绪。由于这种不知不觉的教育，个人便渐渐分享人类曾经积累下来的智慧和道德的财富。他就成为一个固有文化资本的继承者。世界上最形式的、最专门的教育确是不能离开这个普遍的过程。"①

个体早在进入学校、进入德育课堂之前，道德学习就已经开始并且一直在进行；学生并非像一张白纸一样进入教室接受教师的道德引导。于是，自然而然地出现了基于日常生活的道德学习和基于德育课堂的道德学习方向是否一致的问题：如果生活中运行的道德规则和课堂上讲授的道德规则是一致的，那么，学生遵循课堂讲授的可能性会更大；如果课堂上讲授的道德规则与学生在生活中感受到、观察到的道德规则并不一致，甚至相异、相反，那么，学生在生活中遵循课堂讲授的可能性就会大大减小。

试以男女平等为例进行分析。德育课堂上讲解的是男女平等、尊重女性、女性要自尊自爱等道理，而如果学生在从小到大的成长过程中，习以为常的是看到女性在家庭和职场之中处于附属地位，做家务是妈妈的事而爸爸坐享其成，该生是否会真正地认同、信服德育课堂上关于男女平等的讲授呢？如果学生心目中"男尊女卑"的观念已经根深蒂固，德育课堂

---

① ［美］约翰·杜威：《学校与社会·明日之学校》，赵祥麟等译，人民教育出版社2005年版，第3页。

教学就必须花更大的功夫来引导学生改变先入为主的价值观，而不是简单地让学生记住"男女平等"的规则就草草下课。

（二）德育课堂上学到的可能仅是"关于道德的观念"而非"道德观念"

在《教育中的道德原理》中，杜威细致区分了"道德观念"和"关于道德的观念"，指出："道德观念"是能够影响行为，使行为有所改进和改善的观念；而"关于道德的观念"可能对行为没有影响，既不使它变得更好也不使它变得更坏，在道德上可以是漠不关心的，或不道德的或道德的，原因在于"在关于道德的观念，关于诚实、纯洁或仁慈的知识中，没有使这些观念自动地转变为良好的品格或良好的行为的性质"。因而，对德育课堂教学而言，最艰巨的挑战是如何使学生以充满活力的方式获得观念，使这些观念成为"指导行动的活动的观念"①。

然而，大量德育课堂教学并没有注意到或回应这一挑战，热衷于进行道德知识的死板灌输（如 A 校的那节德育课）。在这样的课堂上，学生学习的教材是孤立的，就如同把知识放在不透水的互相隔开的船舱里一样；学生"学过了这些功课，并且顺利地通过了考试"，却不会用这些被动获得的知识来指导生活。这种教学的结果是，各种道德知识僵化地保存在学生头脑中，"仍然保存在原来存放它们的封闭的船舱里面"②，同其他经验并没有什么关联，所以在实际的生活情境中，这些知识便不能发挥效用。这样的德育课堂教学，不论如何精深，都无法对生活产生真正的指引作用。

（三）德育课上学到的道理很难适应复杂的情境性问题

儿童与课程之间存在着相当大的基本的分歧：儿童的生活是一个整体、一个总体，儿童所关心的事物是结合在一起的；学校各门课程却是专门化和分门别类的，教学内容从它们在经验中原来的地位割裂出来，并根

---

① ［美］约翰·杜威：《学校与社会·明日之学校》，赵祥麟等译，人民教育出版社 2005 年版，第 136 页。
② ［美］约翰·杜威：《我们怎样思维·经验与教育》，姜文闵译，人民教育出版社 1991 年版，第 270 页。

据一些一般原则重新排列①。德育课堂教学与学生生活之间的分歧正是如此：德育课的教学是有条理的，遵循单一线索的，而学生在日常生活情境中遇到的问题是复杂的，思考和应对的线索也是多元的。德育课堂教学真的能指引生活中的选择吗？

在调研中我们发现，很多中学生认为德育课上所讲的道理空洞无用、"老生常谈"，在处理交友中的冲突、进行活动组织时更多地是凭经验做事，而很少想到德育课上听说的道理。这种情况一方面和德育课空洞说教、脱离学生生活有关；另一方面也和德育教学内容遵循学科逻辑、注重抽象纯粹而远离纷繁复杂的具体情境不无关系。

三、德育课教学指引学生生活的逻辑完善

（一）全面理解个体道德学习，减少道德学习过程中的内耗

要认识到个体道德学习的弥散性特征，不能狭隘地将个体道德学习与德育课堂学习画等号。德育课堂教学具有指引个体生活选择的潜能，但课堂学习只是个体道德学习的一部分，并且相对来讲是影响力较小的一部分。杜威强调，"当我们考虑到通过教育使道德成长的整个领域时，直接道德教学的影响，充其量说，比较地在数量上是少的，在影响上是微弱的"，而"更大范围的、间接的和生动的道德教育，通过学校生活的一切媒介、手段和材料对性格的发展"② 才是德育和个体道德学习的主要部分。

全面理解道德学习，意味着教育者要重视德育课上的直接道德教学与学生生活中的间接道德学习的一致性，减少因为方向分歧而产生的内耗。陶行知指出生活即教育，"是好生活就是好教育，是坏生活就是坏教育"；教育者要学会分析学生身处其中的学校生活、家庭生活、社区生活的道德品质，尽可能优化个体生活环境，使个体在日常生活中所形成的思想观念有助于个体认同、遵循社会所倡导的积极价值观。

---

① ［美］约翰·杜威：《学校与社会·明日之学校》，赵祥麟等译，人民教育出版社2005 年版，第 112—113 页。

② 同上书，第 137 页。

全面理解道德学习，还要求教育者重视德育课上的知识传授与德育课上学生生成的生活经验之间的一致性。例如德育课所传授的知识内容是以尊重、关心等为中心进行的，然而，很多德育课堂的运作过程却与教师所讲授的德目背道而行，没有体现教师对学生的尊重、师生之间的互相尊重、同学之间的相互关心，例如一些学校的德育课地位较低、课堂纪律情况很糟糕就是明证。改善德育课堂本身的道德属性势在必行。

（二）建立德育课堂教学与学生现实生活的联系，使德育课堂教学成为学生生活运作中的有机组成部分

对德育效果和学生品德水平的评价，不能仅依据学生在德育课程考试中的得分，更要看学生在实际生活情境中的选择和行动，既要观其言，更要察其行。德育课的最终目标不是让学生听到、记住，而是要指导学生的行动。

如何促使德育知识转化为学生的道德观念呢？关键在于使德育课堂教学与学生的现实生活有机联系起来，即"课程需要不断地照顾成长中的儿童的经验和他们的变动着的需要及兴趣"①。德育教学要与学生的具体生活经验相联系，围绕学生感兴趣的现实问题来展开；在教学结束环节要布置与当下生活相联系的作业，如依据所学习的内容，分析自己做人做事的特点，下次课再围绕学生的自我分析深化教学。

德育课堂教学有机融入学生生活全过程，意味着德育教学不能单纯地围绕道德知识的学科体系来组织，而是要体现灵活性，因为学生的生活不会按照教材的逻辑来依次出现。当前按学期组编的德育教材是机械的，每册书的主题很有限，当学生生活或社会生活中出现很好的题材时，教师无法及时找到相应的教材。最好是将德育教材编成一个全本手册，教师可以不受章节顺序的限制，灵活地从中选择相应的内容来组织教学。此外，还有必要加强德育课程的校本规划，学校德育处或德育课教师留心收集学生生活中的各类素材，从整体上进行规划，开发专题课程，引领教师实施有

---

① ［美］凯瑟琳·坎普·梅休、［美］安娜·坎普·爱德华兹：《杜威学校》，王承绪等译，华东师范大学出版社 1991 年版，第 15 页。

针对性的、生活化的教学。

（三）德育课教学要直面生活情境的复杂性，为学生提供自主讨论和行动的机会

德育课教学的一个常见问题是从孤立的道德规范出发，倡导学生对某条道德规范的遵守，如学会诚信、节俭、友善等。然而，现实生活往往是复杂的，个体在生活中需要综合考虑多方面的因素才能作出明智的行动抉择，较好地解决当下困境。

例如，古代有一个著名的守信故事。《庄子·盗跖》中说："尾生与女子期于梁下，女子不来，水至不去，抱梁柱而死。"后人把这个故事作为坚守信约的典范。从诚信这一角度来看，故事里的男主人公尾生是信守承诺的，并且满足了世人对于忠贞不渝的爱情的渴望。可是，他对这一事件的处理真的是好的吗？笔者认为，他固然做到了忠实于对爱人的承诺，却放弃了自己宝贵的生命，也无视自己对父母、社会所应承担的责任，因为忠于一个规范而背弃了若干其他规范，不见得是最佳选择。可见在复杂的生活情境中，个体的选择可能是多样的，往往是左右为难的。德育课教学不应想当然地倡导某个孤立的规范而不及其余，"一叶障目而不见泰山"。

面对复杂的生活情境，德育课教学要突破教师一言堂、传授标准答案的束缚，将课堂还给学生，鼓励学生自主思考、平等研讨，分析多样的可能，并据此指导行动。总之，给学生提供思考和行动的自主空间，培养学生灵活而有效地处理生活事件的智慧。在这一方面，杜威的如下观点值得我们牢记："如果一个医师是精于医道的，他就会运用他的科学（无论怎样博大精微）去供应他诊察各个病症的用具，和拟定治疗方法的方法。无论他的学问多大，他如将各个病症归于疾病的若干分类和处治的若干常规底下，他就堕落寻常的机械水平去。他的智慧和他的行为变成呆板、武断，而不是自由的和灵活的。"① 无论教师还是学生，都不能把道德当作僵死的药方，因为生活情境总是特殊的、具体的、个别的。

---

① ［美］杜威：《哲学的改造（纪念版）》，许崇清译，商务印书馆 2017 年版，第 101 页。

第三节 落实全学科育人理念

杜威指出，"教师和学生的直接的、即时的注意力必然在大部分时间内是放在智力问题上"，"如果我们把发展性格作为最高目的，同时又把必然占学校主要时间的获得知识和发展理解力看作和性格无关，那么学校的道德教育就是没有希望的"①，因而，务必"使道德目的在一切教学中——不论是什么问题的教学——普遍存在并居于主导地位"，这样，"一切教育的最高目的是形成性格"② 才不致成为空话。杜威主张，把每一门学科看作是理解社会、参与社会的工具，并且围绕学生当下的生活经验变革教学方式，发挥各学科教学的教育性。近年来，我国关于全学科育人、全员育人的提法不绝于耳，然而，在调研中我们却发现，全学科育人理念的落实，还有待细致探讨。

一、全学科育人未落实的现实表现

教书育人是中国民间对教育内涵的通俗解释，然而，在很多地方，教书和育人被活生生地割裂开来，教师"只教书不育人"的情况时常可以看到。

其一，科任教师醉心于考试分数，回避学科德育责任。

习近平同志在就高校思想政治工作发表讲话时指出，课堂教学是思想政治教育的主渠道，强调"各门课都要守好一段渠、种好责任田"。这段话对中小学同样适用。从教学内容角度分析，各门课都包含着丰富的、可以贯穿德育的内容，历来强调文以载道的语文课、历史课不必多说，即使是数学、化学、物理这样的理科课程也可以培养学生的合作意识、科学精神、可持续发展意识、社会责任感等。然而，大量教师以赶进度、比分数

---

① ［美］约翰·杜威：《民主主义与教育》，王承绪译，人民教育出版社 2001 年版，第 372 页。

② ［美］约翰·杜威：《学校与社会·明日之学校》，赵祥麟等译，人民教育出版社 2005 年版，第 136 页。

为理由，闲置了这些德育资源，使学生很难在课堂上得到思想观念的引导。

其二，狭隘理解学科德育资源，将学科教学与德育割裂开来。

从教学方式角度分析，合作学习、探究学习能够在潜移默化间引导学生形成良好品格，而大量课堂过分强调竞争、背诵，不利于学生承担团队和社会责任。教师在教学过程中的精心准备、优雅谈吐、严慈相济是学生学会敬业、友善、文明的榜样，但有些教师却敷衍教学、言语粗鲁，对学生过于严苛或者过于放任，没有负起为人师表的责任。

从教学内容角度分析，如杜威所说，"要把一门学科看做使儿童认识社会活动的情况的一种工具"[①]，在此意义上，每门学科都有帮助个体理解社会、参与社会的人文功能，我国当代课程标准无一例外地强调每门学科帮助学生适应社会生活的职能定位，然而，大量教学止步于知识的灌输，没有建立学科教学与日常生活、社会参与的联系。

其三，科任教师忽视课堂管理和常规管理，回避课堂和校园生活中的德育责任。

《教育部关于培育和践行社会主义核心价值观　进一步加强中小学德育工作的意见》要求明确学校各个岗位教职员工的育人责任，然而，旨在培养学生良好习惯、维护正常教育教学秩序的常规管理责任几乎全部压在班主任、德育处教师的肩上，一些科任教师无视自己在课内外常规管理方面的责任。就纪律表现而言，学生在班主任面前最守纪律，在科任教师面前就变得松散多了。在访谈中，学生这样说："如果在课堂上捣乱、在校园里乱丢垃圾被班主任看到了，就会很惨（被扣分或者严厉批评）；如果只是被科任教师看到，基本上没事，有的教师会象征性地批评两句，有的教师看到了就当没看到。"有的学校还会出现这样的情况，科任教师上课时不能很好地维持课堂纪律，回到办公室向班主任投诉说"你们班的秩序太差了，别的班比你班好多了"，心安理得地要求班主任代行课堂

---

① ［美］约翰·杜威：《学校与社会·明日之学校》，赵祥麟等译，人民教育出版社2005年版，第147页。

管理职责。①

二、全学科育人难落实的制度障碍探析

教师普遍知晓全学科育人理念，然而，为什么在实践中不愿遵照这一理念行动呢？进一步说，教师们为什么更倾向于遵照"只管教书不管育人"的错误理念开展工作呢？笔者认为，其中的关键因素是制度。这里所说的制度包括正式约束、社会认可的非正式约束及其实施机制②，既包括明文规定的制度，也包括通行而没有言明、有时与明文制度恰成对立的"潜规则"。制度对社会成员的行为具有普遍的约束力和塑造能力，在学校系统中，学校制度是特定价值观转化为学校成员的行为方式的中介，即每一种学校制度均体现特定的价值观，并通过其对学校成员的强制或约束力量而指导其行为。将教书与育人割裂的观念尽管违背德育方针，但如果得到学校现有制度的支持，也可能会成为各校司空见惯且畅行无阻的做法；全学科育人的观念尽管在理论上正确，但如果得不到学校制度的支持，也很难落实。

反观现实，我们不难看出，当前我国学校的若干制度安排不利于全员育人理念的落实。

首先，科层制的学校管理方式制造了德育与教学的割裂。

当前，我国学校基本上实行科层制管理模式。科层制具有专业分工明确、职权等级森严、制度规则化、非人格化、资格法定性、行政效率化等特征，科层制的组织结构被马克斯·韦伯等视为现代社会组织结构的"理想类型"。基于科层制，学校行政系统构成自上而下的权力体系，业务系统有明确的专业分工和工作目标、相应的岗位责任制、正式的制度体系，以保证学校工作的有序运行和管理效率的提高。③ 然而，学校科层制必然带来了学校工作专门化或部门化，学校教育工作被简单化地划分成教

---

① 2015 年 6 月 10 日笔者校园访谈记录。

② 贺培育：《制度学：走向文明与理性的必然审视》，湖南人民出版社 2004 年版，第180 页。

③ 刘超良：《消解学校科层制对德育的羁绊》，《教育科学研究》2007 年第 6 期。

学工作和德育工作两大部分，教学工作包括各学科教学工作，由教学副校长、教务主任统筹；德育工作包括班主任工作及不同层级的德育活动，由德育副校长、德育主任统筹。

在多数学校，由于部门之间的竞争等因素的存在，教学工作和德育工作逐渐成为"井水不犯河水"的格局，具体表现在：德育和学生管理成为班主任的事，普通科任教师可以不管；学科教学工作由教学副校长和教务主任决定，德育副校长、德育主任虽然承担相应教学任务，但一般不会发表反对意见；教学副校长和教务主任也将德育工作看作德育副校长和德育主任的"自留地"，轻易不会置喙。久而久之，德育副校长所能调动的教师主要是班主任、大队辅导员、团委书记，很多学科教师缺乏德育主体意识，游离于德育队伍之外，学校教育的整体育人功能被割裂。

中学德育课教学可以看作是科层制影响下教学与德育割裂的典型例子。从德育原理角度来看，中学德育课是培养学生良好品德的重要途径；然而，在实际工作中，中学德育课教学属于教学工作，不归德育副校长管理，德育课教师往往无视其德育使命，而是利用这门课灌输道德知识、培养学生应试能力，使其成为纯粹的知识教学。

其二，应试教育制度化挤压了德育时空。

应试教育是我国一直存在并为社会普遍关注的一个重要教育问题，尽管政府和社会大力呼吁素质教育，然而，应试教育现象并没有得到有效遏制，甚至在局部地区愈演愈烈。从制度选择理论来看，应试教育源于人们对优质教育资源的竞争。在现实中，优质高等教育是一种稀缺资源，这表现为有限的重点大学入学率和优质教育资源的稀缺性。为了规范竞争、选拔人才，以标准化考试为基本标志的传统考试制度兴起并走向繁盛①。

在唯分数和升学率是图的传统考试制度统治下，教学工作当仁不让地成为学校的中心工作，德育工作沦为"说起来重要，做起来次要，忙起来不要"的领域。很多学校将德育工作定位于"为教学保驾护航"，德育工作目标满足于为教学工作的开展提供良好秩序和环境，忽视培育学生良

---

① 王寰安：《我国应试教育问题的制度分析》，《教育学术月刊》2008 年第 2 期。

好品德的育人使命；德育课时、艺体课时和班团队活动时间被挤占时有发生；学生综合素质提升和品德培养所需要的社团活动、社会实践活动等不断让步，慢慢减少。

应试教育制度化，还导致对教学之教育性的放逐。包括班主任、德育课教师在内的绝大多数教师忙于知识灌输和强化技能训练，将学科教学囚禁在封闭的教室里，学科教学帮助学生理解社会、参与社会的功能被忽视。甚至德育学科教学也努力提升自身的知识性、思辨性，以确保自己在应试教育体系中不被轻视，从而与学生生活实际渐行渐远。

其三，教育功利化侵蚀德育根基。

高德胜用知性德育来概括德育的知识化和教育的知识化。从德育知识化角度来看，德育课的首要目标是让学生知晓、记住各种道德规范，其考核标准是学生在现场提问和纸笔考试时能够按照道德规范来回答问题，于是，师生在德育课上的教学重点成为对道德规范的知识推理、对命题者用意的揣摩。

从教育知识化角度来看，学校工作整体上围绕着各级统考指挥棒转，对学生的品德评价被窄化为道德知识问答，德育的根基及实施有效德育的语境被削弱。能让学生考出好成绩的教师被看作好老师[1]，即使这位老师体罚或变相体罚学生，为了考出高分数而采用过分提前挖潜力的做法。学生的人际交往需求被压制甚至否定，志愿服务和社会实践的机会少之又少，学生很难在校园中生成为他人、集体和国家服务的积极情感。

教育功利化是德育知识化和教育知识化的症结所在。教育功利化意味着学校教育从整体上被追求个人功利的动机所主导，与学校德育在口头上所倡导的社会责任、为人民服务形成尖锐冲突，学生所言说的"关于道德的观念"和学生在日常经验中所生成的道德观念之间产生严重的背离。个体品德大厦长期缺少个体参与集体、服务社会和他人的鲜活经验的支撑，就像在流沙上建起的城堡，根基不牢，摇摇晃晃。

---

① 参见高德胜：《知性德育及其超越——现代德育困境研究》，教育科学出版社2003年版，第1—32页。

三、加强制度创新，落实全学科育人理念

从提高德育实效性的角度来看，落实全学科育人值得期待、势在必行，而这一理念的落实，要求学校实施一系列的制度创新。制度研究者指出，制度是发展由可能到现实的中介①；在德育变革中，制度创新是新型德育理念转化为学校德育实践的关键一环，全学科育人等新型德育理念要成为学校成员公认且普遍的行为方式，要求我们审视现有学校制度并加以创造性改造，确保学校制度支持而不是阻碍新型德育理念。那么，全学科育人的落实，要求哪些方面的制度创新呢？

其一，落实核心素养评价，打破应试惯性，逐步扩展德育时空，使德育融入学校教育全过程。

当前，中国学生发展核心素养引起全社会的普遍关注；在评价制度层面落实核心素养，是在新时期落实素质教育、确保德育地位的重要契机。以帮助学生通过考试为宗旨的应试教育在本质上服务于个体私利而非社会责任，不能很好地承担起培养社会发展所需要的合格公民、胜任公民的使命。改革开放以来的中国教育改革一直致力于建立学校教育与社会发展的恰当关系，纠正教育中的功利化倾向。概括提出中国学生发展核心素养，有助于引导学生、学校乃至全社会更加重视学生的社会参与、自主发展、文化修养，为学生打下走向社会、承担社会责任的基础②，使立德树人真正居于学校教育的首位并贯穿全程。

中国学生发展核心素养将中国学生应该具备的、能够适应终身发展和社会发展需要的必备品格和关键能力概括为"三大领域"（自主发展、社会参与、文化基础）和"六大方面"（学会学习、健康生活；责任担当、实践创新；人文底蕴、科学精神）。六大方面素养体现在语文、数学、科学、体育等各学科的课程目标中，体现在志愿服务、社会实践、学校管理的各个环节中。如果学校以核心素养为导向，重视对能力、道德等进行形

① 鲁鹏：《制度与发展关系研究》，人民出版社 2002 年版，第 14 页。
② 顾明远：《核心素养：课程改革的原动力》，《人民教育》2015 年第 13 期。

成性评价和发展性评价，关注学生全面素质的发展，德育的时空将大大扩展，培育良好品格或者品德将成为各门学科教学和一切教育活动的根本目标和重要维度，由此，全员、全学科育人将不再搁浅在口号层面。

其二，创新德育评价，以真实性评价和发展性评价推动德育方法转型。

德育评价制度创新是德育方法创新的指挥棒。将道德作为教学内容进行直接教学的做法之所以畅行无阻，与片面重视纸笔考试成绩的传统评价方式不无关系。未来的德育评价应该更加重视学生在真实生活情境中的表现、运用德育知识处理现实问题的能力，转向真实性评价、形成性评价。真实性评价要求学生运用所学的知识和技能去完成真实世界或模拟真实世界中一件很有意义的任务（如合作开展项目研究），在很大程度上能够弥补以往评价方式过分强调量化成绩的不足。① 发展性评价主张将学生看作具体的、有个体差异性的、生成中的人，依据学生成长过程中的点滴表现进行动态评价（如实施基于档案袋的评价），通过评价呈现学生个体成长的轨迹，以更好地促进学生成长。② 真实性评价和发展性评价的一致要求是注重收集学生在日常交往、集体活动、志愿服务中不断涌现的过程性信息，这些评价方式的落实，可以促使德育课教学的生活化转向，扭转德育课教学死气沉沉的气氛，使教学能够引领学生的选择和行动，使课堂学习与学生的日常生活建立有机联系；促使学校更加注重校园生活中的道德成长，丰富学生的师生交往、同伴交往、团队合作机会，为学生树立尊重、关心、民主、合作等现代价值观提供肥沃土壤；随着学生自主意识的觉醒，为学生提供独立思考、自由辩论、自主选择、逐步调整行为的机会，促使学生成长为自觉自律的公民。

其三，创新学生行为管理与指导责任制度，在教师集体中公平分配常规管理责任。

陈桂生先生指出，"在现代学校中，关于学生行为管理与指导责任制

---

① 张继玺：《真实性评价：理论与实践》，《教育发展研究》2007 年第 2 期。

② 田莉、吴刚平：《生存论视野下的学生发展性评价》，《中国教育学刊》2008 年第 9 期。

度有不同的选择"①，班主任制只是与级任教师制、导师制、班级活动室制等并列的一种制度。针对"德育工作化"、"德育部门化"、科任教师回避德育责任的问题，学校可以探索新的学生管理和指导制度。可以在小学探索推行新型全科教师制，全科教师独立承担语文、数学、社会、科学等主干领域的教学，外语、美术、音乐、体育等科目由专业教师任教，以此来促使教师融合教书与育人工作；在中学探索推行德育导师制，实验学校不设班主任，每位教师担任 20 名左右学生的导师，两组构成一个教学班，德育主任编制德育规划，将每阶段的德育方案提供给各位导师，帮助导师更好地承担德育责任，实施导师制所需的时间、场地、资源等均可参考美国学校的做法进行相应的安排。②

全科教师制和德育导师制客观上提出了提高全体教师的德育素养的要求。教师教育系统要在职前教育和在职培训的课程设置、考核体系、教师资格证授予等方面予以积极响应，培养和提高"教师对于教育对象品德发展特点与规律性的理解，教师对德育的目的、过程、课程、活动、途径、教育策略、方法与技巧等问题的认识，对相关事务的实际处置能力，教师在日常的课堂教学和其他教育活动的实施过程中所用到的特定的组织、交流、沟通、表达、示范等方面的专业技巧"③。同时，学校班级规模要得到有力控制，以减少学校内部管理对科层制的依赖。

第四节　推进学生管理民主化

杜威指出民主的基本含义："如果没有得到他人的同意，这就是说，如果没有让他人表示其需要，其欲望，其关于社会事务应如何进行和社会问题应如何处理的意见，任何好人或聪明人都不能治理他人。"④ 与此相

---

① 陈桂生：《班主任制》，《上海教育科研》2007 年第 11 期。
② 刘长海、张思：《美国中学德育导师制的实践图景、理论脉络及其启示》，《世界教育信息》2015 年第 6 期。
③ 檀传宝：《德育教师的专业化与教师的德育专业化》，《教育研究》2007 年第 4 期。
④ ［美］约翰·杜威：《人的问题》，傅统先等译，上海人民出版社 1965 年版，第 25 页。

应，每个人要习惯于发表意见，参与协商，"最后通过综合和归纳一切人的观念与欲望的表现而达到社会支配"①。民主的生活习惯应该从小开始培养，当代中国学校德育需要培养能够进行主动的自律和社会参与、"既能领导，又能服从"、奉行民主观念的"有用的"公民，在学校生活中实施民主管理、学生自主管理，就是让学生在参与民主共同体经验中学习的基本途径。当前很多研究者和实践者对学生管理的育德功能缺少清醒认识，学生管理方式粗暴随意的状况亟待纠正。

一、学生管理育德的正当性辨析

（一）学生管理的内涵规定性：积极管理与消极管理的统一

陈桂生先生指出，学生行为管理是教师在学校工作中对学生行为的干涉，包括学生在校生活和活动的组织，对学生不当行为的约束和对学生行为的指导；对学生行为的强制性约束和正面指导都属于"管理"，但"严格意义的学生行为管理"仅指"对学生行为强制性的约束"。② 邓超援引陈桂生先生观点，突出强调对学生行为的约束，认为管理就是要克服儿童"不服从的烈性"、驯服人的野性。③

笔者选用"学生管理"而非"学生行为管理"概念，因为学生管理必然是对学生行为的管理，在概念中加入"行为"二字没有必要。笔者认为，学生管理是学校和教师对学生言行实施的管理，在内涵上意味着积极管理与消极管理的统一。消极学生管理指对学生问题行为的约束和纠正，因为问题行为"不但是个人成长中不健康的表现，而且有碍于别人或集体活动正常开展"④；积极学生管理指对学生正当行为的鼓励和引导，因为正当行为能确保学生健康成长和学校教育有序开展。明智的教育者总

---

① ［美］约翰·杜威：《人的问题》，傅统先等译，上海人民出版社 1965 年版，第26 页。

② 陈桂生：《"学生行为管理"引论》，《华东师范大学学报》（教育科学版）2007 年第 1 期。

③ 邓超：《德育管理化倾向的原因及对策探析》，《中国教育学刊》2017 年第 3 期。

④ 陈桂生：《"学生行为管理"引论》，《华东师范大学学报》（教育科学版）2007 年第 1 期。

是尽可能早地开展积极学生管理，用正能量引导学生成长，同时辅以必要的消极学生管理，敦促违规学生回到健康成长的康庄大道上，唯有如此，学生管理才不至沦落为"消防"。

（二）学生管理的外延规定性：理性引导与情感培育的融合

片面强调消极学生管理的研究者注重"管制"意义上的学生管理，将威胁、监督、命令、适度的体罚、权威和爱看作学生管理的主要措施；认为学生管理要么是"对学生行为进行严格的约束和训练"的刚性管理，要么是以"感化"或"爱的教育"为标志的柔性管理，"不致促成学生理性的发展"①。这种观点将"非理性的管理"混同于"管理"本身，窄化了学生管理的外延，拉低了学生管理的现代化水平。

回归常识想一下，我们不难发现，学生管理的实施方式是丰富多样的，既可以通过考核、奖惩培育学生的荣誉感、羞耻心，促使学生非理性地服从规则；也可以以理服人，促进学生基于理性认同做出正当行为。随着教育民主化进程的推进，纪律被看作保障自由的手段，"不讲理"的管理方式受到质疑，诉诸理性引导的学生管理必将越来越成为学生管理的主流。在"四颗糖"的故事中，陶行知采用的学生管理方式将禁止、命令、奖励、启发巧妙结合，突出显示了理性引导和情感培育相融合的特征。在实际学生管理过程中，优秀教师灵活使用批评教育、适度惩戒、集体教育、说理讲解、实践体验、榜样示范、自主修养等方法，足以说明学生管理方式的丰富性。

（三）学生管理的价值规定性：学校德育体系的有机组成部分

基于以上分析，笔者认为，学生管理是学校德育体系的有机组成部分，即管理育人之中的"学生管理育人"在学校德育体系中处于重要位置。

首先，学生管理和直接德育有机融汇于学校德育体系之中。学生管理注重对学生行为的约束和指导，而个体行为受到自身思想观念的支配，学生管理不能不关注学生的理性和情感；直接德育注重对学生道德观念和道

---

① 陈桂生：《"学生行为管理"引论》，《华东师范大学学报》（教育科学版）2007 年第 1 期。

德品质的培育，但德育课和德育活动的效果需要依据学生走出课堂之后的言行加以判断。就主题和实施方式来说，学生管理和直接德育之间没有严格的界限，针对某一主题，教师可以从制定规章、惩罚违规者入手，进而开设讲座、举行班会，也可以从讲座和班会开始，进而制定并执行规章。刻板地把学生管理和直接德育截然分开，只会人为增加德育体系的内耗。

其次，学生管理的德育功能需要重估并引起足够重视。杜威指出，与通过学校氛围、教学方法进行的间接德育相比，直接道德教学的影响是微弱的。学生管理（学校对学生行为的指导）贯穿于校园生活全过程，如果学校在校园生活中持续要求学生遵守社会所倡导的行为规范和价值观，使学生在师生关系、同学关系中受到平等、尊重、合作、互助等原则的熏陶，他的道德品质不会太低，"虽曰未学，吾必谓之学矣"。基于经验德育理念，我们有必要确认学生日常生活在德育体系中的核心地位，更加重视学生管理的模式、方法和育人实效。

二、学生管理育德功能的遮蔽

当前德育和学生管理中存在若干违背德育规律、不利于学生理性推理能力发展的做法。要充分发挥学生管理的育德功能，有必要对当前学生管理方式存在的不足进行冷静反思。

（一）功能定位偏差迷失学生管理本职

一些学校将学生管理的功能理解成"为教学保驾护航"，不愿意细致入微地对学生开展晓之以理、动之以情的引导，而是倾向于制定武断而严苛的校规校纪，用统一标准管束学生，以期迅速消除学生的不当行为，维护教学秩序，保障考试成绩和升学率。此时，学生管理将校园秩序凌驾于品德发展之上，忽视对校规正当性的审查，容易蜕变为蛮不讲理的"管制"。

学生管理是兼具工具性价值和本体性价值的工作领域。就工具性价值而言，学生管理能够创造安全、有序的学校环境，为包括课堂教学在内的其他教育工作顺利开展创造可能；就本体性价值而言，学生管理是紧扣学生日常生活培养良好品德和行为习惯、促进道德社会化的重要机制，是落实立德树人的重要途径。立德树人是教育的根本任务，育人是学生管理的本职，而把学生管理看作教学辅助手段的思维方式将教育功能窄化为应试，"护航"的说法夸大了学生管理的工具性价值，遗忘了其育人本职，导致了学生管理的扭曲。

（二）实施方式畸形阻断从他律走向自律的通道

由他律走向自律是个体品德发展的基本规律，《中国教育大百科全书》"学生管理"词条指出，学生管理是使学生逐步由他律到自律、由不自觉到自觉的过程。① 然而，在小学、初中、高中乃至大学，常规管理量化考核一直大行其道，用考核、监视、告密、奖惩约束学生，迫使学生"理解的要服从，不理解的也要服从"，虽然可以取得行为管控的即时效果，从长远来看却不利于个体品德成长。

量化考核的心理学基础是行为主义的强化理论，其突出问题是把学生当作驯化的对象，而没有把人当人看待：它将学生置于对剥夺、惩罚的持续恐惧之中，限制了学生通过体验自然后果来探索规则的机会，甚至压根不允许学生犯错误。长此以往，学生的个体差异、人格尊严和独立推理能力持续受到碾压，规则意识生成的"源头活水"被切断，丧失了走向自律的机会。笔者认为，迷恋量化考核的管理方式正是部分教育者反映"学生越大越难管"问题的症结所在。

（三）运行过程孤立导致育德实效低下

学生管理运行过程的孤立，尤其是学生管理与直接德育的彼此隔膜，是突出的现实问题。

德育知识化、专门化导致学生管理与直接德育割裂：教师利用宝贵时间上了德育课，组织了主题德育活动，之后却不再投入时间和精力观察、指导、纠正学生在校内外的言行；在同一段时间内，学生管理重点与德育课教学内容毫无联系，分散了学生的注意力；针对同一德育主题，校园规章和德育教科书内容存在较大分歧，学生无所适从。这些都导致学生管理乃至整个德育体系的低效。在调研中可以看到，有的学生在课上会发表舍

---

① 顾明远主编：《中国教育大百科全书》，上海教育出版社 2012 年版，第 2008 页。

己为人的豪言壮语，在生活中却欺凌弱小、小偷小摸。联系杜威关于教育中"主要的浪费是人的生命的浪费，儿童在校时的生命的浪费和以后由于在校时不恰当的和反常的准备工作所造成的浪费"① 的观点，笔者认为，学生管理与直接德育割裂、德育力量分散，不能不说是对学生成长的渎职，是对学生生命和教师劳动的浪费。

三、学生管理育德功能的实现

要真正发挥学生管理的育德功能，使学生管理作为正当且重要的德育途径赢得学生、教师及全社会的尊重，必须走出"管制"取向，回归育人本位，将学生管理的目标定位于培养自律的学生品德和良好的行为表现，全面优化学生管理的实施方式，理顺学生管理与德育体系其他途径之间的关系。

（一）优化前提：保障校规的合理性

以育人为本位的学生管理应该培养学生对规则的理性认同而非盲目服从，其必要前提是审视校园规章，保障校规的合理性。一是要坚持民主沟通。要倾听学生声音，广泛动员学生思考"我希望生活在怎样的学校/班级之中？校园生活和班级生活需要哪些规章？违反规章应该承担什么后果？"等问题，使校规体现对学生年龄特点、个体差异、个性发展需求的尊重、宽容、鼓励，不宜过分追求整齐划一。二是要坚持多元平衡。学校承担着代表社会向青少年传递主流价值观的法定责任、促进学生身心健康发展的人本责任、为教师提供体面有尊严的工作条件的组织责任，应该召集学校管理者、教师、学生、家长、教育研究者、政府、社区人士各方代表共同审议校规，使相关各方的观点得到充分的表达和互动，使最终出台的校规能够恰当平衡社会发展要求、学生成长需要、教师合法权益，从而更加能够赢得学生基于理性推理的尊重和信从。三是要坚持动态更新。确立定期审查和修订校规的常规机制，及时应对学生成长、时代进步和校园

---

① ［美］约翰·杜威：《学校与社会·明日之学校》，赵祥麟等译，人民教育出版社2005年版，第53页。

变迁带来的新情况、新问题，提升校规的针对性和科学性。

（二）完善过程：开展有机协调的学生管理

当代学生管理要协调处理好学生管理育德的各种矛盾和关系，为学生品德成长搭建坚实阶梯。一是做好积极管理与消极管理的统一，以引导鼓励为主，以约束惩戒为辅。要注重表达对正当行为的期望，加强对正当行为的强化，促进良好习惯养成；优化成长环境，做好氛围打造，营造平等、尊重、友善、进取的校风班风，使学生进入校园就能受到正能量的指引。二是做好理性引导与情感培育的统一，将理性引导贯穿于管理全过程。与学生展开平等对话，引导学生思考各类规章与美好生活、健康成长、社会发展的关系。在运用奖惩手段时也要做好说理引导，促使学生不仅"知其然"而且"知其所以然"。说理的方式要与时俱进，通过灵活运用问题情境创设、实践体验、模拟扮演、故事品析、研讨辩论等方法融合知情意行，使学生管理能够更加入心入行。三是做好管理与自主管理的统一，注重主体性培育。让学生平等参与校规制定，为学生自主摸索学习生活规章提供宽松环境，通过设置学生自治委员会、值日班长乃至学生值日校长等提供丰富的自主管理、自我教育机会，"把教育的对象变成自己教育自己的主体"①。四是做好集体教育与个别指导的统一，支持个性和创造性发展。既要提出面向全体的统一要求，又要细致分析不同学生的成长特点，鼓励学生在不危害他人的前提下自主探索；既要加强班集体、学习小组、社团建设，发挥同伴间的正向促进，又要赋予个人选择机会，进行有针对性的指导，避免同伴压力对个性发展的伤害。

（三）推动融合：以生活为中心构建德育体系

其一，学校要加强德育体系整体规划，促使学生管理、直接德育等德育途径协调一致，发挥育人合力。要建立全员育人的联动机制，促使德育处、团委、少先队、班主任、德育课教师乃至全体教师对本校德育的推进理念、工作重点、协作方式达成共识，群策群力。要围绕当前学生成长中

---

① 联合国教科文组织国际教育发展委员会编著：《学会生存——教育世界的今天和明天》，华东师范大学比较教育研究所译，教育科学出版社1996年版，第200页。

的突出倾向或问题确立德育和学生管理项目，以主题教育周（月）的方式整体推进，打破隔膜，使常规管理、直接德育等各项工作围绕项目联动开展，有效地帮助学生养成相应观念和习惯。

其二，要坚持在生活中育德，促使各种德育途径在校园生活中相遇、交汇。回归生活、指引学生走向美好生活成为当前德育的主导理念，《道德与法治》教材即直面学生成长中遇到的问题，以学生成长过程中需要处理的各种社会关系为线索，以逐步扩展的生活为成长舞台，以过积极健康的生活为价值追求，鼓励学生知行合一①，落实德育课程的思想性、人文性、实践性、综合性②。而回归育人本位的学生管理强调纪律、约束是自由、发展的手段，从帮助人学会生活、学会交往的角度来实施合乎理性、遵循规律的管理，致力于引导人、促进人、成全人。以上理念的落实，要求做到生活逻辑和知识逻辑的统一，坚持德育向生活开放，提高在生活事件中萃取德育资源的敏感性，促使学生从生活实际出发实现良好品德的自主建构。校园文化建设、师德教育、家校合作等也要紧扣校园生活和社会生活实际，使校园中的批评、表扬、德育课教学、班团队活动、校园广播、研学旅行、社会实践等围绕学生日常生活扩展和优化这一中心展开，使学生自主管理、同伴正向促进、师长积极示范、良好氛围熏染等多种因素彼此支撑。这样，学生管理必能更好地促进学生良好行为习惯养成和美德生成，促进自觉自律的社会主义合格公民的成长。

第五节　选课走班背景下的学生管理创新

随着高考新政推行和《普通高中课程方案（2017 年版）》的出台，选课走班教学迅速在以上海、浙江为先锋的各地高中普及开来。在实践中，有学校和研究者认为，选课走班冲击了传统的学生管理格局，导致班

---

① 杨一鸣、王磊：《彰显国家意志 促进人的全面发展——新时代初中〈道德与法治〉教材编写思想刍议》，《中国教育学刊》2018 年第 4 期。
② 中华人民共和国教育部组编：《义务教育思想品德课程标准（2011 年版）》，北京师范大学出版社 2011 年版，第 1—2 页。

主任作用弱化、集体荣誉感和团队归属感被削弱、行政班与教学班交汇地带形成管理真空等问题。① 基于理论审视和国际观察，笔者认为，传统学生管理模式的瓦解，恰好为新型学生管理模式"浴火重生"提供了可能；选课走班孕育着学生管理创新的契机，如能理性把握，我国学生管理有望"旧貌换新颜"，实现具有历史意义的转型。

一、行政班教学背景下的学生管理模式审视

尽管"班主任荒"现象在各地广泛存在，尽管对以全面监控、严格规训为特征的学生管理方式的批评在改革开放全过程中从未停止，可是，一旦教育改革进入"行政班的取消和班主任的消失"② 的深水区时，很多人却极力维护、挽救备受批评的传统学生管理模式。这说明，寻求确定性，是人在变动不居的世界之中的必然冲动；传统学生管理模式满足了教育者对确定性的期盼，为教育者提供了某种意义上的舒适地带。那么，行政班教学背景下的学生管理模式究竟存在哪些问题呢？

（一）分工格局失衡：班主任"准全责"，任课教师"只教书不育人"

班主任工作制度是我国学校普遍推行的学生管理分工制度，即每班设立一名班主任，班主任除承担学科教学外还统管班级管理、思想政治教育、学生安全、集体活动组织、家校沟通等事务。班主任工作异常繁杂苦累，极其挑战体力和智慧。一是工作时间长。多数学校明确要求班主任从学生早上到校到晚上离校（寄宿制学校则是从学生早上起床早操到晚上熄灯就寝）一直待在学校；为了应对突发事件，班主任的手机要 24 小时开机。二是负责事务多。在早读、晚自习、班级卫生、心理辅导、家访等各项工作中，班主任永远走在最前面，即使在任课教师教学过程中班级秩序出现混乱，班主任也有义务到场处理。三是心理压力大。作为中国社会中权力最小的"主任"，班主任"权力丁点小、责任无限大"是不争

的事实。一位校长在班主任会议上关于暑期安全工作的强调可以作为例证，他说："教育局跟校长签了军令状，哪所学校的学生暑期发生了安全事故，教育局就直接追究这个校长的责任。我也要跟每位班主任签军令状，哪个班的学生出了问题，我就直接追究班主任的责任。"① 这样的说法，让身处现场的笔者感受到班主任难以承受的工作负荷与心理压力。

与班主任相比，不担任班主任的教师只需完成本学科教学任务即可被视为合格。他们到校晚、离校早，很多任课教师尽可能地把教室卫生、校园秩序、学生安全等各种"杂事"推给班主任。如前文所述，学生如果在校园里乱丢垃圾被班主任看到了，就可能被扣分或者严厉批评；如果只是被任课教师看到，基本上没事。有的任课教师上课时不能很好地维持课堂纪律，回到办公室就向班主任投诉："你们班的秩序太差了，别的班比你们班好多了。"② 久而久之，班主任俨然成为学生管理工作的唯一责任人。

（二）实施方式粗暴：班主任权威独大，学生被动服从

在家长和学生眼里，被迫承担几乎全部学生管理责任的班主任也是一个独揽学生管理大权的人，是一个让人害怕的人物。"在行政班教学时，班集体建设很自然是班主任的事"，班主任把行政班的氛围建设好，"然后再请学科教师去教学"。③ 中学划拨给班主任的学生管理时间极其有限，班主任要胜任岗位要求，不得不采取一些简单粗暴、立竿见影的管理方式，至于学生"内心想的到底是什么，却很少有人追问"。④

这一点，可以用韦伯的权威理论进行解释。韦伯将权威归纳为三种类型，即传统型权威、感召力权威和法理型权威，其中，传统型权威源于传统的神圣性；感召力权威源于人们对卓越的神圣者、英雄或者具有典范品

---

① 2015年6月10日笔者校园访谈记录。

② 2015年6月10日笔者校园访谈记录。

③ 周彬：《高中走班教学：问题、路径与保障机制》，《课程·教材·教法》2018年第1期。

④ 李希贵：《后行政班时代的教育追求》，《中国教育报》2013年9月11日。

质的人以及由他所揭示或制定的规范模式的热爱；法理型权威可以分为两个层面，首先是官方的或法定的权威，其次是专业的权威。① 班主任掌握着座位编排、班干部选派、班规制定以及评选优秀等法定权力，对学生而言，班主任手中有威武的管理大棒，学生只有乖乖就范，才能保全自己。因而，对于班主任的要求，学生"理解的要服从，不理解的也要服从"成为常事。

（三）功能定位偏差：沦为教学附庸，迷失育人本位

"管理就其属性来说，是为了促进学生发展"②，这意味着教师在学生管理过程中要了解学生的发展现状和发展倾向，支持学生在合乎个人兴趣和社会需要的方向上走向其最近发展区。然而，高中是应试教育的重灾区，每位教师的教学任务异常繁重，争分夺秒、"三点一线"是高中生校园生活的常态。这样的校园生态对传统学生管理模式的影响是：一方面，学校将学生管理的功能理解成"为教学保驾护航"，一般不愿意费时费力、细致入微地对学生开展晓之以理、动之以情的系统引导；另一方面，学校制定严苛的校规，用统一标准管束学生，"构筑起了一个学生成长的样式，将那些千姿百态的学生一一地嵌进去"③，高中校规及学生管理方式的合法性、合理性、程序正义性等均存在不少疑点，然而，学生必须服从，学生管理蜕变为"管制"。

于是，学生管理某种程度上背离了"促进学生发展"的育人本位，常常被"不得""不准"等否定性条款所主导，缺少对学生个性化成长的倡导、鼓励和尊重，学生兴趣、个性甚至人格尊严被迫屈从于应试的大棒，其实践能力、创新精神、社会责任感均随之而磨损。借鉴杜威的观点，这种学生管理方式压抑、否定学生的发展，"说禁止比能力重要，这

---

① H.H.Gerth, *From Max Weber*：*Essays in Sociology*, Oxford University Press, 1946, pp. 78-79.

② 朱旭东、李育球：《论班主任的学生发展知识建构能力——基于新全面发展观和跨学科视角》，《教育科学研究》2018 年第 6 期。

③ 李希贵：《后行政班时代的教育追求》，《中国教育报》2013 年 9 月 11 日。

是无异于说死比生更重要，否定比肯定更重要，牺牲比服务更重要"①。同时，它还可能扭曲学生的成长方向：一是无限度地挖潜带来"揠苗助长"一般的后遗症，戕害学生的主动性和活力；二是高频度地刷题、考试持续调动学生与同学竞争的个人主义动机，可能诱使学生成长为"精致的利己主义者"而非乐于承担社会发展责任的公民；三是使学生在学校里养成了对权威者无原则服从的习惯②。

毋庸置疑，改革开放四十多年来，中国学校教育系统为社会发展培养了一批又一批的各类人才，传统学生管理模式在此过程中作出了较大贡献；然而，其不足之处也是不应回避的，在新的历史时期，我们有责任呼唤、推动学生管理创新，落实管理育人，使学生管理更好地服务于德智体美劳全面发展的建设人才的成长。

二、选课走班教学背景下的学生管理创新契机分析

选课走班教学传递了尊重学生兴趣、促进个性化发展的教育理念，冲击了以行政班为单位的教学格局，也将提升每位教师的教学组织和学生管理能力这一严峻任务摆到了教师教育机构、学校管理者和全体教师面前。这是一场典型的破旧立新的改革，它使原本如铁板一块的传统学生管理体系离散开来，为新型学生管理模式的萌生和扩展提供了丰富可能。

（一）功能定位创新契机：回归育人本位，走向教育性学生管理

选课走班教学是促进学生全面而有个性地发展的一次突围。学生选课的实质是增加课程的选择性，使课程门类、教学内容（含教学主题、教学进度、教学难度等）与差异化的学生兴趣爱好、学习能力、生涯规划相匹配，有助于满足不同学生的成长需求。学生走班的实质是建设学科专用教室，使各学科教师可以"按照学科学习的需要配置资源，依据学科学习的规律装点环境"，构建自然平衡而和谐的学习生态，让学生能够手脑并

---

① ［美］约翰·杜威：《学校与社会·明日之学校》，赵祥麟等译，人民教育出版社2005年版，第156页。

② 同上书，第135页。

用，使学习变得生机盎然①。以上简要分析说明选课走班符合学习规律和个体成长规律，这既是选课走班在欧美发达国家成为中学教育常态的根本原因，也是我国强力打破行政班教学惯习、倡导推行选课走班的合法性依据。

选课走班使学生拥有了课程选择权，改变了"用一把尺子衡量所有学生"的人才考选逻辑，让尊重差异、鼓励个性发展的理念扎根于校园。这种理念意味着学生拥有自主构建合乎个性特点的校园生活的权利，拥有自主规划人生道路及职业生涯的权利，使学生面临众多关键性的生命自觉课题：我对未来生活的期望是什么？我希望进入哪些领域，从事何种职业？我要如何进行当下和未来的各种选择？……不论是课程门类的选择，还是学生走班带来的班主任监管弱化及管理真空，都要求学生慢慢成长为独立自觉的主体，与此相适应的学生管理必须支持学生的独立思考、自主抉择和自律行动，以促进学生发展为宗旨的教育性学生管理终将取代以消除学生违规为首位目标的压制型学生管理。

（二）分工格局创新契机：落实全员育人，公平分配学生管理责任

教书育人是每位教师的基本职责，全员育人是值得期待的德育和学生管理状态。教育部2008年发布的《中小学班主任工作规定》指出，"班主任是中小学日常思想道德教育和学生管理工作的主要实施者，是中小学生健康成长的引领者，班主任要努力成为中小学生的人生导师。"实施者、引领者和人生导师这三个角色适用于全体教师，担任班主任的教师与其他教师的区别仅体现在"主要"这个限定词，可见，把德育和学生管理责任悉数推到班主任身上缺少合理性。

依据现实状况，我们可以发现，班主任制存在自身难以克服的缺陷，亟待纠正，如它在一定程度上制造了教师队伍中"德育教师"与"非德育教师"的分化，给班主任带来了沉重的心理压力，纵容了一些任课教师"对学生的基本情况不了解"②、不能独立实施有效课堂管理等问题。

---

① 李希贵：《后行政班时代的教育追求》，《中国教育报》2013年9月11日。
② 周彬：《高中走班教学：问题、路径与保障机制》，《课程·教材·教法》2018年第1期。

当前，选课走班向所有教师提出了走近并了解学生、独立开展学科教室常规管理、建立具有认同感和归属感的教学班集体①等现实任务，淡化行政班、取消班主任、优化学生管理分工格局、落实全员育人势在必行。正如有学者指出的，"在现代学校中，关于学生行为管理与指导责任制度有不同的选择"②；班主任制度既有"来龙"便必有"去脉"，北京十一学校等校的探索显示，我们可能已经走到了告别这一制度安排的时候③。

（三）实施方式创新契机：师生平等对话，基于理性认同谋求管理实效

李希贵以一位教师的实例说明选课走班背景下学生管理方式创新的挑战与可能：该教师做班主任时，与学生的谈话一般15分钟就能解决问题；选课走班后，他与一位同学整整谈了一个下午，还是没有多大效果；几天后，他与学生再一次谈心时，他首先就上次谈话方式不够平等向学生道歉，赢得了学生的尊重，"顷刻间，师生间有了一条通往融通的道路"④。这个例子形象地指出，选课走班背景下，班主任角色的专断性官方权威被消解，学生不必为了保全自己而假扮乖孩子；教师必须发挥感召力权威和专业权威，与学生平等对话，赢得学生对校纪班规的理性认同。

从学理层面来说，培养学生的理性认同，是更合理、更有效的学生管理方式。道德认知发展理论认为：当学生遵守规则的出发点是避免遭受权威人物的惩罚时，他的道德认知处于前习俗水平，即他表面上屈从于规则，但不了解规则在社会生活中的意义，不会稳定地依据规则行动，一旦外在监督力量解除，他很可能违反规则；当学生遵守规则的出发点是对正当规则的维护时，他的道德认知处于习俗水平，即他了解、认可规则内含的个体权利与责任，并积极参与维护规则所保障的社会秩序，不论外界环境如何，他会持续地依据规则行动。在习俗水平，我们可以说，社会规则

---

① 周彬：《高中走班教学：问题、路径与保障机制》，《课程·教材·教法》2018年第1期。

② 陈桂生：《班主任制》，《上海教育科研》2007年第11期。

③ 杜时忠：《"班主任制"走向何方?》，《教育学术月刊》2016年第11期。

④ 李希贵：《后行政班时代的教育追求》，《中国教育报》2013年9月11日。

已经转化为学生内在的规则意识，而实现转化的关键在于学生的道德认知发展。基于平等对话，引导学生对规则进行自主推理和论辩，达成理性认同，实现行动自律，在学生管理中具有真正的持续性和持久力，绝非"胡萝卜加大棒"所带来的立竿见影但转瞬即逝的效果所能比拟的。

三、适时创新学生管理的路径探讨

教育改革"牵一发而动全身"，选课走班冲击了传统教学、管理、德育生态，如果任由其冲击力自发产生之后再仓促应对，必然会出现学生管理领域固执守旧或者责任推诿等乱象，增加改革的成本。契机提示了创新的可能，而可能性向现实性的转化，要求我们把握契机、系统规划、审慎抉择、踏实前行。

（一）理念创新：紧扣立德树人倡导教育性学生管理理念

教育的真义，不能止步于学科知识的传递，而在于人的生成：学生应该在学校里形成理性看待人生和社会的方式，学会作为经济、政治、文化各领域的合格成员参与社会。紧扣立德树人根本任务，学校首先要倡导"德育为先"的理念：一是要优先重视学校教育承担的促进学生道德社会化职能，加强对学生良好品德和行为习惯的培养；二是要正视德育使命的时代规定性，以社会主义核心价值观为指引，反思清理与社会主义现代化不相适应的思想品德和行为习惯，倡导合乎民主平等、自主负责的新型道德体系，落实主体性德育、发展性德育理念。

突破知性德育的樊篱，我们可以看到，在学校里，学生与环境产生着复杂多维的互动，对学生成长发挥影响的，不仅包括学科知识，更包括课堂教学方式、校园生活运作方式、师生关系、生生关系等隐性课程；就学生管理而言，校园规章制定方式、纪律运作实践都会对学生的价值观念和行为习惯产生影响。以此为依据，教育性学生管理主张确立"管理就是德育"理念，综合考虑学生管理所承担的促进学生道德成长与维护教育教学秩序两重功能，从促进学生道德成长角度思考"需要怎样的学校秩序"及"如何达成这种秩序"等问题。

（二）目标先导：以自主立约、自觉守纪为核心培养学生自律

从培育和践行社会主义核心价值观的角度来看，新时代的教育性学生管理尤其要注重清理片面强调管理者和制度的权威、重视他律、忽视学生自主参与①等惯习，引导学生基于平等协商自主制定规则、自觉遵规守纪，培养学生自律。

从他律走向自律，是个体道德发展的基本趋势。皮亚杰指出，在他律阶段，个体刻板地遵守由他人确立的规则；在自律阶段，个体与同伴协商，改变前人确定的规则，遵守自主创造的规则。自主立约为个体和群体不断改进行为提供了现实可靠的通道，而平等协商可以确保规则创新保持在不伤害他人合法权益、不危及社会稳定的适当范围之内。以培养自律为宗旨的学生管理应该将学生看作成长中的道德主体，尽可能早地让学生参与校园规章制定；反思规则的必要性，若无必要不设限制，为学生在当下和未来探索行为规则开辟广阔空间；在执行校园规章时，不能把学生默认为消极顺从者，而要加强说理和解释，听取学生意见，让学生不仅知其然而且知其所以然；要综合运用德育课、班团队活动、个别辅导等途径讲解规则与自由的相辅相成关系，逐步培养学生的规则意识和社会行为因果推理能力。

以培养自律为宗旨的学生管理呼唤名副其实的学生自主管理。有些学校号称推行自主管理，但其实质是由学生干部依据学校既定的规则来严格管理同学，学生并没有获得自主立约的权利。真正意义上的学生自主管理要求保障学生自主立约的权利，即学校在校园安全、班级秩序的底线能够得到保障的前提下，给学生提供自主选择、自主行动、基于行为后果进行规则调整的机会。学生基于同伴协商所确立的行动规则体现学生活泼多样的天性，而不可能完全符合强调整齐划一的严苛校规，如一线班主任在工作中所发现的那样，实行自主管理的班级不可能像接受精细化管理的班级那样周周拿流动红旗②；但是，学生自主立约、自觉守纪体现了规则的生

---

① 周元宽、葛金国：《学校管理教育性的回归：制度设计与路径选择》，《中国教育学刊》2014 年第 5 期。

② 陈宇：《最好的管理是激发每一个学生（上）》，《班主任》2018 年第 7 期。

成性，具有逐步改善、日趋完善的不竭动力，是落实发展性德育的重要途径。

（三）结构优化：构建责任到人、分工合理的全校性学生管理共同体

选课走班使学生突破行政班教学时代形成的班级、年级限制，扩展了他们的活动空间和人际交往范围，有机会与几乎全校师生互动。此时，班主任独揽学生管理职权、每位班主任各自为政的学生管理方式就行不通了，全体教师有必要确立共享的育人愿景和大体一致的学生管理方式，教师之间要建立顺畅的沟通合作机制，即要构建全校性学生管理共同体。考虑到促进学生全面而有个性的发展、培育自律的时代使命，该共同体应该支持民主立约，让校园规章充分体现社会期望、学校利益与学生需要三者的动态平衡；注重正面引导，加强对可以接受、值得倡导的学生行为的鼓励，增强学生管理的亲切感；落实理性培育，在日常监督、批评表彰时做好对话和解释，促使学生成长为自己管理自己的人。

选课走班要求每位教师主持制定专业教室规章，独立实施专业教室的常规管理，营造好学、合作、友善、互助的良好学习氛围。有学者提出要建立具有学科认同感的班级文化、建设具有学科归属感的班集体，笔者认为，这样对教师的要求过高，由于上课时间有限不易达成；不过，在走班教学背景下，学校确实有必要考虑如何满足学生在校园内的归属需求，即为每位学生提供一个稳定的归属集体。就此而言，欧美中学走班教学近百年历程中形成的家庭教室制（亦称导师制）值得借鉴，即在走班教学的背景下，学校为一组学生指定一间教室作为其家庭教室，一位教师担任这组学生的导师，师生每周在这里定期见面交流；学生早上到校后与导师在这里会合，下午离校前与导师在这里进行简短小结。对教师而言，该制度意味着每位中学教师除了承担本学科教学任务外，还要担任一组学生的导师，对学生进行团体和个体辅导。笔者认为，导师制有助于在教师群体中公平分配学生管理责任，使每位教师了解学校的德育安排，有助于实现全员育人的无痕嵌入；可以确保每名学生在学校里至少被一位成人所了解，给学生提供了一位可以随时寻求帮助的导师和一个稳定的同

伴互动群体①。

（四）素养提升：扎实培养全体教师的学生管理能力

以平等对话的方式实施学生管理，对全体教师的民主素养提出了挑战，即教师要反思现有校园规章和学生管理方式的合理性，剔除其专断、粗暴因子，以更加合乎教育民主化要求的方式来重构学生管理系统。同时，学生走班上课要求每位教师能够在课上建班，了解学生的基本情况和学习情况，及时有效地应对各种课堂事件（如学生在课堂上玩手机等情况），独立开展与学科教学相关的家校沟通，营造良好的教学班氛围。在实行导师制的学校，教师还要主持辅导小组的团队建设，对学生当下和未来的发展进行全方位的指导。这些都对教师组织策划、有效表达与倾听、时间管理等方面的能力提出了综合挑战。

据此，职前和在职教师教育要扎实培养所有教师的学生管理素养。一方面，要开设相应课程，增进教师对教育民主化的认同、对教育对象品德发展特点与规律性的理解、对德育及学生管理的一般原理和时代要求的认识，培养教师实际处理相关事务的能力，丰富教师在日常课堂教学和其他教育活动实施过程中所用到的组织、交流、沟通、表达、示范等方面的专业技巧。② 另一方面，对学生管理素养的培养，要紧密联系学校实践，加强演练，以案例教学、示范教学、基于问题的学习来克服以往教师教育偏重理念讲授和学员静听的弊病，凸显教师教育的实践性、互动性、探究性，确保教师能够从做中学，学以致用，将所学知识应用于指导学生团队建设、创设积极学习环境、开展师生对话和家校沟通的实际教育情境之中。

第六节　开展德育活动课程建设

经验德育论主张，在经验中学习是个体道德学习和道德教育的基本途

---

① Cindy Wilson, "The Real Meaning of Middle School Advisory Programs", *Contemporary Education*, 1998（2）, pp. 100-102.

② 檀传宝：《德育教师的专业化与教师的德育专业化》，《教育研究》2007 年第 4 期。

径；稳定的道德品质不是通过在课堂上简单地听讲和背诵德育教材、接受道德说教而形成的，而是要经过漫长而复杂的个体与社会环境之间互动的过程才能逐步生成的。要想培养真正有道德的学生，教育工作者必须反思：我们对学生的教育能不能直指人心，真正影响和打动学生？这个问题的回答，要求我们重新审视个体品德成长的内在过程，慎重思考和规划学生在校园内外所生成的活动体验。笔者从经验论视角对学科学习、学生管理的德育潜能进行了考察，此外还有必要对学生参与其中的校内外德育活动展开分析。

一、德育活动与德育活动课程

（一）德育活动的重要性

德育基本原理提醒我们，品德是由道德认知、道德情感、道德意志和道德行为共同构成的统一体，与之相对应，道德教育要努力做到晓之以理、动之以情、导之以行、持之以恒。就学校中的实际情况来说，"晓之以理"的工作做了很多，后面的三个方面却被淡化了。然而，缺少情感的调动，学生会无动于衷；缺少实际行动的体验，学生就不能真正认真地面对生活中的各种可能，经历行动的判断和选择，更难以谈上坚持做好事。

长期以来，我国学校德育过分迷恋讲道理，这是对德育复杂性缺乏正确认识的结果。假如"我告诉你应该这样做"可以有力地指导学生的行动，那么，德育就是一项非常简单的活动：教育者所需要做的，不过就是用一张纸把对学生的期望和要求列出来，而后一条一条地告诉学生。如果说一遍不足以让学生记住这些要求的话，教育者不妨辛苦一下，多说几遍，或者求助于录音设备，把要说的话录下来，一遍又一遍地播放给学生。播放录音的方式甚至更好，因为在制作录音材料时，我们可以邀请普通话最标准、声音最具有感染力、态度最温和的教师，这样，即使已经在播放第一千次，学生所听到的声音仍然是温和的、友好的。然而，仅仅依靠"告诉"，并不能确保学生的品德成长。常见的情况是，学生知道该怎么在课堂上回答道德问题，但根本就没打算在生活中实践这些原则。一些小学生知道要自己的事情自己做、尊敬长辈，但一到校门口，就缠着爸爸妈妈买这买那，抱怨爷爷奶奶没有给他准备好文具或者玩具。中学生在德育课上回答问题时都能把自己描述成一个珍惜时间、勤奋进取、恪守诚信、乐于助人、热心公益的阳光少年，因为他们觉得这个答案是教师所期待的，可以给他们换来高分。然而，谁能判断这些学生长大成人后不是语言上的巨人、行动上的矮子？

按照教师的期望去表态，按照教师的要求去做，这似乎成为学生为了迎合教师而进行的表演，却不是发自内心的。苏霍姆林斯基曾经讲述了这样一个故事：几个五年级的学生在教师安排下去帮村里的孤寡老人挑水，在回来的路上，他们把一桶水倒在路上，然后躲在树后面，幸灾乐祸地看着一位视力不好的老人摔倒在泥坑里。这个故事很可以说明德育中存在的问题：教师讲了很多友爱、关心他人的道理，也安排学生们去做事，但是，学生们并没有真心认同这些道理，虽然在完成老师布置的任务时，他们会像"好孩子"一样地表演，但离开教师的视线，他们却不能根据教师所教导的道德原则去做事。

就当代少年儿童的成长经历而言，关注学生的情感体验和实际锻炼尤为必要。现代人生活在信息爆炸的时代，每天都能接触到各种各样的信息，为了了解更多的信息，人们养成了"快餐式"的阅读习惯。以网络信息的浏览为例，人们常常对各种信息只扫一眼，而后就点击下一条信息。即使面对非常让人感动的新闻或者令人发指的报道，网民们也很难放慢速度，往往只是把它作为茶余饭后的谈资，而不愿冷静思考其中所体现的可贵品质或者可怕事实。这种状况，对于处在人生观、价值观形成阶段的青少年来说是极为不利的。如果他们习惯了快餐式阅读，把社会中或好或坏的现象仅仅当作一件平常小事来看待，而不作出是非善恶的判断，当他们真正面对各种利害情境时，他们可能会意气用事，跟着感觉走，或者随大流，对于损人利己、玩忽职守等现象，可能缺乏愤慨、羞愧或不安。

"纸上得来终觉浅，绝知此事要躬行。"良好品德是在行动中体现出来的，而不是在教室里表态用的。行动总是在一定情境中的行动，要完成一件善举，意味着要综合协调和处理各方面因素，并非那么轻而易举。我们的学生极其缺乏实践的机会，学生的校内生活主要是听课、写作业、考试，较少与同伴交往和为集体做贡献的机会。放学回家，又把主要时间用于写作业。并且，由于多数学生是独生子女，他们在家里没有同龄伙伴，爸爸妈妈、爷爷奶奶都会迁就他/她。所以，不论在校内还是校外，我们会看到学生们缺少机会来协调人际关系，无从体验友爱、宽容、秩序的重要性，更不能真正理解舍己为人、把集体利益放在第一位等崇高美德。

要改变学生知行脱节的状况，必须走出片面强调说教、忽视情感体验和实际锻炼的德育思路，回到认知、情感、行动相结合的德育正轨上来，而重视、优化德育活动可以看作德育改革和创新的重要抓手。

（二）德育活动课程与德育活动课程建设

德育是弥散于学校全部时空中的重要教育工作，通常我们将以培养学生良好品德为直接育人目标的活动视为直接德育，将其他不以培养学生良好品德为直接育人目标但客观上具有育德功能的活动视为间接德育或者隐性德育。直接德育包括国家明确开设的"道德与法治"等德育学科课程，也包括依托节日、纪念日、晨会、科技节等开展的德育活动课程（一般简称为"德育活动"）。在各学段课程表中，德育学科课程所占课时有限，而德育活动相对来说比较丰富多彩，发挥着重要的育德功能。

然而，在一些教师和学生的眼里，德育活动是可有可无的。当学校倡导开展读书节、科技节等活动时，一些师生抱怨"又要搞活动""怎么有这么多的活动"。笔者认为，这些抱怨恰恰提示了开展德育活动课程建设的必要性。经典课程理论认为，课程可以被理解为跑道，学生在校期间的各种宝贵的经历，都可以看作跑道的有价值的组成部分；德育活动具有丰富的育德功能和教育意义，但因为没有被师生看作学校课程的必要组成部分而被轻视。古人云"名不正则言不顺"，启动德育活动课程建设，系统梳理各项德育活动，使其更加标准化、规范化、系统化，有助于将德育活动有机纳入学校的年度、月份工作计划，以更加制度化的形式确立德育活动的地位，使德育活动的开展更加有计划、有力度、有效能。

德育活动课程建设就是指学校参照学科课程有计划、有体系地组织实施德育活动的过程。在学校文化建设和学校德育品牌打造过程中，德育活动课程建设也是重要的一环。借鉴学科课程目标明确、体系健全、环环相扣、螺旋上升的优点，精准设计和实施德育活动，有助于循序渐进地培养良好品德，彰显学校特色，让校园生活更好地体现出本校特质。

二、脚踏实地开展校内外德育活动

"德育活动"与作为个体经验组成部分的个体活动虽有联系但也有重要区别。德育活动指教育者为提高学生的思想道德而组织开展的一系列活动，其对象是作为群体的学生；对于每位学生而言，参加德育活动是学校对"我"提出的要求，以怎样的方式参加德育活动，仍需要"我"进行独立的推理、判断和选择。当前学校德育活动存在不同程度的功利化、政治化、形式化等问题，有必要更加脚踏实地，根据学生日常生活特点加以优化。

其一，要加强对中小学生的基本文明素养教育，减少口头承诺。我们当然需要对学生提出先进性的道德号召，但引导每一位学生认同、践行日常生活中的人际交往规则和社会公德，是德育必须完成的基本任务。就实践的可能性来说，学生很少碰到捡钱包、儿童落水、公共财物被侵害等事件，但他们每天都要经历上课发言、在教学楼穿行、和同学玩耍等活动，在这些活动里包含着很多德育机会，学生有必要认识到怎样与同学交往、怎样为学校和班级作出积极的贡献。这种"认识"，不是通过说教来达到的，而是要与实际行动联系在一起的。如果某种表态无法在当前的行动中实行，最好不要让学生表态，因为这极有可能会埋下不良品行的种子。

其二，要丰富校内生活，给学生创造更多的交往机会。如何从过分强调个人奋斗、同学之间的竞争，转向重视合作学习、同学之间的协作，这是我国教育必须面对的严峻问题。道德规范和原则是在社会实践中调整人与人、人与社会关系的参照或指导体系，如果学生的生活极其单调，很少涉及人际关系、个人与集体关系的处理，那么，就很难进行知行合一的德育。参照各国教育发展经验，我国学校教育要适当降低知识学习的难度，减少学生伏案读书的时间，多开展常规性的小组合作学习，引导学生进行自主探究、讨论汇报等学习活动，使课堂活起来。要积极组织课外兴趣小组、学生会、学生社团，让学生在参加集体活动的过程中处理各种交往问题，学会自主协调同伴关系。

其三，要融通德育课和德育活动，促使课堂教学与活动体验相辅相成。德育课要建立与学生生活的联系，引导学生在生活中体验道德的美好。教师要善于在课堂内外创设与教学主题相适应的学习环境，安排简便易行的德育活动，让学生用心体会道德规则和道德理想的价值。

其四，要开展德育领域的家校合作，指导家长给孩子的道德成长提供锻炼机会。家长要通过让孩子分担家务、带孩子参加家族和社区活动、担任志愿者等方式，让学生有机会践行道德。如一名高中生一向不理解父母，花钱大手大脚，开长途货车的父亲暑假里带他跑了一趟长途，在五天里，他感受到了父亲工作的艰辛和劳动的伟大，学会了体谅和尊重父母。因此，让孩子"一心只读圣贤书"并不见得是好事，因为孩子还需要了解书本以外的世界，才能成长为全面适应社会的人。

其五，与社区、社团联合，带领学生开展社会实践，在参与社会中锻炼良好品质。在日复一日地被当作孩子、学生之外，学生需要有机会扮演"重要角色"，如志愿者、导游、形象大使等。这些角色能满足学生表现自我、获得尊重的需要。在社会实践活动中，学生会很自然地把自己看作班级形象、学校形象的代表，对自己的一言一行提出比日常更好一些的要求，而正是在这样的过程中，他们的良好道德品质、行为习惯也才真正得以发展。

三、有效开展德育活动课程建设

德育活动课程建设的主旨就是仿照学科课程，打造有目标、有计划、有效能的德育活动课程。这一工作要求德育管理者细致分析每种活动所具有的育人价值，完善活动方案，加强活动后的反思，不断优化学校德育活动课程。具体来说，学校德育活动课程建设要重点做好如下工作。

其一，要明确育人目标，做好序列规划。目标明确是德育活动课程建设的第一步。德育活动的目标确定，首先要依据本阶段德育目标，注重培养学生良好行为习惯、意志品质、文明礼仪、公民素质，培育社会主义核心价值观，传承中华优秀传统文化；其次要围绕学校办学理念和德育特色，有所取舍。学校德育的目标是丰富的，而各校能够用于开展德育活动的时间、精力、资源是有限的，因而，学校务必要找准着力点，有所为有所不为，集中力量开发校本德育活动课程。同时，基于本校的德育重点，学校要按学段、学年、学期做好德育活动规划，使各项活动有机衔接、有序推进、持之以恒，这样才能提升校本德育活动课程的示范性和育人效能。

其二，要精选活动主题，做好方案设计。在总体育人目标指导下，要精心提炼每次德育活动主题，仿照教学设计的基本格式，开展活动设计。德育活动设计要从校情、生情实际出发，注重灵活运用优秀传统文化资源、区域和校本德育资源。德育活动方案要做到有活动目标、有实施流程、有资料准备、有活动计划，活动之后还要有实施记录和效果反思，以不断优化活动课程。为了提高德育活动的育人效能，要尽可能围绕特定主题组织序列化的活动，序列活动在目标和形式上要保持连贯性，难度设计上要循序渐进、螺旋上升，以达致切实的育人效果。

其三，要遵循德育规律，确保活动效果。不少德育活动陷入功利化、形式化、实效性低下的困局，根本原因在于违背了学生的品德发展规律。德育活动课程设计要体现针对性，落细、落小、落实，紧密联系学生需求；要体现创新性，在活动主题、组织方式、环节安排等方面体现新思路、新角度、新特色，具有浓厚的趣味性，寓教于乐，满足中小学生求新求异的特点，在活动中培养学生的创新精神，增长学生的创新才干；要体现主体性，让尽可能多的学生参与活动策划和组织，使学生成为德育活动的主人，增加学生的切身体验，充分调动学生的积极性和主动性；要体现适宜性，根据学生年龄特点、思维水平和行为能力设计活动，促进学生知行统一。违背规律的德育活动课程事倍功半，而遵循规律的德育活动课程将具有较高的实效性。

第五章　学校中的经验德育（下）

第一节　实施有效的班级文化建设

班级、学校是学生学习和成长其中的重要环境，班级文化和学校文化对于学生基于经验的道德成长具有深刻而全面的影响。当前，班级文化建设正在各地中小学德育创新中如火如荼地展开，《中小学德育工作指南》也旗帜鲜明地强调发挥班级文化的育人功能，倡导建设班级文化，增强班级凝聚力。然而，由于文化概念的复杂性，班级文化建设的学理研究还不够深入。笔者拟对班级文化的内涵和结构加以追问，剖析班级文化的"风铃"结构，针对部分班级文化贫瘠的现状探讨如何在此类班级开展有效的班级文化建设，为学生道德成长和全面发展提供更好的支持。

一、班级文化与班级文化建设

我国学者普遍认为班级文化是学校文化的组成部分，但对于班级文化的内涵尚没有形成一致意见。《教育大辞典》收录了"班级文化"词条，指出："班级文化是作为社会群体的班级所有或部分成员共有的信念、价值观、态度的复合体。"[①] 这一解释有其合理性，但对于班级与班级成员的关系缺少分析，更没有深入探讨"班级成员共有观念是如何生成的"这一关系班级文化建设全过程的问题。

---

① 顾明远主编：《教育大辞典（增订合编本）》，上海教育出版社 1998 年版，第51 页。

　　笔者倾向于从组织与成员关系角度对这一概念进行细致探讨。在班级授课制背景下，班级成为学校实施教育教学工作的基本单位。我们可以将班级看作一个社会组织，班级成员长期受到班级这一社会组织的物质空间、制度设计、活动安排和发展愿景的影响，久而久之，班级成员形成大致相似的行为方式、思维方式和信念、价值观、态度。笔者认为，班级文化就是班级成员在班级特有条件下生成的共有行为方式、思维方式、价值观的复合体。班级文化一经生成，就会弥散于班级日常运作的方方面面，对班级全体成员的言行发挥重要的规范、引导作用，尤其会作为既成事实全面影响新加入成员的行为表现和思想态度，由此可见，作为班级成员共有行为方式、思维方式、价值观的复合体的班级文化是一种不容忽视的教育力量。

　　尽管班级文化概念自21世纪开始才逐渐广为人知，但班级文化却是学校生活的必然产物，只要一批教师和学生稳定地聚集在一个班级里，班级文化就会自然产生。并且，班级文化不是一成不变的，而是处于动态的、渐进的发展变化过程之中①。在班级建设的不同阶段，班级成员从彼此陌生到相互熟悉，他们的活动和交往日益丰富，班级文化也随之动态变化，如由彼此冷漠到相互关心，由一盘散沙到齐心协力。

　　在自发状态下生成的班级文化或好或坏，对学生的影响或正面或负面。健康积极的班级文化能鼓舞、促进学生成长，而颓废消极的班级文化会阻碍、误导学生成长。因此，负责任的教育者必须自觉干预班级文化的动态生成，班级文化建设这一课题就应运而生。班级文化建设就是教育者主动干预班级文化生成，促使健康积极的班级文化在班级扎根，以期充分发挥班级文化育人功能、推进学校教育教学目标达成的实践活动，是促使班级文化由自发状态走向自觉状态的一种努力。

二、班级文化的"风铃"结构阐析

　　班级文化是一个外延宽广的复合体，其中既包含班级组织层面的要

---

　　①　林冬桂：《论班级文化的功能及建设》，《教育导刊》2000年第11期。

素，又包括班级成员个体层面的要素。理清这些要素的内在关系，是有效开展班级文化建设提出的虽细微但关键的研究课题。借用日常生活中常见的风铃形象，笔者提出班级文化的"风铃"结构构想，求教于方家。

（一）班级文化的要素解析

从组织与成员关系角度，借鉴国内外关于文化结构的同心圆共识，笔者将班级文化要素理解为班级组织层面的要素（简称"组织要素"）和班级成员个体层面的要素（简称"个体要素"）两大部分。

作为一个社会组织，班级有特定的使命、职责、活动主题、规范要求和活动空间。班级愿景、班级制度、班级活动、班级物质空间四类组织要素构成一组自内向外的同心圆。

班级愿景表明班级存在的目的、意义，通俗来说就是"班级是为了什么目标而存在的"。在自发状态下，班级组织不一定有明确的愿景，但愿景必然存在，如"培养德智体美劳全面发展的社会主义建设者和接班人""帮助学生考入大学""让学生接受完义务教育"可能是不同班级的模糊愿景。班级制度是保障班级活动有序开展、促进班级愿景达成的要素。班级制度折射班级愿景，如有些班级制度严明且有章必依、违章必究，有些班级制度松散或成为一种摆设，这些状况均与该班级的愿景紧密相连；班级制度为班级活动的开展提供制度环境，也对所有班级成员的行为发挥约束和引导功能。班级活动指"班级做了些什么"。很多地方的班级文化建设突出强调班级特色活动，其实，这是对班级活动的窄化理解。在绝大多数时间里，班级活动的主要形式是课堂教学活动、师生沟通活动，此外才是丰富多彩的社团活动、小组活动、课外活动等。班级物质空间是班级活动开展的地方，主要指教室，也包括本班成员有时会使用的学校图书馆、餐厅、运动场、功能室、卫生包干区乃至学校的一草一木。这些场所的设施设备、通风采光等因素均可能影响本班学生的成长，如在超大规模的班级中，学生在教室里的活动空间拥挤，容易发生冲突。

作为班级组织成员的学生，每个人都是一个独立的个体，有其独特的成长背景、发展期望、心理需求和行为方式。笔者将学生的思想观念、学习方式、人际交往方式、日常生活方式看作班级文化的个体要素。思想观念指学生的人生观、世界观、价值观，尤其指这些观念在学生的学习和人际交往等方面的具体体现。学习方式指学生如何上课、完成作业，如何完成各种学习任务。人际交往方式指学生如何处理自己与同学、与老师、与家人、与其他社会成员和社会组织的关系。日常生活方式指学生每天在着装、饮食、卫生、排队等活动中的具体表现。

在班级文化的复合体中，各要素持续展开互动。就组织要素内部而言，班级愿景对于班级制度、班级活动、班级物质空间具有深层辐射作用，而后者又会对前者产生潜移默化的或积极或消极的影响，如追求成功、成才、成人愿景的班级会制定紧张有序的班规，开展丰富有效的活动和充满正能量的师生沟通，布置整洁明亮的教室；而如果学生长期在整洁明亮的环境中学习，遵守紧张有序的班规，参与丰富多彩的集体活动，反过来又会提升班级愿景。组织要素和个体要素之间也在发生丰富的相互作用，学生个体的思想和行为受到班级组织要素的约束和指引，又反作用于班级物质空间（班级空间更整洁还是更脏乱）、班级活动（如课堂教学更高效还是更低效）、班级愿景（提升抑或降低），而班级成员共有的价值观就来自人们对每一位班级成员的行为方式所共有特性的概括和抽象。

（二）班级文化的"风铃"结构

风铃是生活中常见的装饰品，笔者拟借用风铃形象来直观地说明班级文化各要素的相互作用。

风铃底座指班级组织层面诸因素构成的同心圆，由内而外分别是班级愿景、班级制度、班级活动、班级物质空间。风铃铃铛指班级的每个成员，每位同学就像从同心圆底座上悬垂下来的一个个铃铛。

美好的风铃是动态的和谐。风铃底座牢固而平衡，底座和铃铛是紧密相连的整体，每个铃铛小幅摇摆，彼此映衬展现美好画面，相互撞击奏响动听音乐。班级文化良好的班级，就像和谐状态的风铃。班级组织各要素相互支撑，有机编织成一个积极的育人磁场，将绝大多数成员有力地团结在一起，每位成员的思想和行为与班级的定位相一致，大家总体上向着一

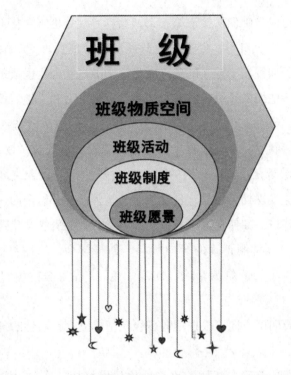

班级文化的"风铃"结构示意图

个目标前进。在这样的班级中，多数同学能够体验到班级生活的美好，其成才潜能可以得到最大程度的释放。

破败的风铃与此不同。风铃底座松松垮垮，同心圆本身出现变形；有些铃铛丢失了，还有一些铃铛受到顽皮孩子的拉扯，导致整个风铃随之变得松散、失衡。班级文化不良的班级，就像失衡状态的风铃。班级愿景、班级制度、班级活动、班级物质空间所构成的底座相互并不匹配（如成功、成才的育人愿景仅停留在口号层面，而没有转化为具体制度和活动），或者组织要素与个体要素之间、组织中不同个体之间存在较严重的冲突，整个班级面貌显得消极混乱。这样的班级让外人避之唯恐不及，也让班级成员逐渐沉沦，丧失人生追求。

三、班级文化"风铃"结构对开展班级文化建设的启示

走进优秀班级，我们可以听到"风铃"发出美妙而灵动的交响：以班主任为核心的教师们从接班第一天开始精心规划班级文化，带领学生提炼班级理念、班级口号，创造性地开展班级常规管理，组织特色集体活动，让学生长期浸润于健康的班级文化之中。这些师生也从班级文化建设中受益颇丰，他们的班级生活和学校生活充满活力和幸福。然而，在大批薄弱班级中，班级文化"风铃"处于程度不一的破败状态：班级缺少进取精神和严明制度，班级精神生活苍白，课堂教学低效，教室布置零乱。笔者大致可以断言：这些班级的文化是贫瘠的，正能量缺位，负能量盛行；班级文化发展处于粗放、自发状态，教师没有开展全面、扎实、有效的班级文化建设。如何在这些班级开展自觉有效的班级文化建设，让良好的班级文化"以鲜明正确的导向引导、鼓舞学生，以内在的力量凝聚、激励学生，以独特的氛围影响、规范学生"，成为摆在我们面前的重要课题。

其一，要明确方向，根据薄弱班级实情确立有针对性的班级文化建设目标。

每个班级应该确立怎样的班级文化建设目标？这一问题没有标准答案，对此问题的解答必然是见仁见智的。笔者拟将"进取、参与、包容"作为班级文化建设目标，促使其成为班级成员的共享价值观，以促进读者对此问题的探讨。

进取主要处理学生与学业的关系，应该成为班级倡导的首要理念。俗语云："树无根不长，人无志不立。"《庄子·田子方》云："哀莫大于心死。"一些学生缺少理想抱负，在日常生活中有"混日子"的心态，这既是对自己人生的不负责任，也会给未来的社会发展、家庭稳定留下隐患。教育者首先要鼓励学生立志，帮助学生确立愿意为之奋斗并且具有现实可行性的理想，让每一学段的学习和生活成为持续追梦的攀登过程。

参与主要处理学生与集体和社会的关系，指学生要专注于学习，关注集体和社会，成为班级生活、校园生活、家庭生活、社会生活的积极成员。有的学生心灰意冷，"身在曹营心在汉"，对课堂学习、班级、校园乃至家庭、社会缺少情感认同，觉得这些都与他无关。这种将自我排除在社群之外的心态有深远的消极影响，一方面可能导致学生抗拒学习、疏离集体乃至辍学，另一方面可能诱使学生出现沉迷网络、涉足违法犯罪等反社会行为。教育者要确立"一个也不能少"的信念，学会双管齐下，既加大对学生的监管督促力度，又着力增强班级生活和校园生活的趣味性，努力把那些在课堂内外的旁观者、游离者吸引过来，持续调动他们参与学习、参加集体活动的积极性。

包容主要处理学生群体共性与个体个性的关系，是在具体的学校和班级中营造进取、参与文化的必要元素。社会转型导致学生结构情况复杂，他们的学业水平、人生理想乃至体质状况等呈现多元异质格局。教育者要学会包容，接纳每个学生有差异的现状，给予学生各因其材的关爱，鼓励每个学生以适合自己的方式确立成长目标、参与集体事务；教育者还要教导所有学生学会包容，相互尊重、彼此友善、和睦相处，成为彼此成长道路上的欣赏者、鼓励者、监督者和促进者。

其二，统筹路径，由内而外、点面结合地打造具有支持性的班级文化。

一是要筑牢底座，综合运用思想动员、制度约束、活动鼓舞、环境布置等方法，促使积极理念在班级组织中落地生根。教师可以结合伟人事迹、身边榜样及本人成长故事等阐发人生哲理，促使学生认识到奋斗、学习、团结的重要性，为班级确立充满正能量的愿景；依托《中小学生守则》和校规，引导学生制订班级公约，用班规来有力地指引学生成长进步，以减少不当行为；认真负责地开展因材施教的课堂教学，组织学习竞赛、文体活动、特色庆祝活动，用丰富的班级活动最大程度地调动学生的积极性，满足学生的成就动机，给学生提供践行进取、参与、包容的多种机会；布置整洁、美好的教室环境，做好班级理念、班规、班级榜样人物的直观展示，发挥每一面"墙壁"的育人功能。

二是要关心每一个"铃铛"，有机开展集体引导和个别辅导，使班级文化建设既面向全体，又有所侧重。教师不仅要通过班级活动、小组竞赛等开展面向全体学生的教育引导，还要针对学生具体情况开展一对一的沟通、鼓励、督促、引导。很多学生在学习态度、学习能力乃至日常行为习惯中存在各种各样的不足和问题，这要求教师细致了解每一位学生，努力帮助学生找到适合自己的成长方向，从班级生活细节着手搭建让他们展现风采的舞台，耐心地逐一唤起他们的进取精神和合作意识，从而促进班级形成百花竞放、异彩纷呈的可喜局面。并且教师细致辅导每位学生（尤其是在本班处于边缘的学生）最能体现教师的敬业态度、仁爱之心、包容精神，既能帮助教师赢得学生的信任，也能为全体学生树立值得效仿的榜样。

其三，创新机制，构建学校、家庭、社区协同支持班级文化建设的育人共同体。

班主任是班级文化建设的设计者和协调人。班主任要善于学习优秀同行的工作经验，在模仿的基础上创造性地开展立足于班级实际的班级文化建设。全体教师要关注班级文化建设，认真备课上课，立足于各自岗位尽己所能地给予学生引导和鼓励，让学生感到被尊重、被重视、被悦纳。学校管理者要努力通过校园仪式、大型活动、宣传橱窗、广播站等平台倡导团结进取的校风，向洁、绿、亮、美的方向改善校园环境，细致优化校园管理，寄宿制学校尤其要改善学生的就餐和住宿条件，让校园文化建设成为班级文化建设的坚强后盾。

班级文化建设迫切需要得到家长的参与和支持。教师要善于运用家访、家长会、在线沟通等方式对家长做好思想动员，帮助家长掌握及时欣赏、积极沟通等家教艺术，营造融洽的亲子关系，让家庭成为支持孩子茁壮成长的港湾。对于留守学生的家长，教师要加强联系，鼓励家长通过建立经常与孩子通话、不定期给孩子写信寄送学习用品等方式来传递对孩子成长的期望。此外，学校、教师要创造性地吸引当地企事业单位、社区知名人士、优秀校友等走进校园、走进班级，为学生树立身边的榜样，壮大学校育人共同体。

学生既是班级文化建设的受益者，也是班级文化建设的主体。教师要调动学生规划人生、热爱班级的积极性，动员学生思考"我希望怎样度过初中三年""我希望生活在一个怎样的班级中""我对班级有哪些期望""我可以为班级做些什么"等问题，让班级文化建设更加切合学生思想实际，让教师的引导和学生的个性在班级文化建设中交相辉映、相辅相成。

第二节　培植真实的新型学校文化

积极向上的学校文化是激励学生成长成才的重要教育力量。《教育部关于大力加强中小学校园文化建设的通知》对校园文化建设的重要性进行了全面的阐述："校园文化是学校教育的重要组成部分，是全面育人不可或缺的重要环节，是展现校长教育理念、学校特色的重要平台，是规范办学的重要体现，也是德育体系中亟待加强的重要方面。中小学校园文化通过校风教风学风、多种形式的校园文化活动、人文和自然的校园环境等给学生潜移默化而深刻的影响。良好的校园文化以鲜明正确的导向引导、鼓舞学生，以内在的力量凝聚、激励学生，以独特的氛围影响、规范学生。"当前，学校文化建设、评比在各地蔚然成风，然而，实践者对学校文化的理解五花八门，学校文化建设的育人功能没有充分发挥。很多校长把学校文化建设理解为校园景观建设，热衷于投巨资修建校训石、图书馆、励志亭等，使学校文化建设成为让贫困学校望洋生叹的"有钱人的游戏"；大批学校提炼了以素质教育为主轴的校训、校歌、学风等，建造了学校文化墙，只是墙上挂的理念和学校生活中的规则是"两张皮"，新型学校文化没有真正生成。

鉴于学校文化建设的低效，众多研究者呼唤超越现状的新学校文化①、内在于学校生活之中的新型学校文化，切实改变学校成员的思维方式和学校生活每时每刻的运作方式。笔者认为，要达到这一目标，学校文化自觉是学校文化建设的必然选择。如何理解学校文化自觉？如何实现学校文化自觉？本文拟对此问题进行论述。

一、文化自觉与学校文化自觉

"文化自觉"是费孝通先生阐发的概念，指"生活在一定文化中的人对其文化有'自知之明'，明白它的来历、形成过程、所具有的特色和它

① 叶澜：《试论当代中国学校文化建设》，《教育发展研究》2006 年第 15 期。

发展的趋向"①。这个概念，是费孝通先生对全球化时代中华文化的发展前景进行反思的成果。他指出，在全球化时代，中国人"应当深入到中国的文化中和中国人的生活中去认识自己文化的历史和现状……用科学的态度去体会、去认识、去解释"②。一般人可能望文生义地认为文化自觉是一个对文化进行反思的认识过程，而在费孝通先生的概念体系中，文化自觉是一个包括反思和建设在内的复合过程：首先要认识自己的文化，根据其对新环境的适应力决定取舍；然后要理解所接触的文化，取其精华，去其糟粕。费孝通先生强调，文化自觉的走向，不是"文化回归"，也不是"全盘西化"③，而是"各美其美，美人之美，美美与共，天下大同"④。

费孝通先生是在民族文化发展中提出文化自觉概念的，而这一概念在学校文化建设过程中也是非常适用的。作为专门的教育组织，每所学校都有其特有的组织文化，即学校文化。学校文化是包括学校成员共有的价值观念、行为方式、学校制度、学校物质空间在内的复合体，其核心是学校的共享观念体系。教育改革要求学校提供合乎现代教育理念、满足广大人民群众需求的教育，要求学校"换一个样子"，这在客观上提出了学校文化自觉的课题，即学校成员要改变对学校生活的"习以为常"，认识本校文化特点，分析本校文化对新环境的适应情况，继而对不同类型的学校文化进行比较，取其精华，将其融入本校文化，促使学校跻身于优质学校行列。具体而言，学校文化自觉就是学校成员、教育研究者、教育管理者对学校文化进行冷静反思与主动发展的过程，是在对既有学校文化及学校生活进行反思的基础上，确立新的学校观念体系，并发展与之相适应的制度、行为方式、物质空间的动态过程。

二、学校文化自觉的必要性分析

基于反思的立场来观察学校文化，我们可以看到很多被我们熟视无睹

---

① 费孝通：《费孝通论文化与文化自觉》，群言出版社 2007 年版，第 190 页。
② 同上书，第 174 页。
③ 同上书，第 190 页。
④ 同上书，第 177 页。

的问题：学生有两张课表，一张是上课用的，一张是检查用的；校训主张"学会学习"，教学安排却常常是让学生学会攻克各种偏题怪题；素质教育成为"特长教育"，学生忙于考级而负担倍增……这些细节，只是暴露了学校文化问题的冰山一角。在学校教育转型变革时代，学校文化自觉的必要性逐步凸显出来。

（一）学校教育实践与现代教育理念的背离

教育改革形式化，学校日常运行方式和教育改革方针不相符合，学校中的评价标准、行为习惯与素质教育、全面发展等理念相背离，是当前学校生活的常见事实。以各地的某些"名校"为例，"名校"受到家长的热捧，而这些"名校"之所以有名，是因为它们有极高的升学率，有严格的纪律，积累了一整套如何让学生提前挖潜、过度开采其智力和体力资源的体系。这种教育，与教育研究者所倡导的关注学生终身幸福和可持续发展的优质教育，究竟有几分相似呢？

总体而言，当前我国学校文化处于学校传统与当代教育理念的交锋之中。一方面，我国有全新的教育理念，主张促进学生的主动、健康发展，主张平等、对话的师生关系，主张焕发生命活力的课堂；另一方面，学校有根深蒂固的传统，其重视考试、追求升学率的宗旨在教育实践中得到延续。

处于交锋状态的学校文化常常暴露出各种各样的自相矛盾。在观念层面，教师普遍认为教育应该为学生的可持续发展服务，然而，在实践中，指导学校教育的基本思路还是让学生考出好成绩。学校依据考试成绩对教师实行末位淘汰制度，教师为了保住"饭碗"，必须千方百计把学生的分数搞上去。学校配备了机房和图书室，但这两个地方往往只是在检查时才开放。在很多学校，学生成长得不快乐，教师生活得很麻木，校长在组织教改活动和追求考试成绩的夹缝中间疲于应付。

（二）学校传统与教育改革的深层冲突

学校传统与教育改革的冲突不是表面的，而是深层的。观察某些教师的成长过程，你会发现这些教师一开始对改革充满热情，后来这种热情慢慢消失，取而代之的是"做一天和尚撞一天钟"的从众心态。

美国教育管理学者霍伊将学校观念体系分析为默会假设、共享价值观和共享规范三个层面，我们依据这种框架对一线教师进行了深度访谈，访谈情况大致可以呈现学校传统与教育改革之间的冲突。

默会假设是关于人际关系的本质、人性、真理、现实与环境的抽象假设，是学校成员感知、思考、处理相关问题的基本行动依据。[①] 在我国学校中，存在着这样的假设：真理最终来自管理者，应试的状况是不可能改变的，校长与教师的关系是上下级关系等。教育改革所要求的假设则应该这样表述：管理者的主张不一定是对的，教育是不断进步的，校长和教师的关系是伙伴关系等。

共享价值观通常界定组织成员在组织中做什么会取得成功。[②] 在我国学校中，存在着重视考试和分数、尊重权威、避免冲突等共享价值观。教育改革所要求的价值观则是：重视学生的全面发展，关注学生的终身幸福；尊重真理，追求在讨论中的进步；坚持原则，努力追求理想；等等。

共享规范直接影响行为，通常是隐藏在经验背后的未予言明的、非正式的期望。[③] 西方研究认为，优质学校有言行一致、重视实验、彼此赏识、参与决策、诚实沟通等规范。而在我国很多学校中却有这样的规范：服从领导（"按校长说的做"），应付改革（"照文件做的是傻子"），按部就班，小心谨慎，和周围人保持一致等。

综合理解学校观念体系，笔者认为：默会假设回答了"是什么"的问题，是对学校生活的事实判断，包括"学校是什么""教学是什么""改革是什么"等；共享价值观回答了"重视什么"或者"追求什么"的问题，是对学校生活的价值选择；共享规范回答了"怎么做"的问题，是在学校中的行为守则。对这三类问题的回答，构成了学校成员的行动逻辑，决定了学校文化的面貌。综合而言，当前许多教师、校长的思维方式、基本观念与教育改革的要求格格不入。学校改革要想得到实际的开

---

① ［美］韦恩·K.霍伊、塞西尔·G.米斯克尔：《教育管理学：理论·研究·实践》，范国睿译，教育科学出版社 2007 年版，第 164 页。

② 同上书，第 163 页。

③ 同上。

展，必须引导人们对既有传统进行反思、澄清、重构，排除思想阻力。

（三）教育改革的方向抉择要求学校文化自觉

学校文化建设、学校生活改造是极其必要的，那么，如何变革学校文化？是彻底推翻学校传统、依据现代理念进行全造重建吗？是彻底否定我国经验、复制西方吗？是超越现实可能、建设理想学校吗？笔者认为，学校转型变革要求学校成员对学校发展方向进行抉择，这些抉择提出了学校文化自觉的要求，如下三个维度尤其需要重视。

其一是传统与现代的维度。学校传统尽管有片面追求考试成绩的负面因素，但是不能一概否定。传统中有很多符合学习心理和社会发展需要的内容，如重视"熟读精思""知行合一"；也有一些稍加修正就能适应现代教育的内容，如强调师道尊严、讲究秩序和修养等。我们在阐发各种现代教育理念的同时，一定要重视对传统的合理吸收，否则，就会犯"泼掉洗澡水的同时泼掉婴儿"的错误。

其二是本土与西方的维度。在很多人心中，"西方"俨然已经成为现代、真理、应然的同义词。大量研究者醉心于西方观念的译介、移植，似乎西方之外就不再有好教育、离开西方的概念体系就没有真正的教育思想了。在教育改革中博采众长是必要的，然而，新型学校文化必然要在本土传统基础上推陈出新才能真正扎根；追求全盘西化，必然导致观念混乱，加大改革和建设的阻力以致事倍功半。

其三是现实与理想的维度。当前，现实成为抗拒理想的借口，许多校长、教师将教育体制现状作为放弃改革的基本理由。而研究者往往高扬理想，把教师的理由看作惰性的表现。然而，现实条件、可能性也是学校改革必须重视的指标。就理想状态而言，教育要关心每一个学生，促进所有学生的全面发展，然而，人的全面发展在现实状况下是不可能实现的，现有的片面强调应试的状况又是不应该接受的，我们必须在现实与理想之间找到一个可实现、可操作的近期目标，这样才能真正凝聚力量。在此意义上，学校文化建设应该超越现实同时又植根于现实，或者说，只能在一定程度上超越现实而不能成为乌托邦。

三、学校文化自觉的路径探索

学校文化自觉是对学校文化这个复合体的多维审视和重建，稍有不慎，就会使学校文化建设成为一个千头万绪的混杂工程。基于学校观念体系在学校文化系统中的中心地位，鉴于学校观念体系中存在着诸多深层冲突，我们认为，学校文化自觉可以依托学校观念体系的反思与重建而展开，即以学校观念体系的反思和提炼为轴心，展开学校观念系统、制度系统、行为系统和物质空间系统的全面建设，培植合乎教育改革需要并且扎根于学校生活之中的新型学校文化，在深层上改变学校生活的运行方式。学校文化自觉的工作，可以从如下四个方面展开。

（一）反思核心观念，重构学校观念体系

观念体系是学校文化的核心，新型观念的确立是学校文化创新的基础步骤。针对学校中流行的科层制观念体系，我们认为学校应该倡导并逐步确立共同体观念体系：

"是什么"：学校是有着共同信念的教育工作者齐心协力工作的地方，是教师追求教育真理的地方，是教师实现人生价值的地方；校长和教师以及教师之间是平等、友好的伙伴关系；教学是教师的事业而不是谋生的手段。

"重视什么"：重视真理；重视学生的全面发展；重视教学、德育和管理的创新；重视合作。

"怎么做"：刻苦钻研；积极实验；通力合作；争取更好的教育效果；真诚沟通；积极发表意见；维护学校荣誉和地位；等等。

当学校切实确立了上述观念之后，学校将在总体上成为一个充满生机的地方，既是教师锐意进取、主动创新的地方，也是学生放飞理想、超越自我的地方。

一所学校的核心价值观念体系应该包括哪些内容？学校核心价值观应该通过何种方式来呈现？笔者拟引入英美学校的两个例子，借此说明这两个问题，为我国学校确立核心价值观提供借鉴。

查斯玛（Chatham）初级中学①

使命

查斯玛公立学校为学生提供安全而健康的学习环境，本校采取有效的教学策略，帮助学生掌握必要知识和心智习惯，成长为能够服务社会的成员，同时实现自我价值。

愿景

我校排除任何歧视，欢迎所有学生，支持、鼓励每一位学生成长为自信、尊重他人、反思性的学习者，我们培养学生对负责任的社会行动的热情，帮助学生成长为积极的世界公民。

核心价值观

我们互相尊重，尊重我们的环境，也尊重我们自己；

不论对自己还是对他人，我们保持诚实，以建立一种信任的氛围；

通过言语和行动，我们创造一种可以实现的民主、反思、欣赏文化；

我们期望学校共同体的所有成员都能在行为和学业上有良好表现；

我们尊重学校共同体每一位成员的尊严与价值；

我们相信犯错误是学习的良好机会；

我们相信所有选择都会有后果，我们愿意为自己的行动承担责任；

学校共同体的每一位成员都有平等的机会接受教育，形成经验；

坚持信念、勤奋工作对个人的成功来讲是必要的。

---

① 资料来源：http：//www.chatham.k12.ma.us。

价值观声明①

在这所学校中

我们关心所有的成员，现在的和过去的；

我们相信每个人都不能停止学习，我们需要学习的东西很多，其中一部分是关于我们自己和他人的学习；

我们鼓励每位成员最大化地发挥自己的才能，达到自我价值的实现；

我们努力帮助学生为适应飞速变化的世界做好准备。这包括我们要能够应对生活中的变化，发展独立，接受他人，解决生活中的问题；

我们努力提供涵盖所有学习需要并适应不同能力的学习内容；

我们坚信我们是社区的一部分，我们要与我们周围的人和机构紧密合作；

我们应该为取得的成功而自豪，同时能够从失败中吸取教训；

我们坚信首先要满足学生的基本需要，然后才能产生良好的学习；

我们必须努力使教学方式适应学习者的需要；

我们要对学生的成就保持记录，这可以帮助父母了解孩子的进步，并为父母和教师的交流提供机会；

我们期望所有成员在所有时间都尽其所能；

我们非常愿意看到和帮助从我们这里毕业的学生。

最重要的一点是，每个成员应该在每一天都有一点小的进步与成功。

---

① J. Mark Halstead and Monica J. Taylor, *Values in Education and Education in Values*, London: Falmer Press, 1996, p.170.

以上案例可以从内容和形式两个方面为我国学校文化建设提供启示。

其一，就内容而言，一所学校的核心价值观应该涵盖该学校对贯穿学校发展全过程的主要领域的基本取向，包括学校发展定位、培养目标、教学理念、管理理念、教师专业发展、学校与社区及家庭的关系等。学校的核心价值观，就总体而言，应该与社会主义核心价值观、《中华人民共和国教育法》对学校使命的定位保持基本精神上的一致，但在具体内容方面，应该充分考虑本地区、本学校的具体条件，切合实际，才能赢得学校成员的认同、尊重与遵行。对于教学理念、管理理念、教师专业发展等仍然存在不同观点的领域，学校应该立足现代教育的基本取向，选择当前理论界的一些共识作为指导原则，在具体细节上则应保留阐释空间和弹性。

其二，学校核心价值观应该以价值观声明的方式，简明扼要地列出。价值观声明清晰、简明，能够"列出学校认为最重要的东西，列出作为教育机构最根本的东西"[1]。当前很多学校通过校训来表达关于学校发展的综合考虑。校训是学校规定的对师生有指导意义的词语，格式简单、整齐，朗朗上口，如上海市崇明中学的校训是"志存高远，自强不息"。校训表达了学校在某一方面或某几个方面的设想，如崇明中学的校训既可以理解为对学生的要求，也可以理解为学校的发展思路。然而，尽管可以对校训进行多层面理解，但八字短语的表意能力总是有其边界的，以致学校在校训之外，还要总结校风、学风、教风等。与学校的核心价值观声明相比，校训的内容显然是单薄的。核心价值观声明如同学校的章程，一经确立，则有着不可回避和违背的权威性，同时，简明、清晰，能够广泛印行、引用乃至镌刻，发挥对学校全体成员和全部活动的指导和约束作用。在教育改革时代，学校教学及其运作的各个领域，都存在着不同观点（尤其是传统观点与现代观点）的博弈；笔者认为，学校核心价值观声明可以表明一所学校的基本立场，减少在基本问题上不必要的争论与纠缠。

（二）健全学校制度，确保制度与新型理念的协调

学校制度是学校观念转化为学校成员的行为方式的中介，即学校制度

---

[1] J.Mark Halstead and Monica J.Taylor, *Values in Education and Education in Values*, London：Falmer Press, 1996, p.169.

体现学校观念，并通过其对学校成员的强制或约束力量而指导其行为。观念能否转化为行动，关键在于制度。这里所说的制度，沿用新制度主义的观点，包括正式约束、社会认可的非正式约束及其实施机制①，既包括明文颁布的规章，也包括通行而没有言明的"潜规则"。

当前学校中依然存在这样或那样的制度漏洞，一些新理念提出之后，因为"上有政策、下有对策"以及学校传统的顽固抵抗而落空。在提炼了新型学校观念体系之后，应该努力在制度层面寻求落实的路径，健全执行、监督制度。比如倡导教师开展校本科研，就要规定校本研修的基本形式、次数，严格计划、记录、摄像、展示程序，促使教师切实行动起来。笔者认为，学校文化建设尤其需要重视监督制度（包括公示制度、公众评议制度）的建设，以避免"言行不一""有章不循"的情况。

依据制度调节范围，我们可以大致将学校制度建设分为学校外部制度建设和学校内部制度建设两个方面。

学校外部制度指由政府和教育管理部门确立的处理政府与学校关系、确立学校成员分工格局的制度，当前建设要点主要包括：一是扩大学校办学自主权。随着政治体制改革的推进，我国各级政府正逐步从全能型政府向服务型政府转变。就学校教育改革而言，政府及相关部门要增强服务意识，规范和减少对学校的行政审批，在提供政策指引和经费支持的前提下尊重校长和教师的专业地位，依法保障学校充分行使办学自主权和承担相应责任，鼓励学校在遵守我国教育法、义务教育法的前提下自主办学。二是推进学校内部管理全面去行政化。在扩大学校办学自主权的同时，要加强对校长的管理。当前校长负责制的缺陷在于过分依赖于校长的自律，而没有出台关于校长职责、工作方式的专业标准。当前，教育部已经制定出台《义务教育学校校长专业标准》，清晰地提出校长应该具备的基本理念和应该承担的专业职责，以明确校长任职资格，督促校长提高管理水平。专业标准的确立，一方面可以为政府、媒体、家长、社会各界监督校长工作提供依据，另一方面也能给校长提示自我约束、专业成长的方向。同

① 辛鸣：《制度论——关于制度哲学的理论建构》，人民出版社 2005 年版，第 180 页。

时，学校内部管理应逐步走向扁平化，减少决策层级，实施参与式管理，吸引教师参与学校大事、学校制度的讨论和决策，这样，可以减少教师队伍的分化，提高学校制度的公平性。

学校内部制度建设头绪繁多，应选准制度建设的切入点和突破口，以研究的方式进行学校内部制度建设。学校内部制度建设应细致规划，分清主要矛盾和次要矛盾。在学校师资力量有限的情况下，学校应该首先对那些具有全局性的、指导日常教育工作的核心制度进行梳理、编制和修订，达到集中力量办大事的效果。学校核心制度的设计，可以借鉴校本科研的方式进行：广泛收集资料，了解兄弟学校的成熟做法，分析不同做法的优缺点；邀请教育研究专家加入，了解他们关于制度建设的观点；细致规划，认真推敲各项规定的细节；严抓制度执行环节，确保"有章必依，违章必究"。复杂科学告诉我们，"牵一发而动全身"，选好切入点、集中力量做好一两个核心制度的修订和执行，在执行过程中不断扩展制度建设的边界，远比在一开始就全面铺开要高明得多。

（三）加强宣传和引导，调动教师自觉

广泛的宣传能够制造统一的学校氛围，让教师、学生逐步认同办学理念，使师生员工将学校观念体系的内容内化为自己的教育信念。"本校核心观念声明"应该人手一份（在欧美学校，这是《学校手册》中列于第一位的内容）；开学典礼、毕业典礼、表彰大会等大型仪式要充分体现学校教育理念，发言人要对学校理念进行正式而严肃的阐发；受表彰的师生及学校宣传的英雄，要符合学校教育理念。思想引导是宣传的另一个方面，要定期开展教师研修活动，引导教师逐步理解新型观念体系的内涵与价值，做新型学校文化的主动建设者。

理念宣传、思想引导和学校制度建设，是学校文化建设的两翼，不可偏废。以往的教育改革仅强调思想引导，而不重视制度建设，就是太依赖于教师自觉而忽视了对教师的约束；而如果过分强调制度建设、忽视思想引导，就会把教师变为"被监视的对象"；最佳的状态，是在强调制度建设的同时追求制度建设和思想引导的协调，既加强外在约束，又鼓励自觉自动，这样才能更加有效地实现学校文化自觉。制度的功能，一是约束，即规定人们行为的边界；二是激励，即鼓励人们在一定范围内积极行动。① 在思想引导的基础上，教师认识到学校制度的价值不是约束和强制教师，而是在制度方面保障、促进教师开展改革。

（四）规划学校物质空间，为学校文化建设提供物质支持

学校物质空间是学校文化的物质体现，为学校观念体系的落实、各方面活动的开展提供物质基础。新型学校核心理念、新型学校制度以及随之而来的大量具体工作，对学校物质设施、空间布置等提出了很多要求，例如，倡导开展教师研修、发展教学科研共同体，学校有必要为教师提供阅读和研讨的空间，丰富图书资料；新理念的宣传，要求在校园、教室、办公室进行相应的布置；教学方式改革，更要求在教学设施、教室布局、座位排列等方面进行众多改变。

当前，很多学校在校园内进行翻修改建，把学校物质空间的改善作为学校文化建设的第一要务，这样做，也能够改善学校文化。然而，学校物质空间的改善，应该与学校深层观念系统的重建相一致；脱离了学校核心理念的重新提炼，没有学校成员言行的切实转变，新型学校文化是无法扎根的。

第三节　建设安全而积极的学校氛围

杜威指出，"学校中的气氛"② 是影响学生品格生成的重要因素。一百多年后，"学校气氛"这个杜威使用时略显随意的概念已经成为欧美教育研究的一个重要领域——"学校氛围"（school climate）。在探讨了德育课改革、全学科育人、学生管理优化之后，我们有必要对学校氛围这个衡量学校办学状况的综合性指标展开探讨。学校氛围与通常所说的校风、学风、教风有相通之处，它既日常可感，又难以言明，具有与生俱来的复杂性和神秘性。我国校园文化建设重视学校氛围建设，强调"良好的校园

---

① 鲁鹏：《制度与发展关系研究》，人民出版社 2002 年版，第 127—130 页。
② ［美］约翰·杜威：《学校与社会·明日之学校》，赵祥麟等译，人民教育出版社 2005 年版，第 137 页。

文化以独特的氛围影响、规范学生"，但紧扣学校氛围的本土研究成果数量极少。本节拟结合 1908 年以来的相关文献，梳理美国学校氛围研究进程，阐析美国教育部发布的学校氛围专项政策，分析其对于我国开展学校氛围研究和建设的启示借鉴意义。

一、美国学校氛围研究进程

美国学校氛围研究已经走过上百年的历程，笔者尝试将其归纳为理念萌生、主题扩展、实践应用三个阶段。

（一）美国学校氛围研究的理念萌生

美国学校氛围研究会主席刻汗（Jonathan Cohen）教授将美国学校氛围研究的源头归于 1908 年佩利（A.Perry）出版的《城市学校的管理》一书。在该书中，佩利使用了"氛围"一词，强调教师要培植教室里的良好氛围，"它应该是一种阳光的氛围，在这里，卑鄙和粗鲁无法存在"；佩利指出，这种氛围不仅源于物理环境和教学方法，而且首先取决于教师的个人品质，他应该有良好的个人品质，然后才能培养这些品质，促进学生的良好行为养成[①]。

杜威也被研究者看作学校氛围研究的重要奠基者。杜威反思了学校环境或者氛围对学生的影响，他指出，以书本为中心的教学让学生不断生成错误的经验[②]。一方面，这种教学让学生学习、背诵同样的材料，剥夺学生的社会性动机，使学生没有相互交流和分享的欲望，因为"儿童完全知道教师和全体同学的面前都有和他所有的正好相同的事实和观念，他根本没有给他们任何东西"[③]；另一方面，教师利用学生对教师的爱戴或者畏惧、竞争、为未来做准备等个人功利动机来调动或强迫学生学习，导致学习的被动性。杜威在实验学校中推行以主动作业为中心的教学，在这种

---

① Perry, A., *The Management of a City School*, New York, NY: Macmillan, 1908, p.261.

② ［美］约翰·杜威：《我们怎样思维·经验与教育》，姜文闵译，人民教育出版社 1991 年版，第 254 页。

③ ［美］约翰·杜威：《学校与社会·明日之学校》，赵祥麟等译，人民教育出版社 2005 年版，第 149—152 页。

教学中，学校氛围焕然一新：从经验中学习是儿童主动探究的过程，儿童进行着主动的知识创造，保持了关注社会生活、探究社会生活的热情；从经验中学习也是同学之间积极合作和交流的过程，学校逐渐成为人与人的共同体，学生则在共同体中发展同情的动机、负责任的情感，形成对集体的归属感。

隐性课程概念的提出者菲力普·杰克逊（J.Philip）教授着力分析了教室里的氛围。在专著《教室里的生活》中，他提示读者思考学校里的经验对学生来说意味着什么，他对学校生活中的群体、评价、权力三个因素的分析堪称经典：学生生活在群体中，需要排队、等待教师的许可，教师会出于各种原因拒绝学生的请求，学生的活动会被他人打断，同时学生又要学会忽略身边的人和事，专心做自己的工作；学生会经受来自教师、同学甚至自己的有形无形的评价，要学会应对自己的作品或者行为被评价的情境，还要学会见证并参与对他人的评价；教师掌握着分配资源、指定发言顺序等权力，而且师生关系不同于亲子关系，教师权力带有制度赋予的刚性。作者将重心用于描述教室生活的复杂画面，而其对于教师的期望也隐含其中。①

总体来说，在 1975 年之前，美国的学校氛围研究处于理念萌生阶段，研究者倾向于采用哲学思辨或者事件描述等方式来展开分析，倡导教育工作者重视学校和教室里的氛围，但这些研究没有明确使用"学校氛围"概念，也未对其内涵进行深入探讨。

（二）美国学校氛围研究的主题扩展

1975 年之后，明确采用"学校氛围"作为主题的研究论文开始出现，研究者注重分析学校氛围与学生成绩、校园暴力预防、教师队伍稳定、教师专业发展之间的关系。至 2000 年前后，学校氛围领域涌现出大量实证研究成果，学校氛围研究的核心主题逐步展现出来，笔者试将其分列如下。

1. 学校安全与学校氛围

让师生在社会性、情感、生理方面感到安全，是学校氛围研究的首要

---

① Philip Jackson, *Life in Classrooms*, New York：Holt, 1968, pp.3-37.

主题。大量研究围绕校园欺负展开。被欺负使学生害怕上学，降低了学生对学习的投入和对学校事务的参与，还会导致当事人和见证人的焦虑和心理障碍，因而，美国社会将校园欺负看作一种严重的公共健康问题。康尼尔（D.Cornell）等人在弗吉尼亚州的280所高中展开调研，发现如果学校遵循威胁测量指南，学生较少报告受到欺负，能够更主动地求助，感觉学校氛围更积极，而且，这些学校较少对学生实施长期停学处分。① 乔治（A.Gregory）在290所高中对九年级学生和教师进行调查，发现学校安全与学校行为准则是否持续执行、学校中是否有关心孩子的成人在场有关。②

2. 校内人际关系与学校氛围

学校内部存在着广泛的人际互动，师生关系、同学关系、同事关系、教师与领导的关系构成了四个主要的关系类型。对学生而言，师生关系、同学关系至关重要。如果学生感到纪律是公平的、师生关系是友好的，行为问题的出现频率就较小。③ 当学生能够感觉到老师和同学对自己的支持时，会较少出现心理问题，学习成绩也更好。

对教师而言，工作环境的状况、同事关系、被接纳和被尊重的感觉至关重要。当教师能够感觉到校长和同事的支持时，教师对工作更投入，对于引导学生的学习和成长更有信心。因而，美国教学和国家未来委员会将学校氛围建设目标界定为建设学习共同体，认为学校氛围是保持教师队伍稳定的重要因素。④

---

① Cornell, D., Sheras, P., Gregory, A., & Fan, X., "A Retrospective Study of School Safety Conditions in High Schools Using the Virginia Threat Assessment Guidelines Versus Alternative Approaches", *School Psychology Quarterly*, 2009 (2).

② Gregory, A., Cornell, D., Fan, X., Sheras, P., Shih, T., & Huang, F., "Authoritative School Discipline: High School Practices Associated With Lower Student Bullying and Victimization", *Journal of Educational Psychology*, 2010 (2).

③ Jia, Y., Way, N., Ling, G., Yoshikawa, H., Chen, X., Hughes, D., & Lu, Z., "The Influence of Student Perceptions of School Climate on Socio-emotional and Academic Adjustment: A Comparison of Chinese and American Adolescents", *Child Development*, 2009 (5).

④ Fulton, I. K., Yoon, I., & Lee, C., *Induction Into Learning Communities*, Washington, DC: National Commission on Teaching and America's Future, 2005.12.

3. 教学状况与学校氛围

教与学是学校生活的主线，也是评价学校氛围最重要的一个维度。积极的学校氛围首先体现在课堂上，学生被鼓励参与课堂、被支持和信任，不仅能提升学生的学习成绩，也能增大学生在学习方面的投入，促进合作学习，培养尊重、信任等亲社会品质。学校专门开展的亲社会教育能够培养学生的亲社会品质，优化校内人际关系和学生与社区的关系①。

4. 学校制度环境与学校氛围

校内关系状况和学校硬件设施是学校制度环境的两大主题。从学生角度而言，校内关系状况指学生就教师和同伴对自己及其学习的关心程度的感觉，校内关系状况与青少年的健康和学业成就紧密相连，校内联系紧密有助于预防暴力，提升学生满意度，减少行为问题。研究显示，小规模学校有助于增进学生的校内联系，对学生成绩和安全感具有积极影响②。

研究显示，学校空间会影响学生的安全感，如在无人监管的学校空间中，学生缺少安全感。学校设施的质量也会影响学校氛围，进而影响学生的学业成绩。③

（三）美国学校氛围测评工具的研发和实践应用

进入 21 世纪，尽可能精确地评测学校氛围成为研究者必须承担的重要使命。众多研究者和研究机构依据自己对于学校氛围的理解设计问卷，展开调查，学校氛围评价标准、测量工具逐步成熟和完善，其中，美国学校氛围研究会的研究成果被若干州、学区采纳，具有较高的代表性。

研究会认为，学校氛围指学生、家长、学校教职员工对于学校生活特点和品质的认识，这种认识基于主体对学校规范、目标、价值观、人际关

---

① Finnan, C., Schnepel, K., & Anderson, L., "Powerful Learning Environments: The Critical Link Between School and Classroom Cultures", *Journal of Education for Students Placed at Risk*, 2003 (4).

② McNeely, C.A., Nonnemaker, J.M., & Blum, R.W., "Promoting School Connectedness: Evidence From the National Longitudinal Study of Adolescent Health", *Journal of School Health*, 2002 (4).

③ Astor, R.A., Guerra, N., & Van Acker, R., "How Can We Improve School Safety Research", *Educational Researcher*, 2010 (1).

系、教学实践和组织结构的经验。

研究会集聚专家智慧，提出了学校氛围评价标准。该标准共包括 5
个一级指标，16 个二级指标，31 个三级指标。5 个一级指标分别是：
（1）学校共同体有共享的愿景和计划来提升和维持积极的学校氛围。
（2）学校共同体制定专门政策来促进学生在社会性、情感、道德、公民
和智力方面的技能、知识、品质的发展，建立一个综合系统来消除学与教
的障碍，让那些厌恶学习的学生再度融入学习中。（3）学校共同体的实
践以促进学生学习与社会性、情感、道德和公民品质成长为突出特征，提
高成员对学习、教学和学校范围内各项活动的参与度，努力消除学与教的
障碍，建立并维持适当的操作机制来达到这一标准。（4）学校共同体创
造环境，让所有成员在社会性、情感、智力和生理各方面都能感觉到受欢
迎、受支持和安全。（5）学校共同体开展有意义的参与性实践，确立相
应规范，促使学校成员承担责任，在学校生活中秉持正义。[1] 综合这五大
指标，研究会勾勒了持续、积极的学校氛围的大体样貌：能够促进年轻人
的成长和学习，使他们能够在民主社会中过生产性的、有贡献的、幸福的
生活；人们在其中感受到安全、被尊重，投入学校教与学；学生、家长和
教育者一起工作，共同开发和实现一种学校愿景；教育者示范良好的态度
和行为，并对学生进行相应的培训，确保学生在学习中获得满足感；每个
人对学校均作出贡献，关心学校设施和资源[2]。

研究会开发了与该标准相对应的问卷，倡导学校基于精准数据实施学
校氛围建设。研究会推荐一种持续循环的五步工作模式：第一步是预备和
计划，成立一个由各方人士组成的学校氛围改进领导小组，确立规则，建
立相互信任的工作氛围，确认小组工作所需要的各项资源，分析学校的优
缺点；第二步是评价，选择适当的测量工具，系统评价学校的优势、需要

---

① National School Climate Council，"National School Climate Standards：Benchmarks to Promote Effective Teaching，Learning and Comprehensive School Improvement"，http：//www. schoolclimate.org/climate/standards.php，2015/10/10.

② Jonathan Cohen，"School Climate Policy and Practice Trends：A Paradox"，*Teachers College Record*，2014（2）.

和不足，与学校成员分享相关数据；第三步是制订行动计划，依据数据明确需要优先重视的领域和相应目标，根据校情确定行动方案；第四步是实施，行动要聚焦于目标，得到监督；第五步是再次评价，重估学校状况，分析行动计划的有效性，进入下一个循环①。

二、美国学校氛围建设新规的主旨阐析

学校氛围与学生成长、教师稳定、学校声誉等均有密切关系，而文件《一个孩子也不能落后》引发的基础教育领域问责热潮促使政府优先关注学校氛围对学生成长的影响。美国教育部长在就颁布《指导原则：改进学校氛围和纪律的资源指南》发表演说时指出，创造积极的学校氛围、实施平等的学生管理，是每所学校都面对的挑战；教育部首次就消除学生管理中的歧视、建设更加公正的学校氛围发布行动指南，就是为了帮助和指导学校更好地应对这一挑战②。该指导原则也开章明义地指出，基础教育要帮助所有学生为步入大学、职场、公民生活做好准备，而这一目标的达成，要求学校首先创造安全、积极、富于支持性的成长环境。创造这样的学校环境，对于教育领导者、校长和教师来说，具有极大的挑战性。为了帮助各州、学区和学校迎接挑战，有效开展学校氛围建设，该指导原则提出了改进学校氛围和纪律的三大指导原则。

（一）培育积极的学校氛围，预防学生问题行为，建立多层级支持系统

该原则主张，学校应该重视学校氛围营造，吸引所有学生投入学习，预防问题行为，给所有学生（尤其是处于危险中的学生）提供支持③。

① National School Climate Council, "The School Climate Improvement Process: Essential Elements", http://www.schoolclimate.org/climate/schoolclimatebriefs.php, 2014/10/10.

② Arne Duncan, "Rethinking School Discipline: Remarks of Secretary of Education Arne Duncan at the Release of the Joint DOJ-ED School Discipline Guidance Package", http://www.ed.gov/news/speeches/rethinking-school-discipline, 2014-01-08/2015-12-07.

③ U.S.Department of Education, "Guiding principles: A Resource Guide for Improving School Climate and Discipline", http://www2.ed.gov/policy/gen/guid/school-discipline/guiding-principles.pdf, 2014/10/10, pp.15-21, 22-26, 26-28.

其一，学校应该采用审慎行动，创造积极的学校氛围。每所学校应该基于民主原则、依据校情、依托需要测评确立本校的学校氛围建设目标和学生管理目标。学校氛围建设目标的确立，要考虑不同类型学生的多样化需要，明确要点，如减少停学和开除的次数、减少与学校相关的司法起诉、提供有针对性的支持等。有色人种学生、特殊教育学生、面临辍学危险的学生等应该优先受到关注。

其二，学校应该建立多层级的学生行为支持系统，促进积极的学生行为。学生管理应该以预防为主，尽早识别处于危险中的学生，提供多层级的支持和干预，满足学生多样的行为和发展需要。普遍的支持处于第一层级，是在学生没有不当行为时学校提供给所有学生的支持，向学生提出并传达各种活动的行为标准，相应的教学内容应该被整合进常规的、全体学生参与的学术课程和校园活动中。有针对性的支持处于第二层级，包括团体干预、同伴辅导等形式，提供给那些偶尔有不当行为的学生。精细的支持处于第三层级，由学校、当地专业机构为那些经常有不当行为的学生、不当行为程度较重的学生或者经受心理创伤等危险事宜的学生提供个别干预。

其三，学校应该推广社会性和情感学习，促进学生的积极行为。学校应该将社会性和情感学习整合到课程体系和多层级支持系统中，界定核心的社会性和情感品质，给学生提供锻炼、反馈和修正机会，鼓励学生反思自己的行为和选择，思考各种行为给他人和自己带来的影响，学会自我管理，做负责任的决策。

同时，学校应该给教职员工提供相应培训和支持，使其掌握吸引学生学习和支持积极行为所需的知识和技能；与当地精神健康组织、儿童福利机构、警察局、青少年司法系统和其他相关机构协作，统筹资源，为学生提供预防和干预服务；明确校内警务人员的角色，减少不必要的法律起诉。

（二）对学生行为设定较高期望，限制惩戒手段使用，尽最大可能保障学生受教育权益

该原则主张，学校对学生行为的期望及奖惩办法要清晰、适宜、持之

以恒，尽可能以教导方式实施学生管理，限制停学、开除等严厉惩戒手段的使用，尽可能确保学生接受良好教育的机会。[①]

其一，学校要确定对学生的较高期望，优先采用教导方式实施学生管理。学生在校园内应该尊重他人，不得出现暴力、欺负、诽谤等行为，学校要通过普遍的支持将这种期望传达给学生。学校应该开展相应教学，帮助学生掌握控制自身言行所需的社交、情感和行为技能；学校对学生的不当行为进行干预或者惩戒，应着眼于引导学生理解行为规范，习得新的行为技能和策略来避免冲突，重新集中精力于学习。

其二，学校要让家长、学生、教职员工参与学校行为守则和纪律政策的制定和实施，清晰地向相关人员传达这些规定。在涉及惩戒使用时，学校要明确相应程序，确保家长知情并介入该过程。

其三，学校对学生不当行为的处理，要有清晰的规定，并且与学生的发展阶段和行为性质相适宜。学校要出台书面的奖惩规定，界定不当行为的类型和相应的惩戒方式，并且确保学生、家庭和教师了解该规定。随着学生不当行为出现次数的增加及危害程度的增大，学校可以逐步采用更为严厉的惩戒。

同时，学生管理规定要考虑特殊教育学生的需要，确立适用于所有学生的适当程序。对于接受停学处分的学生，要以替代方式继续提供学业指导，并促进其尽快返回常规教室。文件强调，学校要尽最大可能将学生留在教室里，仅在学生的行为可能严重危害校园安全（如违反禁止携带枪支到学校的法律）时，才实施停学或开除。

（三）学生管理要公正、平等，基于数据收集和分析持续改进学校氛围

该原则主张，学校对学生的管理和惩戒要公正、平等，避免歧视；学校应在实践过程中不断改进相关规定和做法，充分发挥学生管理的积极育

[①]　U.S.Department of Education, "Guiding Principles: A Resource Guide for Improving School Climate and Discipline", http://www2.ed.gov/policy/gen/guid/school-discipline/guiding-principles.pdf, 2014/10/10, pp.15-21, 22-26, 26-28.

人功能。①

其一，学校要给所有教职员工提供培训，确保学生管理和惩戒的公正、平等。学校要努力确保学生管理过程没有违背联邦人权法和其他法律所规定的反歧视条款，努力对所有学生做到公正、平等。学校应该理解联邦人权法赋予学校的法定责任，培训教职员工学会预防和缓解冲突，考虑学生的生理、心理、文化特质，不得因为种族、英语能力、性取向等歧视学生。通过提升教职员工的能力，学校能够减少校园内的偏爱和歧视，建设公正的校园，鼓励学生为自己的行为承担责任，创造有助于学业优秀和学生成功的氛围。

其二，学校要持续收集学生管理数据，及时修订学生管理规定，减少和消除不公正的惩戒和非预期的后果。学校要对本校学生管理规定和行动进行常规评价，以确认学生管理对于达成学校教育目标的支持程度并避免歧视。学校应该常规性地收集关于惩戒事件的完整信息，依据隐私法的规定进行信息记录和分享。学校还应该建立常规机制来收集学生和家庭关于学校纪律的意见，如组建多元的学生管理团队、实施需要测评等。对于收集到的数据，学校应该会同家长及学生代表等进行反思和分析，判断本校学生管理的合理性、合目的性，分析学生问题行为的深层原因，制订改善学生管理和学校氛围的行动计划。

三、美国学校氛围研究对我国的启示

我国自古以来就有重视成长氛围的思想，"孟母三迁""近朱者赤"和教育部《关于大力加强中小学校园文化建设的通知》中"良好的校园文化以独特的氛围影响、规范学生"等表达是一脉相承的。然而，我国关于学校氛围的系统研究比较薄弱，标题中使用"学校氛围"概念的文章屈指可数；与此同时，时有发生的校园霸凌、师生冲突事件提示我们，应该高度重视学生和教师对于学校生活的心理感受，加大学校氛围研究力

---

① U.S.Department of Education, "Guiding Principles: A Resource Guide for Improving School Climate and Discipline", http://www2.ed.gov/policy/gen/guid/school-discipline/guiding-principles.pdf, 2014/10/10, pp.15-21, 22-26, 26-28.

度。笔者认为，美国学校氛围研究的百年历程及最新的政策规定对我国学校氛围研究和建设具有如下启示。

首先，在教育改革过程中，要加强学校氛围研究，重视良好学校氛围对教学改革、德育变革、学校品质提升的支撑作用。

大批学校开展的教育改革举措只见树木、不见森林，专注于开展校本课程建设、教学改革，却无视学校氛围的整体状况。而我国学校长期以来受制于应试传统，"关门办学"，科层制、分科教学、评比制等导致学校成员沟通障碍，教师与校长之间、教师与教师之间矛盾重重，互不信任①，制造了学校改革过程中的极大内耗，使种种改革方案搁浅、形式化，是值得深思的问题。

在各地校园文化建设热潮中，由于目标不明确、评价指标混乱，很多学校将建设重心放在校园美化上，大兴土木地追求学校的"书香气"。笔者认为，教育管理部门应加强倡导，促使学校文化建设回到重视校园日常生活、重视学校氛围的轨道上，把精力花到刀刃上，努力改善校内安全状况、教学状况、同事关系和师生关系，打造学校教育共同体。

其次，学校氛围建设要落细落小落实，建立多层级的学生行为支持系统，建设学校、家庭、社区联动的育人共同体，为每个学生创造安全而积极的成长环境。

优化学校氛围，不能停留在空泛的口号层面，而要落实到日常生活改造和人际关系优化上。当前，很多学校的师生关系不够和谐，教师把学生仅仅看作管理对象，教师沦为"警察"和"消防员"。这种管理方式不能给学生提供一种友好的成长环境，不利于学生良好行为习惯和亲社会品质的养成，不利于培养自觉自律的行为主体。

美国《指导原则：改进学校氛围和纪律的资源指南》要求学校建立包括普遍支持、有针对性的支持和精细支持三个层级的学生行为支持系统，将学生管理融入课程，推广社会性和情感学习，通过积极引导和干预

---

① 刘长海：《学校文化传统与学习型组织的冲突及其化解——学校文化的反思与重建》，《教育科学研究》2008 年第 7 期。

促进学生习得良好行为，减少违纪。这种以育人为本位实施学生管理、以教导为主线促进良好行为的积极管理思路，既能保障学校教育教学秩序，又体现了学校对学生的关心、尊重和支持，值得我国借鉴吸收。

同时，该指导原则倡导建立学生管理共同体，建立课程教学与学生管理的有机联系，建立学校与家庭、精神健康组织、儿童福利机构、警察局、司法系统的协作关系，多方协力，更好地促进学生成长。在我国，组建学生管理共同体任重而道远。政府有必要从政策修订入手启动破冰工作，学校、社区组织应该立足一线实情，开展相应工作，逐步打破壁垒，全面优化学校氛围、家庭氛围、社区氛围，为青少年成长提供更加全面而扎实的支持。

再次，要提升学校氛围研究的方法意识，以规范方法、科学数据来支持学校氛围建设。

以思辨见长是我国教育研究的一大特色，大量论者基于哲学理念发表了关于理想学校样貌、师生关系的应然状态、教育之道德属性的观点，这些观点对于学校氛围建设来说具有指导意义。如果加强实证研究，用数据说话，这些研究的说服力和指导意义会更大。

当前，大数据时代已经到来，大数据时代的重要特征是凡事要以数据为依据，相比之下，我国教育研究的数据意识亟待加强。借鉴全国中小学生学籍管理信息系统的建设经验，教育行政部门和科研机构应该加强学校氛围数据采集工作和信息系统的研发和推广，开发标准化问卷，定期收集学校氛围数据，为学校氛围研究和建设提供坚实的数据基础。同时，教育行政部门要规范和限制相关信息的使用，尽可能将该信息与学校评价、教师评价、学生升学等脱钩，以确保信息记录的完整性和真实性。

最后，要追求理论研究者、实践工作者和政策制定者的顺畅互动，充分发挥学校氛围研究的社会价值。

理论研究者、实践工作者、政策制定者是教育改革过程中的三大主体，面对学校氛围建设的庞大课题，三大主体应该通力合作，积极互动。几十年的教育改革实践表明，如果三大主体各自为政，缺少沟通，就会给改革带来极大的内耗，使很多看起来很美的改革方案搁浅。

　　理论研究者应该走向田野，用心去感受学校日常生活，与实践工作者真诚对话，而后努力以通俗易懂的方式将研究成果提供给实践工作者和政策制定者。实践工作者应该勇于呈现实际工作中的难点和不足，与理论研究者和政策制定者坦诚沟通。政策制定者要开展脚踏实地的调研，和理论研究者、实践工作者一道，共同面对这个极具复合性和艰巨性的课题。三方要结成伙伴协作关系，建立学校氛围建设共同体，开发具有可操作性的测量、优化、评价模型。①

---

　　① 林丹：《在互动中制衡——当代中国基础教育渐进主义改革研究》，东北师范大学出版社 2010 年版，第 202—235 页。

第六章　社会生活中的经验德育

　　假如跳出过分学校式的和形式的教育观念，我们就不得不承认：每时每刻的社会生活都在进行着价值观的传递和行为习惯的塑造；与学校德育相比，社会制度在全体社会成员的道德生成过程中发挥的影响更为深刻、持久、全面；学校德育总是在社会制度所设定的背景中展开的，不可能与世隔绝地独立发挥对儿童道德成长的影响。社会德育的重要性由此可知。然而，由于德育研究者在大学人才培养中承担的主要是培养未来教师的工作，教师的主要工作场所在校园内，所以，大量德育研究论著倾向于探讨学校德育如何做，而很少顾及宏大的社会系统在未成年人的道德素质提升方面可以做些什么，也很少讨论社会生活、社会制度对个体品德生成和学校德育工作的深层制约。《公民道德建设实施纲要》等文件提纲挈领地指出，"各项经济、社会政策，对人们的价值取向、道德行为有着直接影响"，各单位要把"道德建设与业务工作紧密结合起来"，说明社会德育无处不在，确有深入研究的必要。

　　经验德育论主张德育要尊重学生依据生活经验自主建构道德观念的规律，综合运用直接经验法、说理法等德育方法引导学生进行品德建构。笔者关于经验德育实施框架的探讨必须尊重个体生活经验展开的实际情况，投入相应精力，对容易被德育研究者忽视的社会德育展开论述。

第一节　杜威社会德育思想概观

　　杜威并未清楚地使用"社会德育"这一概念，但杜威全部教育理论是以社会生活的经验传递和个体成长为起点的，杜威学校教育思想可以看作是杜威社会教育思想在学校领域中的应用。社会制度对道德和教育的深层制约，也是杜威反复讨论的话题。因而，后来者可以从杜威的大量论述中，归纳其社会德育思想。

一、特定的社会基本制度孕育特定的道德体系

在人类社会中，制度无处不在。诺斯认为，"制度包括人类设计出来的、用以型塑人们相互交往的所有约束"①，道德和教育也是制度化的，如道德作为调整人与人、人与社会关系的规范就是一种制度。可见，在每一个社会中，制度都是一个庞大的体系。我们可以将社会制度看作反映并维护一定社会形态或社会结构的各种制度的总称，包括社会的经济、政治、法律、文化、教育等制度。马克思主义认为，社会的经济制度——即一定社会的经济基础——决定社会的性质；政治、法律、文化、教育等制度是建立在经济基础之上的上层建筑，决定于经济制度，又为经济制度服务；社会生产力和生产关系的发展是社会制度发展的根本原因。为了讨论的便利，我们可以将社会制度这一由大量规范构成的复合体笼统地区分为社会基本制度和社会具体制度，其中，社会基本制度对各种具体制度具有约束导向功能。

在分析社会进步时，杜威敏锐地将目光聚焦于社会基本制度，就专制制度和民主制度对特定社会中的道德体系的决定性作用进行了分析，他告诉我们，特定社会的基本制度决定了该社会普遍流行的道德体系，培育着社会成员的品德，道德、道德教育都是特定社会基本制度的产物。在生产力水平低下的时代，专制制度形成，统治者阶级独享闲暇，无须劳动并且鄙视劳动，他们的生活方式决定了他们注重礼仪修养、人文学问，忽视、鄙视与劳动相连的品质、知识和才能。于是，专制社会的道德专注于人际关系协调，注重"分利"而不注重"生利"，要求人刻板地服从规则，专

---

① ［美］诺思：《制度、制度变迁与经济绩效》，杭行等译，格致出版社、上海三联书店、上海人民出版社 2008 年版，第 4 页。

制社会所推崇的好人成为无功无过的乡愿。与专制社会的价值取向相应，当时的教育注重人文学科的知识积累，强调对知识的记忆而忽视对知识的灵活应用。就道德教育而言，一方面，学生记住了大量"关于道德的观念"，而这些观念并不能真正地指导行动；另一方面，学校教育乃至社会生活的全部经验调动个体的个人功利追求，造就个体服从权威的思考和行动习惯。

民主制度的确立，带来了道德、教育、道德教育进步的契机。一方面，劳动和闲暇的公平分配使公民的社会责任体系变得丰富，公民在政治、经济、文化各方面责任的承担要求走出仅注重善良意愿而忽视担当能力的传统，要求扩展道德的边界，突破"压迫着人类的最大的二元论"，即"所谓物质的、机械的、科学的和道德的与理想的东西当中所存的裂缝"①。科学与道德相融合的价值观呼唤新型的教育，即教育要切实培养个体理解社会、参与社会的能力，这要求人们不能孤立地看待每一个学科，而要把学科看作个体参与社会的工具；要求教学方式、师生关系、学校与社会关系发生相应的改变，使全部学习过程和学校生活过程服务于合格公民的生成。道德教育创新、从传统德育走向经验德育的可能就蕴含在社会基本制度变化的大背景之中。

二、道德教育的自觉改革对社会进步具有能动作用

社会基本制度的变化，要求道德规范、道德教育制度等具体制度与之相适应，发生相应的变化。然而，具体制度除了受到宏观社会背景的影响外，还受到以往社会流传下来的传统的制约；如果仅仅由具体制度自发地响应这种要求，可能会出现很长时间的混乱，阻碍社会制度变迁的进程。

杜威指出，当时美国社会通行的道德观、教育观与民主社会的要求不相协调。民主社会要求重视具体境遇里的能动行动，但当时很多人坚持以往社会流传下来的强调特定德目和"文化修养"的道德观，这种道德观体现了贵族的傲慢，与人人平等的民主理念不协调；民主社会要求教育培

① ［美］杜威：《哲学的改造》，许崇清译，商务印书馆2017年版，第104页。

养个体的社会认识、社会情感和社会行动能力，但很多学校的教育仍然强调静听，各门学科的社会意义在这样的教学方式中没有得到发挥，不利于"有用的好人"的成长。

杜威分析了社会变迁中的新旧混杂现象及其对民主社会的威胁："在民主的政治制度在名义上建立起来之后，人们在家庭里、在教会里、在工作中和在学校中仍然还存在着一些看待生活和处理行为的信仰和观点、方法，而这些信仰和观点、方法乃是当男女受到外在控制，屈从于专横权力时所形成的；而经验表明：只要这些信仰和观点、方法在这些地方还存在，政治上的民主就是不可靠的。"① 就其内在机理来说，敌视变迁的旧制度不会自动退场，它们会顽固地阻碍社会进步，然而，社会进步有其必然性。"不管怎样具有权力而且不管怎样迫害异端和激进派，却从未有过任何制度有力量成功地阻止过巨大变迁的发生。制度在抵抗变迁的活动中所获得的成功只是把各种社会力量堵塞起来，一直到最后终于不可避免地表现成为重大的，往往是暴力的和具有灾难性的变迁的爆发。"②

据此，哲学家以及社会科学研究者有必要审视各种具体制度的性质和制度约束下的经验的性质，发扬理性自觉，主动倡导具体制度变革，以减少社会变迁的阵痛，使社会进步更加高效、平稳地向前展开。在道德教育领域，杜威旗帜鲜明、坚定有力地倡导新型道德，探索新型德育，并且，他在美国及全球所产生的超凡的影响力有力地说明这样的研究是有益于人类的。

三、直接的社会德育与间接的社会德育

我国教育研究论著尚缺少关于社会德育的概念界定。侯怀银对社会德育的上位概念社会教育进行了如下界定："社会教育可以从广、狭义两方面去理解：广义的社会教育，是指有意识地培养人，并使人身心和谐发展的各种社会活动。狭义的社会教育是指由政府、公共团体或私人所设立的

---

① ［美］杜威：《人的问题》，傅统先等译，上海人民出版社1965年版，第45页。
② 同上书，第81页。

社会文化教育机构对社会全体成员所进行的有目的、有系统、有组织、独立的教育活动。"① 以上界定中，广义的社会教育范围很广，然而，读完杜威的以下论断，我们的感受可能就不一样了。

杜威指出，"在一天之中大部分醒着的时候人们从事各种活动时所采取的方法以及在获得生计和获得物质上和社会上安全的事务管理中个人共同参与工作的方式，在构成个人的性情中，简言之，在形成性格和理智中，不可能仅仅是一个高度重要的因素"，"任何控制有组织的社会利益的方法对于参与这些集团活动的个人，在他们的性情与嗜好、态度、兴趣、目的和欲望等等的形成中，都必然起着重要的作用"②。既然杜威认为人在经验中学习和成长，人在社会环境中的每一次经验都会以某种方式影响他的知识、能力、观念，而形形色色的社会制度是社会环境的必然组成要素，所以，"从广义和最后的意义上讲来，一切制度都是有教育作用的，这就是说，它们在形成构成一个具体人格的态度、性情、才能与无能等方面是起着一定的作用的"③。"可以不夸张地说，任何社会制度，无论是经济制度，家庭制度，政治制度，法律制度和宗教制度，它的价值在于它对扩大和改进经验方面的影响。"④ 在此意义上，社会中的各种制度安排都是具有教育性的，都会影响人的生成，当然，此时杜威是中性地使用"教育性"（educational）概念的。如果以特定价值观为参照，有些制度安排是推动个体向社会主流价值观期望的方向前进，有些制度安排的作用则恰恰相反。

针对学校德育，杜威区分了直接道德教学（当代称为直接德育）和间接的道德教育（当代称为间接德育）。在社会德育领域，如果我们把"一切制度都是有教育作用的"看作杜威关于广义的、间接的社会德育的标志性表达的话，那么，杜威也有少量关于直接的社会德育的探讨。在分

---

① 侯怀银、张宏波：《"社会教育"解读》，《教育学报》2017 年第 4 期。

② ［美］约翰·杜威：《人的问题》，傅统先、邱椿译，上海人民出版社 1965 年版，第 47 页。

③ 同上。

④ ［美］约翰·杜威：《民主主义与教育》，王承绪译，人民教育出版社 2001 年版，第 11 页。

析学校和社会中的爱国主义时，杜威提出德育不能过分迷恋基于语言的说教和表态：“我们的公民、立法者、教育工作者认为只要使儿童背诵誓词，即已灌输了爱国主义，他们这样欺骗自己的良心已到什么程度呢？他们知道什么是效忠和忠诚吗？……背诵口头誓词便在教育上保证了一个不可分的国家之存在吗？”① 这一观点，和杜威关于德育的基本立场——人在经验中进行道德学习的主张——是一致的，即无论在学校、家庭中，还是在广泛的社会生活中，直接的道德教学、专门的德育活动对于个体价值观念和道德品质的影响都是微小的，真正值得重视的是儿童在特定社会环境中进行了哪些活动，积累了怎样的经验，这些经验具有怎样的育德效果。

四、杜威社会德育思想简评

与常规教育研究的致思理路不同，杜威站在社会变迁的角度来审视人类文化传递与更新，反思学校教育，其教育学说的探究起点是社会。这决定了杜威社会德育思想有很多可圈可点之处。

其一，杜威敏锐地指出一切社会制度、一切社会生活经验都是具有教育性的，扩展了社会德育的边界。社会环境是人的经验的有机组成部分，个体道德在生活经验中生成，一切社会制度、社会环境都会影响个体的思想和行动方式，参与个体性格的塑造。因而，社会德育研究不应作茧自缚，人为地缩小研究边界，而应唤起人们对于社会制度和社会生活之育德效能的敏感性，尽最大可能把社会环境建成一个一体化的教育场所，以减小德育内耗。

其二，杜威揭示了社会基本制度对具体社会制度的决定性作用和具体社会制度对社会基本制度的能动作用，倡导主动的道德转型和道德教育改革。同时期的研究者陷入德育实施之具体问题的探讨而不得要领，杜威却从社会进步的角度看待伦理问题和教育问题，指出“一个不仅进行着变

---

① ［美］约翰·杜威：《人的问题》，傅统先、邱椿译，上海人民出版社1965年版，第31页。

革，而且有着改进社会的变革理想的社会，比之目的在于仅仅使社会本身的风俗习惯延续下去的社会，将有不同的教育标准和教育方法"①。类推至道德领域，民主社会要求与专制社会不同的道德标准和道德教育方法。杜威还直面社会变迁过程的复杂性，指出根深蒂固的传统观念、风俗习惯对于创新的阻碍，提示自觉创新的必要性。新型道德和教育在民主社会中孕育，而杜威的贡献在于主动地将这种孕育揭示于人前，从而自主地为社会进步提供推动力量。

其三，杜威社会德育思想与马克思主义的经典论述有相通之处。马克思主义认为，实践决定意识，人的活动是受到环境条件制约的，"人们自己创造自己的历史，但他们是在既定的、制约着他们的环境中，是在现有的现实关系的基础上进行创造的"②；在特定社会中，生产关系的总和构成社会的经济基础，经济基础决定道德关系、政治关系等上层建筑，"统治阶级的思想在每一时代都是占统治地位的思想"，"支配着物质生产资料的阶级，同时也支配着精神生产资料"③。身处社会变革之中的人们，需要冷静思考不同社会的道德形态差异，审视不同社会进行道德培育等精神生产的方式的差异，通过辩证分析合理对待传统社会留给当代的遗产。马克思主义同时认为，意识对实践有能动作用，人基于对社会关系的认识采取主动行动，"随着需要的改变而改变它的社会制度"④，可以推动社会进步。杜威指出不同社会环境所孕育的社会道德和个体道德不同、要根据社会条件变化倡导新型道德和新型德育方式，总体上是合乎马克思主义唯物史观的。

第二节　社会转型与道德转型

杜威所倡导的与经验改组相融合的德育服务于杜威所持的与经验相融

---

① ［美］约翰·杜威：《民主主义与教育》，王承绪译，人民教育出版社 2001 年版，第 91 页。

② 《马克思恩格斯选集》第 4 卷，人民出版社 2012 年版，第 649 页。

③ 《马克思恩格斯选集》第 1 卷，人民出版社 2012 年版，第 178 页。

④ 同上书，第 155 页。

合的道德观。如果不能深入理解杜威所持的道德观，我们就无从把握杜威德育观的关键。本书第一章对杜威所持的与具体境遇中的实际行动相结合的道德观进行了分析，但限于篇幅，无法形象地说明杜威道德观的精妙之所在，此处，笔者拟从身边小事说起，进一步阐析杜威道德观，分析当代中国道德转型的可能走向。

一、追问"助人的能力"：从身边小事讲起

助人为乐是我国一直以来倡导的美德。我国对助人的倡导，一向注重培养善良的意愿，强调的是"乐于"。这种对善良意愿的强调，体现在我国通常所倡导的很多美德中，如主张培养爱国主义精神、社会责任感、集体意识、孝心，这些词的落脚点都代表的是意愿。强调善良意愿，可以看作是传统伦理学的一个突出特征，好像凡事只要有这份心就能做好。然而，在现实生活中，会不会出现"心有余而力不足"的情况呢？

笔者认为，助人是一种美德，也是对人的能力的一种考验。在生活中，我们总会碰到这样那样的需要帮助的人：一个小女孩在路边乞讨，一个男孩在水里呼救，一群受灾的农民衣食无着……"恻隐之心，人皆有之"，我们想帮助他们，想赶走他们的痛苦，增进他们的快乐，可是，我们有足够的能力吗？我们教导学生要乐于助人，看到他人有困难时要有主动帮助的良好意愿，做一个对社会和他人有益的人，然而，我们的学生是否具备足够的能力呢？

助人是需要能力的，助人者要在主动活动中将自己的知识、智慧、能量传递给受助者。帮助他人需要哪些能力，则是由助人活动所处的具体情境决定的。帮助他人的前提，是他人正处于某种困难状态；帮助他人的方式，是由他人的特定困难所决定的；帮助他人所需要的能力，又依据所选择的帮助他人的方式而确定。困难情境不同，困难类型不同，助人方式不同，助人者所需的能力也因而各异。笔者尝试设计几个帮助他人的情境，据此对"助人需要哪些能力"展开分析。

情境一

一个小男孩穿着破烂的衣服来民生家讨饭。民生拿给他一个馒头，小男孩高兴地走了。

情境二

隔壁的孤儿生活无依无靠，民生决心解决他的长期温饱问题，可是田里的收成现在只够自己糊口。于是，民生更加勤奋地种田，顺应气候调整种植结构，每天起早贪黑地干活，终于提高了收成，可以抚养这个孤儿了。

情境三

民生知道镇上穷人很多，如果能够改善大片荒地的土质，这些人的生活就不成问题了。于是，民生潜心研究土壤改良的技术，反复试验，终于成功了。本镇所有人都因此而摆脱了贫困。

情境四

民生希望将研究成果推广到其他地区，帮助更多的穷人，但遭到人们的怀疑以及一些机构的阻挠。于是，民生一方面扩大对成果的宣传，另一方面求助于地方政府，终于得到地方政府的认可，新技术可以广泛应用了。

在上面四个情境中，主人公民生进行的社会活动都可以归属为助人活动，但不同情境中受助者所处的需要帮助的困境不同，主人公所提供的助人活动有着显著的差别。在情境一中，为帮助解决一个小男孩的一顿晚饭，施助者民生发出的施助行为是赠送一个馒头，这一行为对施助者的能力要求是很低的，只要主人公具有起码的思考能力（能够记得馒头放在什么地方）和行动能力（能够取出馒头，走到小孩面前），他就能完成这一助人活动。在情境二中，为帮助解决一个孤儿的长期温饱问题，施助者民生发出的施助活动是提高自家收入，向孤儿提供长期抚养。这一活动不是一次性完成的，而是包含了长时间的努力，并且施助活动对施助者的能力要求大大提高：施助者必须具备健康的体魄，以胜任繁重的农业劳动；具有丰富的天文学、地理学、化学等与农业生产有关的知识，以提高农业产值；懂得如何操作现代化农业机械；善于量入为出，协调家庭的各方面开支。施助者只有具备这些能力，才有可能真正完成这一助人活动。情境三、情境四的难度依次递增。在情境三中，为解决镇上许多穷人的温饱问题，主人公民生采取的施助行为是通过研究改善土质，提高全镇农业产值。施助活动对施助者的能力要求在第二种情境的基础之上，增加了"系统全面的化学、生物学等农业相关知识"和"胜任农业实验研究的能力"。在情境四中，为解决各地穷人的温饱问题，民生采取的施助行为是通过宣传与游说，推广先进技术，提高粮食产量。施助者不仅要懂得技术开发，而且要能够与人沟通，通过社会交往争取别人对自己的支持。笔者试将这四种情境解析如下：

受助者	需助困境	施助者	施助行为	能力要求
一个小男孩	没有晚饭	民生	赠送一个馒头	基本思考与行动能力
一个孤儿	长期衣食无着	民生	提供长期抚养	身体健康；农业知识；农业机械操作；家庭财务管理
镇上多名穷人	生活未达温饱	民生	改善土质，提高粮食产量	身体健康；系统农业知识；农业机械操作；家庭财务管理；农业实验研究能力
各地众多穷人	生活未达温饱	民生	推广先进技术，提高粮食产量	身体健康；系统农业知识；农业机械操作；家庭财务管理；农业实验研究能力；社会交往技能；演讲、宣传能力

如果我们将这四个情境看作众多助人情境的代表，我们就会发现：助人是需要能力的，并且在很多情况下，施助行为不是一次性完成的，而是需要长期努力的；助人不是简单的机械活动，而是要求施助者具备相应的（在很多情况下是相当发达的）知识、智慧与能力的复杂活动。

二、走向科学与道德的融合：杜威道德观再认识

关心他人，乐于助人，一直以来是人们津津乐道的美德，也是道德教育的重要内容；而当我们考查了助人的能力要求之后，一个长期以来被忽视的深层问题就浮现出来：助人是需要能力的，为什么以往的道德观忽视能力，以往的道德教育很少关注学生的能力培养呢？

　　阻碍人们认识到助人需要能力这一问题的深层原因，可以从杜威所分析的专制时代阶级对立来探讨。统治者阶级无需从事生产劳动，他们的日常活动不需要考虑如何创造更多价值，因而更多地关注如何分配财富，这决定了他们所谓的道德修养是肤浅的、装饰性的。传统社会中所倡导的助人（还有其他很多美德）停留在较低的层次，对人的能力要求很低，如古代美德故事劝导人们赠人玫瑰、雪中送炭等，尽管这些活动都意味着施助者自身利益的削减，但这些资源都是现成的，在自己掌握之中，转让其中的一部分并不需要多少体力、智力、能力。

　　由于对重视善良意愿而忽视实际能力的道德传统缺少批判性分析，当前所提倡的助人很多也属于此类：在社会上，成人捐资助学，捐助灾区，把宝贵的评优指标、住房指标让给更需要的人；在学校中，教师教导学生把食物分给同学，把文具借给同学，把公共汽车上的座位让给老人。总之，在这类捐赠式的助人活动中，助人只是举手之劳，态度决定一切，只要有良好的意愿，就能帮助他人脱离困境。当我们将视野扩展到社会中纷繁复杂的生活困境与助人情境时，我们就会知道助人所需要的绝不仅仅是良好意愿，不仅仅是如何以利他的方式来分配利益，还涉及如何以合理的方式创造更多的财富以供分配：让一个座位给老人是容易的，而要使所有乘坐公共汽车的人都有座位坐，就足够交通局局长用尽毕生的精力去发展公共交通；抢救落水儿童对专业救生员来说是容易的，但一般人必须要有熟练的游泳能力和充沛的体力才能胜任这一助人行为。

　　助人是需要能力的，其他德目如为人民服务、负责任、守信、孝亲等也是如此。认识到美德的丰富与多样，承认美德对行为主体的能力要求，我们就要告别传统的德目取向的道德观，走向一种与生活经验相连的道德观，即杜威所阐述的道德观，承认"每一个道德情形都是独一无二的，具有其无法取代的善"[1]，道德是在具体经验情境中解决实际问题的能动的善，与个体解决实际问题所需要的思维能力、科学技术、善良意愿等紧密相连。据此，道德和科学融合于经验之中，两者之间的边界隐退。

―――――――――

　　[1]　[美] 约翰·杜威：《哲学的改造》，张颖译，陕西人民出版社2004年版，第93页。

道德观的转变，必然要求道德教育的边界扩展。在以往的教育思路中，道德教育工作仅关注学习者（不限于青少年学生）的思想倾向、价值观念，培养学习者的亲社会意愿，不关注学习者的能力、智慧发展。现在既然承认美德是需要能力的，我们就不能在学校、家庭和社会的教育安排上将意愿培养与能力培养割裂开来，而应该促使道德品质培养与能力素质培养融合为一，具体来说，就是要在学校、家庭和社会创造浓厚的共同体氛围，培养学习者发达的社会精神和全面的社会行动能力，使他们在社会发展中扮演积极角色，推动社会发展。唯有这样，"所有的教育都是道德教育"① 才不会沦为一句空话。

三、杜威道德观对当代中国道德转型的启示

道德观是特定社会评价是非善恶的重要标准，有其稳定性，同时，"道德信仰与宇宙间一切事物一样均是变动发展着的"②。道德观的发展与社会发展特点紧密相连。当社会条件保持相对稳定时，人们的价值观、道德标准保持相对稳定，此时，道德领域容易形成稳固的传统，这些传统无形而深刻地融入社会生活之中，成为社会成员普遍持有的准则，且沉淀于集体无意识层面而难以察觉。当社会条件发生迅速变迁时，传统价值观、道德标准受到挑战，新型道德体系逐步生成，即"在一个相当长的历史时期中对社会生活发挥有效调节作用的道德规范体系的合理性受到强烈的冲击，同时也意味着新的道德规范体系诞生的必然性"③。道德体系的"破"与"立"的辩证关系体现在：人们既有的道德信仰的崩塌为新的道德信仰的出现开辟了道路，是主体道德信仰演化的机缘④。

当代中国正处于社会转型期，当前中国社会道德领域正呈现显著的转型特征，近 20 年来一直存在的"道德滑坡"和"道德爬坡"之争论就是

---

① 迟艳杰、保罗·斯坦迪什：《如何理解教育哲学：与保罗·斯坦迪什教授的对话》，《教育学报》2018 年第 2 期。
② 高兆明：《论社会转型中的道德信仰危机》，《浙江社会科学》2001 年第 1 期。
③ 陈殿林：《社会转型时期道德建设的问题研究》，《北京理工大学学报》（社会科学版）2002 年第 1 期。
④ 高兆明：《论社会转型中的道德信仰危机》，《浙江社会科学》2001 年第 1 期。

明证。持"滑坡论"者认为社会道德风气急剧下滑，持"爬坡论"者则强调当代人效率意识、民主意识、公平意识、主体意识的觉醒。如果将两种观点综合起来看，就可以将当今纷繁复杂的道德现象看作社会转型期道德观念转型、推陈出新的必然表现。

道德转型的一个方面是从圣人道德走向常人道德，即从只讲公不讲私、只讲奉献不讲回报、只讲牺牲精神不讲物质利益转向正确处理道德与利益的关系，肯定民众追求正当权益、物质利益的合理性，追求以"各尽所能、各得其所"为标准的和谐社会。杜威所提示的是道德转型的另一个方面，即从阶级对立消除、人人皆需劳动的角度，倡导道德体系从分利、保守的道德走向生利、创造的道德，从科学与道德的隔离走向科学与道德的融合。

尽管上述杜威式道德主张很少得到明确阐发，但当前中国社会的很多道德现象正指向这一点。就大众的价值取向来看，很多家长对"孝"的理解不再是听话，而是认为子女有出息、能够自食其力、把生活过好就是最大的孝道；公众不再推崇一味克己的"老好人"，而是欣赏建功立业的成功人士所体现的能力、魄力。道德价值观的转型还直观地体现在社会所树立的榜样人物身上。以"2016年感动中国十大人物"为例，其中既有科学家孙家栋、潘建伟，大国工匠李万君，也有火海救人英雄王锋、爱心医生梁益建等。他们身上有的突出体现科技创新、为社会创造更多价值的新型道德元素，有的突出体现舍己救人、资助他人的传统道德元素，而在爱心医生梁益建的介绍中，我们既可以看到对他专业功底的肯定，又可以看到对他乐于帮助贫困患者的赞美，体现出传统美德与新兴道德的双重光辉①。2018年5月，习近平主席在出席院士大会时指出，很多院士都是"干惊天动地事，做隐姓埋名人"的民族英雄，一代又一代科学家怀着深厚的爱国主义情怀，凭借深厚的学术造诣、宽广的科学视角，为祖国和人

---

① 《2016年度感动中国十大人物事迹及颁奖词》，2017年2月8日，https：//www.rui-wen.com/news/183676.htm

民作出了彪炳史册的重大贡献。① 这段话所表达的新型英雄观，体现了科学与道德融合的走向。据此，我们有理由相信，对杜威实用主义道德观的深入挖掘和分析，能够为中国社会道德进步提供启示和推动力量。

第三节　中国社会德育的经验论审视与展望

道德在社会生活中孕育，社会的经济、政治、文化因素均对社会道德和个体道德产生影响，如管仲说过"仓廪实而知礼节，衣食足而知荣辱"，指出了经济条件对道德礼仪的影响。面对公民道德培育的时代使命，经验德育论在社会德育领域可以提供哪些启示呢？

一、封建社会臣民教化的经验论审视

在论及直接德育的效果时，杜威有这样的论断："所谓'关于道德'的课当然就是别人有关德行和义务的想法的课。只有在学生以同情和尊敬之情关注别人的思想感情并受到激励时，这样的课才有效果。如果没有这种关注别人感情的态度，这种功课对性格的影响不会大于关于亚洲山脉的知识对他的性格的影响；如果只有一种奴性的关注，就会增加对别人的依赖，而把行为的责任交给有权势的人。事实上，直接的道德教学只有在少数统治多数的社会群体中才有效果。之所以有效，不是由于教学本身，而是由于整个政权加强这种教学，教学不过是一件小事情。"② 笔者认为，这一论断可以用来解释中国封建时代以"三纲"为标志的臣民道德的生成机理，即臣民道德的生成主要不是靠直接的道德教学，而是因为封建时代的社会生活经验导向臣民道德价值观和行为规则。

其一，封建时代国民的生活状态时刻提醒和要求人们对君权、权威人物效忠。"人的依赖关系"是中国封建社会的基本形态。构成社会经济基础的，是自给自足的小农自然经济，而农业经济中土地的占有，在全国范

---

① 《习近平讲故事：干惊天动地事，做隐姓埋名人》，2018 年 7 月 19 日，http://cpc.peole.com.cn/nl/2018/0719/c64094_ 30156418.html。

② ［美］杜威：《民主主义与教育》，王承绪译，人民教育出版社 2001 年版，第 373 页。

围内实行皇帝绝对支配下的土地国有制：天下一切土地、财富，都属于封建王朝，地主对土地的占有，是受皇权绝对支配的，或者说，大大小小的地主只是得到皇帝的授权而代行土地所有者的权能，而这一授权随时可能被皇帝收回。皇帝在全国范围内的土地所有权，决定了他在政治上对全国享有最高的统治权，也确定了皇帝支配一切政治、经济利益，全体臣民依附于皇权的关系格局。这一关系格局决定了全体臣民必须向皇帝奉献恭敬、忠诚、顺从才能获得安全、金钱、权势，如有违抗，"君要臣死，臣不得不死"。君主拥有一切、掌管一切、支配一切的事实，无时无刻不在要求臣民对君主的效忠和顺从，可以说，这是臣民道德教化的最有力渠道。

其二，历代统治者精心构织了一套说辞，对百姓系统地灌输臣民道德。一是比附天地自然、借力鬼神来论证统治的合理性。在小农经济为主的时代，民众的生活在很大程度上依赖于自然，由于科学的不发达，民众倾向于把风雨雷电等自然力量神化，崇拜鬼神。封建统治者宣称自己是上天的儿子，代表上天来统治人间，使君权得到了神权的保护；依据"天无二日"宣称"人无二主"，为开国皇帝编造真龙显圣的"神授"身世；借助彗星出现等自然现象来确立自己的威信、打击异己、消灭威胁统治的力量。二是借助迷信及宗教来禁锢民众思想，让民众相信因果轮回，即使吃苦，仍然相信一切都是神佛的安排，并因而逆来顺受，如马克思恩格斯所说，"宗教是劳动人民的鸦片"。三是操控社会中各种信息传播渠道，巧妙编制有助于统治稳定的一整套理论体系、典型事迹，剔除、改编不合乎统治需要的内容，使民众基于各种传播手段（既包括学校中的儒家经典教学，也包括民间的戏曲小说、神话故事等）坚信臣民道德体系的绝对正确性。

其三，对于臣民的忠顺或逆反，统治者及时予以奖惩。当百姓表现出合乎臣民道德标准的行为时，会受到来自官员、族长的肯定和褒奖，如获得忠臣、孝子、节妇的称号，得到上级赏赐的牌坊、礼服乃至一官半职；而对于那些不服从上级命令、不守臣子本分者，统治者则进行无情打击，如游街、斩首甚至在斩首后还要将头颅悬于城门上示众。古代统治者很早就知道了"杀一儆百""杀鸡骇猴"的妙处，热衷于包装出一些优秀臣民并加以广泛宣传（如"二十四孝"的很多故事都是包装的产物），劝诫全体国民安守臣民本分。

由以上分析可知，臣民道德的普及，得益于封建时代一整套的社会教化体系，得益于封建时代的社会生活经验为臣民道德的合法性提供了强有力的支持。对此，研究者有过概括性的分析："剥削阶级把维护自己阶级利益的道德强加于人，冒充为全人类的道德，万古不变的永恒的道德。在我国历史上，情况也正是如此，统治阶级利用学校教育，圣经贤传，戏剧说唱，小说故事，宗教迷信，宗祠家长，三老里甲，以及法律、法庭、监狱等等，来宣传、推行、保证它们道德论的贯彻，合乎它们的道德论的便是合法的，不合的便是犯法的。……统治阶级这许多触须、一条条的宣传、灌输思想的渠道以至国家机器，对被统治阶级起了一定的毒害、欺骗作用。"①

二、当代社会生活与青少年品德成长关系的经验论审视

当代社会生产力水平迅速提升、政治民主化程度全面改善等为全体社会成员的道德成长提供了坚实的基础，当前我国公民的文明素养、法治观念、敬业精神等均有显著提高。在此笔者无力细致阐述社会进步带来的社会德育可喜格局，主要基于经验德育视角，分析当代社会生活中不利于美德培养的因素。

首先，当代社会道德体系处于转型过程之中，道德观念领域的价值真空、"众神狂欢"使青少年面临行动和观念选择的难题。传统道德体系迅速解体而新型道德体系有待坚实确立，政府、社会、学校、家庭中的成年人所持道德标准不一，在评价社会生活现象和指导青少年成长时观念分歧，这是当前青少年成长中的普遍事实。部分成人对人对己实行双重标准，一方面为自己追求幸福和自我实现辩护，另一方面要求他人克己利他。部分人的"善行"真伪难辨，打着崇高旗号行谋取私利之实，道德

---

① 余光、李涵生选编：《教育学文集·德育》，人民教育出版社1989年版，第69页。

话语沦为口号标榜。贫富分化、阶层重组导致部分成人沉迷功利、醉心娱乐、追求刺激且振振有词。这些都容易导致青少年价值观成长过程中的迷惘。

其次，制度建设盲区导致腐败、"搭便车"等行为，不利于社会主义核心价值观入心入行。社会转型带来丰富多样的发展机会，新事物层出不穷，以往制度建设存在不足，加之人治传统漫长、法治意识薄弱，贪污腐败、权钱交换、"走后门"等可能带来巨大的短期利益，诱使部分人铤而走险，践踏公平和正义，危及青少年规则意识的生成，使他们"怀疑自己的道德观念，怀疑学校的品德教育，怀疑正确的人生道路"[①]，社会公正、进取精神、责任意识因此也就难以扎根。

最后，当代中国人的生活环境迅速变迁，人际冷漠、社会责任感缺失等问题凸显。在小农经济时代，中国人安土重迁，主要生活在熟人社会之中，公共意识一向比较薄弱。而人口流动、城镇化等极大地改变了人们的生活环境，让众多公民身处陌生人社会，提升公民社会责任感和公共参与意识的需要日益迫切。由于受以往社会流传下来的"不出头"、观望等保守观念影响，一些社区和社会公共事务无人组织，无人负责，社会生活如一盘散沙，一些本不该成为问题的事情（如乱倒垃圾等）成了让人们头疼的难题。如何唤起全体公民的公共精神，在未来很长一段时间内，将是公民道德建设的重要课题。

社会环境中的不合理现象，一方面通过其在宏观社会生活中的存在，影响年轻人的价值选择，另一方面又通过其在家庭、学校中的具体表现，直接作用于学生的人格。当前部分青少年思想品德中存在的言行脱节、虚伪冷漠、秩序意识和进取精神淡薄等问题，都能在转型期社会环境中找到其根源。

三、经验德育论在社会德育中的应用建议

培养公民道德，是当代中国社会道德建设的基本使命。在社会主义精

---

① 黄白兰编著：《盲点：中国教育危机报告》，中国城市出版社 1998 年版，第 79 页。

神文明建设过程中，我国在社会德育方面有较详细的部署，《公民道德建设实施纲要》等文件明确指出各级政府、机关、企事业单位、媒体等在公民道德建设中的责任。当前，各地在宣传社会主义核心价值观、树立榜样方面投入了不少精力，但宣传、榜样示范仅仅是道德建设的部分途径而非全部。基于本书对于德育的操作定义，笔者将社会德育看作由学校、教师、家长以外的社会成员或社会机构实施的以促进受教育者生成特定思想品德为目的的活动；经验德育论提示我们，一切社会生活经验均有育德效能，所以，社会德育研究理应放眼于公民的全部社会生活经验，突出强调社会生活经验的反思与改善，为美德生成提供优质土壤，在社会德育中做好直接德育与间接德育的彼此支撑。

其一，坚持稳定发展，基于国家富强为公民道德提升创造物质平台。

发展经济是最大的政治，经济发展得好，则国民进取创新；经济运转不良，则国民颓废落魄。追求道德完善，将个人幸福与社会进步自觉统一起来，需要调动公民的高级需要，而"仓廪实"才能"知礼节"，离开经济发展这一基础，期望公民普遍达到较高道德水准就是奢求。改革开放40多年来中国社会的发展以及社会主要矛盾的变化就可以说明这一点。

改革开放初期，中国社会生产力水平低下，物质财富不够丰富，社会成员普遍被温饱问题困扰，落后的社会生产不能满足人民日益增长的物质文化需要，民众的生活自然而然地被浓厚的竞争意识笼罩。以学校教育领域为例，社会成员相信"知识改变命运"，期望通过接受高等教育来解决个人和家庭的温饱问题，为个人和家庭争取相对可靠的保障；此时的教育更多地承担着选拔人才的功能，每一层级的学校都像一个大筛子，淘汰不符合统一规格的学生，赋予通过挑选的年轻人以特定的学历、资格和社会地位，以课业负担过重、狠抓升学率为表征的应试教育大行其道。从道德学习角度来看，全社会的共同体氛围相对稀薄，尽管德育课堂和主流媒体大力倡导共产主义道德和社会主义道德，但知与行的脱节是必然的。

当前中国的国情与改革开放初期相比已经有了很大不同。当代中国社会的迅猛发展，使中国民众收获的不仅是富足的物质生活，更重要的是心理和精神层面的安全与宁静，这大概就是毛泽东同志所说的"手里有粮，心里不慌"的状态。"心里不慌"使民众的需要可以超越生理、安全等基础性需要，转向实现人生价值、经营美好生活等高层次需要，可以为民众的个性、创造性发展提供前提，未来也将为中华民族伟大复兴注入不竭源泉和动力。在此背景下，人民群众越来越能够理解个人与他人、个人与社会、国家与世界的和谐共生关系，体现出强烈的自主探索、公共参与、责任担当品质。由此可见，经济基础决定上层建筑，经济发展与社会道德建设之间存在密切关系。当代中国还处于社会主义初级阶段，未来很长一段时间内，我国必须继续努力发展经济，实现"两个一百年"奋斗目标，以富强民主文明和谐美丽的社会主义现代化强国为公民道德素养提升提供不竭动力。

其二，落实民主法治，基于制度完善推动公民道德提升。

法治是民主制度的根本保障，依据平等、自由、正义、人道原则制定的宪法与各级法律法规从宏观与微观的层面确定了公民在社会生活中的权利与义务，确立了社会竞争的基本规则，从而确定了民主生活的基本样貌。由人治传统中遵从君主个人意愿的不确定性到法治社会中依据正义法律的确定性，这是民主制度的一种根本性的进步。而社会生活规则的确立，可以说从根本上保障了公民个人的自主追求与才智施展，有利于公民勤奋、进取、负责、守纪、诚实、守信等美好品质的形成。

要正视社会转型期的制度漏洞，促进正义制度全面落细落小落实。健全的社会主义市场经济只准许人们通过为社会和人民提供有益而诚实的服务获得利益，那些主观上希望赚大钱的人，必须在客观上踏实工作，为社会提供有用的产品、有益的服务。这说明，在制度健全的情况下，每个人都必须做有益于社会的事，整个社会的道德面貌可以随着制度完善而获得整体提升，如邓小平同志指出的："……制度好可以使坏人无法任意横行，制度不好可以使好人无法充分做好事，甚至会走向反面。"因而，当代中国要继续重视民主监督制度的完善、官员聘任、奖惩制度的健全与严格执法，严厉打击贪污腐败。

在全面建设社会主义和谐社会的背景下，我国政府正在逐步加强法律制度建设，用国家机器的强制力量来优化社会环境。就社会德育的各种机制而言，政府正在努力做好对违法犯罪行为的惩处、对品德高尚者的褒奖，加强主流媒体的道德引导力度，虽然力度有待加强，速度有待提高，但总体上正在不断向前推进。就社会发展的长远目标来看，社会生活有望全面支持公民道德成长，公民道德水平提升与社会进步有望达成良性互动。

其三，加强宣传引导，促进公民道德的自主提升。

社会德育不能仅仅依靠舆论宣传，但也不能忽视宣传引导的积极作用。如果宣传引导脱离经济、政治、社会进步的支撑，很难取得实际效果；而伴随经济和社会进步，开展丰富多样的宣传、讨论，则可以水到渠成地达到促进公民良好思想品德生成的效果。

新时代的宣传思想工作要重视积极人生观的培养，促使公民主动树立"幸福是奋斗出来的""为人民服务"等信念，帮助公民充分体验劳动的价值和人生的幸福。"主观为自己，客观利他人"为行为主体的人生带来的往往是压抑而不是幸福。当人们只是把赚钱作为人生目标时，他们遵守社会道德、法规，对社会提供有用的产品，只是为了赚钱而不得不为之的——可以说，在整个社会生产与服务的过程中，他们不能得到任何乐趣，"生活就是痛苦"。此时，他固然没有受到"崇高""理想"的禁锢，却受制于名缰利锁，了无生趣。而如果他的人生观不是以金钱为主宰而是以个人幸福与社会发展的和谐共进为主导的，情况就会截然不同。一个人如果真正理解了个人、集体和社会的相互依存关系，认识到了个人在社会中的责任与权益，积极承担自己的社会责任，在主动的生产、服务中实现人生的价值、体验创造性的美丽，把金钱、权力等看作社会对自我价值的肯定，看作开展积极的社会创造的要素条件，那么，他的人生将呈现出一种全新的图景，而这种图景将是美丽的，这种人生将是幸福的。

我国社会主义精神文明建设一向重视包括出版、报纸、影视等媒体的功能，强调"宣传思想工作，必须以科学的理论武装人，以正确的舆论引导人，以高尚的精神塑造人，以优秀的作品鼓舞人"。当代信息技术的兴起，要求在以往工作基础上加强与网络、新媒体相关的思想引导工作，为青少年撑起充满绿色、阳光的网络成长空间。

第七章 网络背景下的经验德育

随着信息技术的进步，当代中国进入互联网时代。网络为当代人提供了新型环境，网络生活经验也给个体道德学习带来了全新的机遇和挑战。网络社会既给德育带来了压力和挑战，也为德育和青少年道德发展提供了机遇和可能，网络德育成为网络时代德育工作者必须面对的一个新课题。本章拟结合网络的基本特点，从经验论视角对网络德育、上网指导教育展开初步分析。

第一节 网络社会与网络德育

纵观历史发展轨迹，阿尔温·托夫勒的浪潮理论认为，社会发展经历了三次革命——农业革命、工业革命、信息革命，网络的出现、应用、发展和普及，就是信息革命的基本推动力量。伴随着网络的普及，世界各国相继步入网络社会，人类精神生活及物质生活的几乎一切领域都随之发生了巨大变化。在初识网络时，人们只是把网络看作一种新型的信息传播方式，而随着网络威力的全面展现，人们不得不承认，网络象征着一种新型的生活经验展开方式。网络使人们足不出户就可以与世界各地自由联络、互动，也使一个个真实的、有血有肉的人成为网络上形形色色的符号、昵称、表情，使人具备了现实存在和虚拟存在两重身份。

对学校德育工作者、家长、教育行政部门而言，网络首先引发了德育领域的恐慌，网络上的"歪理邪说""离经叛道"以及网络沉迷、网恋等给原本负担深重的学校德育带来了严峻压力。由此，我们可以看到网络社会的德育挑战。同时，我们还必须看到，对德育及德育变革而言，网络不仅意味着挑战、压力，也带来了机遇和无限伸展的可能性。

一、网络及其基本特点

人们通常所说的网络，包括广域网和局域网两个方面，广域网即互联网，互联网上的内容可供全球各地网民浏览；局域网是学校、企业、机构依托计算机和网络技术开发的仅供内部使用的网络系统。网络有如下基本特点：

一是开放性。网络上有海量的信息，既有积极、美好的信息，也有消极、邪恶的信息，这些信息对全球用户有偿或者无偿开放。人们可以自由地使用网上的各种信息，也会被网上的海量信息所吸引。

二是交互性。网络提供了对话的平台，人们可以在网络平台发表自己的思想观点，大家一起讨论，而且这种讨论具有匿名性，人们可以相对自由、无拘无束地表达。网络游戏更是让素不相识、相隔万里的人在虚拟世界中相遇、合作或搏斗，通过玩家互动营造丰富的在线生活体验。

三是趣味性。"消费者至上"的理念在网络中达到极致，网站要想赢得点击量，必须用鲜明的主题、新颖的设计来吸引用户。集文字、图形、图像、三维动画及影视于一身的多媒体技术使网络成为深受年轻人欢迎的乐园，网站开展的积分、升级、兑奖等活动对年轻人极具吸引力。

四是主动性。人们在网络上的浏览、游戏、聊天，都是自由的，他们可以根据自己的实际情况、爱好，选择感兴趣的网页、社区，不受任何强迫。这种主动性，是日常生活往往不能提供的。

五是超时空性①。发布在网络上的信息，网民们不论在什么时间、在什么地方打开网络都可以搜索到，而他们的评论、跟帖，也可以被超时空地传播、浏览。在网络时代，人们的交流可以不受物理时空的限制，这一特性使网络具有极强的吸引力。

六是虚拟性。网名、网站上个体的级别、网上发表的任何言论在电脑

---

① 蔡丽华：《网络德育研究》，吉林大学博士学位论文，2006年，第23页。

关掉之后，似乎就和主体完全脱离，漂亮女孩可以化名为"丑男"，任何人都可以在网上用网名发表各种在日常生活中不敢发表的奇谈怪论，而后离开网络，扬长而去。网络游戏玩家仅靠一次次的点击就可以完成高难度的行军、建造，体验超人般的能量和帝王般的荣耀。

然而，虚拟不同于虚假，有趣也可能有害，主体在网络上的行动会对自己和他人产生或轻或重的社会影响，带来相应的责任关系；主体在网络上发表的言论以及发布的一切信息都可能给当下或未来的生活产生积极或消极的影响；主体的在线活动也会对自己的价值观和人生理想等带来影响。总之，网络生活经验会在无声无息之中融入个体的道德学习历程。

二、网络时代的德育机遇

"巧妇难为无米之炊"，在德育课教学和组织德育活动时，教师经常因为缺少参考资料而发愁。网络的普及慢慢解决了这一问题，只要将主题词输入搜索引擎，与此相关的学术论文、活动方案、成果等就尽收眼底。资料的丰富，可以看作网络给德育带来的最直观的有利条件。综合而言，网络给德育提供的发展机遇主要表现在如下方面。[①]

（一）德育信息资源的丰富

网络将海量信息呈现在师生面前，使教师不必为信息收集而发愁。在网络的支持下，教师的视野变得开阔，可以在第一时间掌握全球德育研究和实践领域的最新进展，了解特级教师、名校长的德育探索，继而结合本校、本班的实际情况，进行有创造性的德育设计。由于资料丰富，教师的方案设计、活动环节安排将更加成熟、完善与多元，更多地体现德育智慧。同时，教师还可以给学生布置一些资料收集、方案写作的任务，促使学生利用网络来学习，掌握收集资料、选择资料、分析资料的基本能力。

（二）德育时空的扩展

网络传播具有超时空性，不管是课上课下，不管学生在学校、家庭还是在外旅游，教师在网络论坛、博客上发表的文章、留言，学生可以随时

---

① 参见蔡丽华：《网络德育研究》，吉林大学博士学位论文，2006年，第35页。

看到。相反，学生的发言、建议等，老师也可以随时了解。网络提供的交流平台，使教师与学生之间的德育活动、对话、互动超越了时间和空间的限制，使教师能够全程了解、支持学生的思想品德发展。尤其是在德育课时间、校园内师生互动机会极其有限的情况下，这一点尤其可贵。

（三）德育手段的更新

最传统的德育手段是老师的教诲、劝告，老师靠一张嘴来讲故事、描绘可能发生的好或坏的结果，以此促进学生的观念转变；在评价学生的品德发展方面，教师借助于分数、贴红花、期末评优等方法。投影仪、电视机、录像机等进入教室，使德育课、德育活动有了现代媒体的支持而"有声有色"。电脑、网络则促进了德育手段的飞速更新。就德育过程而言，教师可以自由地选用文字、图像、录像、动画、游戏等来呈现德育内容，调动学生的学习兴趣，学生也可以用灵活的方式参与课堂。就德育评价而言，网上投票、高频率的评选或者个性化评优、积分奖励等基于网络的激励方式，让学生感觉到新鲜、有趣，并且，使学生成为投票人、评分人，拥有了评价权，可以减少其对德育活动的"异己感"。

（四）德育交流平台的便捷

在网络出现之前，教师在筹划德育活动时往往是孤军作战，活动的设计、评价、资源的开发等全靠个人钻研。网络提供了教师博客群、教师在线研讨群等交流平台，教师对某方面的德育问题有研究兴趣或者存在困惑，可以向网络上互不相识的老师、教授提问，大家可以聚在群中进行在线诊断，从不同角度发表意见，实现集团作战。教师的德育经验、研究论文、国内外的经典案例，都成为全体德育工作者的共享，可以促进德育活动科学化、现代化水平的迅速提高。

（五）师生关系的平等、自然

在传统德育课堂上，教师与学生之间互动频率较低，师生之间的对话受到课堂纪律、师道尊严的限制。而网络提供了师生平等对话、自然沟通的机会。为了全面了解学生，成为学生的好朋友，很多老师和学生进行网上沟通。网络的虚拟性，可以让师生淡化身份意识。教师采用个性化、有寓意的网名，与使用网名的学生就热门问题进行对话。学生可以自然地询问老师吃了什么，老师也可以很平等地用话语、手势、表情等来表达对学生的欣赏、建议。在轻松、自然的氛围中，教师能够更加了解学生的思想情绪和他们关心的热点问题，进而有的放矢。

三、网络社会的德育挑战

网络给德育提供的发展机遇，需要德育工作者自觉把握和积极利用。如果德育工作者不能适应网络社会的要求，网络所提供的便利和机会，极有可能变成学校德育的严峻挑战。网络对德育的挑战，主要存在于如下几个方面：

（一）海量信息对学生思想品德的冲击

学校德育的目标，是促使学生逐步形成、确立符合社会发展要求的思想观念、政治观点和道德品质，为了达到这一目标，学校德育的典型做法是给学生提供符合一定标准的信息，引导学生反复体会、体验，最终认同和遵行。这种目标，在学生接触信息有限的背景下，比较容易达到；而网络上的海量信息和开放的言论空间，彻底打开了学生的视野，学生可以同时接触到不同的声音甚至是针锋相对的观点。网络将立场各异的多元价值观展现在人们面前，在涉及学校德育内容时，网络上提供的海量信息，会与教师提供的信息形成冲突。教师必须做更多的教学准备工作，懂得如何分析各种不同的观点，才能说服学生。此外，学校德育通常是按一定逻辑顺序编排、开展的，而网络上讨论的主题却与学校的德育规划不相呼应。在学校德育还没有开始涉及的主题上，网络信息往往导致学生形成了先入为主的观点，这些可能成为学校相关德育安排的障碍。

（二）网上不良信息对学生思想发展的误导

色情信息对处于青春期学生的性心理、爱情观、婚姻观、人生观等起到误导作用，这一问题，已经引起全球的普遍关注。青少年性生理发育提前，对性充满好奇，容易被形形象象的色情信息所吸引，有的还会在有意无意间模仿，其审美观、是非观、道德意识、责任感被弱化。传播学、教育学早年对电视节目内容的研究表明，暴力、血腥情节和画面极易引起儿童、青少年的模仿，呼吁对电视节目进行严格审查、分级管理。当前，网络成为除电视之外的重要传播工具，一些网络游戏、小说、话语充满暴力意味，也需要引起重视。网络也成为不同政治力量进行意识形态宣传和渗透的阵地，以美国为首的西方大国、别有用心的政治力量利用网络技术，向青少年和全体公民传输西方资产阶级的意识形态、政治制度、文化思想以及不利于社会安定团结的言论，容易引起学生政治观念和民族意识的淡漠，在政治领域造成混乱。网上不良信息的危害已经引起党和政府的高度重视，如2001年9月颁布的《公民道德建设实施纲要》指出："计算机互联网作为开放式信息传播和交流工具，是思想道德建设的新阵地。要加大网上正面宣传和管理工作的力度，鼓励发布进步、健康、有益的信息，防止反动、迷信、淫秽、庸俗等不良内容通过网络传播。要引导网络机构和广大网民增强网络道德意识，共同建设网络文明。"

（三）网络传播挑战现有德育模式

从传播学视角来看，网络上的思想传播和德育具有相似性，都向受众传递信息并且试图影响受众的思想与行为，然而，匿名、平等、自由的网络传播对现有德育模式提出了全面挑战。当德育工作者力图建立网络上的思想道德建设阵地时，他们必须从教育性和吸引力两个方面来着手网络德育的构建，如果构思不具吸引力，学生不会参与，教育效果就无从谈起。就德育目标而言，既有德育目标偏重于政治思想领域的高标准，在网络背景下，德育目标应该实现生活化转向，切近生活、启迪人性，潜移默化地影响和引导学生。就师生关系而言，既有德育比较强调和维护教师的权威和尊严，而网络德育要求建立师生之间平等、宽松的沟通格局。就教师德育素养而言，教师要具备较强的信息素养（搜索、分析、筛选、编辑信息的能力），以胜任和学生的网络对话以及围绕当前热点问题进行现实讨论的需要；同时，网络信息更新迅速，学生的问题五花八门，教师要在基本人生观、价值观、政治观、道德观方面确立较清晰的认识，以便在遇到相应问题时能够较好地应对和引导。就德育方法而言，在教室里进行的、由教师主持的德育课或者德育活动秩序井然，而基于网络的德育要想得到学生的"捧场"，就必须在方法方面多加创新，以亲切性、新颖性乃至"另类"的方式来争取学生的参与。此外，网络社会还带来"网络成瘾"

问题，"网瘾"对青少年、儿童的健康成长产生了严重的消极影响，需要教育工作者全力应对；与网络社会相伴的网络道德及其教育问题，也需要全社会和伦理学、教育学领域积极面对。

四、网络德育的内涵分析

对于网络德育的内涵，我们可以这样界定：网络德育是指利用局域网和广域网技术在网上开展各种德育活动或者依托上网者的各种网络行为，对上网者施加思想观念、政治观点、道德规范和心理健康素养方面的影响，促使他们形成社会发展所要求的思想、政治、道德和心理健康素质。对于这一概念，我们需要从如下方面进行分析：

（一）广义的网络德育与狭义的网络德育

德育有广义和狭义之分，网络德育也是如此。就狭义而言，网络德育是德育工作者、学校有意识地利用网络技术，有计划、有组织地在网上面向学生进行思想、政治、道德和心理素质方面的影响，促进学生品德发展的过程。就广义而言，学生在网络上的一切活动、经验都对学生的品德发展有影响，凡是学生在上网期间受到网络信息或者网络生活方式的积极影响，在思想、政治、道德和心理素质方面有所发展的，都属于广义网络德育的范围。

广义网络德育的概念对于理解网络育德潜能、不断扩展狭义网络德育的范围，有着积极的意义。当前出于德育目的而专门开设的网站很少，各类学校积极开展的网络德育活动很有限，中小学生、大学生在使用网络时，登录各类网站，进行大量聊天、购物、交友、发帖等活动，海量信息对学生的心理世界发生着剧烈的冲击，而长期的网络生活对于学生的同伴交往、人生观、价值观等产生潜移默化的影响，这些要求教育工作者引起重视，并积极应对。学校、德育工作者没有能力统管网络资源、把全部网络变成"教育网络"，但必须细致研究和分析不同的网络活动、网络信息对学生品德发展所产生的影响，探索如何充分发挥网络的积极德育价值。

（二）潜在网络德育资源和真实网络德育影响

大量网络信息蕴含健康、积极、主动的人生观和价值观，能够促进学生的思想品德发展，其中包括教育者、教育机构有意识开发和弘扬的专门德育网站（如"红色网站"）、德育游戏、德育平台等。而这些网络资源所具有的德育价值只是潜在的，只有通过学生的主动参与、积极体验，才能转化为真实的网络德育影响，融入学生个体的品德结构。网络社会极具开放性，学生的网络活动是高度自主的，如果教育工作者的网络德育安排不能吸引学生参与，网络德育设计就会沦为低效或者无效的努力。相反，如果学生被商业网站甚至色情网站的信息所吸引，深陷其中而无法自拔，就会因为受到不良影响而在思想品德方面沾染恶习。教育工作者在设计网络德育时，必须考虑学生心理特点，吸引学生的点击与参与。

（三）网络德育是一个复合体

网络德育是网络思想教育、网络政治教育、网络德育和网络心理教育的复合体，凡是当前学校德育所涉及的领域，网络德育均应有相应的努力，就目前发展状况来看，网络德育已然覆盖全部德育主题。爱国情怀的唤醒、进取热情的激扬、感恩和责任意识的培养、为人处世的感悟和修养、安全意识的培育，都可以通过网络上的适当安排得以实现。对于学生感兴趣的问题、时事热点，网络德育要及时做出反应，开展相应工作。

（四）网络德育与实境德育是相互促进、相互融合的关系

网络是一个基于现代科技的信息传播平台、互动平台，看似自成一个世界，但并不能与真实世界截然分开。在网络时代，众多德育安排都可能与网络有关，如教师利用网络进行资料搜索、学生在网上发送反馈意见等，而各种德育活动对网络的依赖程度不同。我们尝试将网络时代的德育活动分为实境德育和网络德育两种类型：所谓实境德育，就是其主体部分或全部不依托网络进行的德育活动，如教师在课堂上讲解珍惜时间的道理；所谓网络德育，就是其主体部分依托网络进行的德育活动，如教师在校园网的"师生对话"版或班级QQ群引导开展珍惜时间的讨论，了解同学们的观点。网络德育活动必然或多或少地在真实世界中有所展现，如教师在了解同学们的不同观点之后，不仅有必要在网络上进行相应的澄清和引导，而且有必要在班会上或者其他时间向同学们进行一定的阐发，以促

进学生的道德认知发展，增强德育感染力；学生在网上接受了关于珍惜时间的教导，这种教导的效果还要根据学生在真实世界里的行动来加以评判。由此可见，网络德育和实境德育是融合为一、不可截然分开的，德育活动在多大程度上依托网络进行，要依据地区发展状况、学生特点等来确定。

实境德育较为系统、紧凑，教师可以进行细致规划、全面设计。而且，在师生面对面交流过程中教师可以用自己的情感、手势、表情等来影响学生，也能通过观察学生的表情、语气来发现"言外之意"；其缺点在于可资借鉴的外部信息资源有限，学生在教师面前可能比较拘谨，往往不敢说出真实想法。网络德育较为自由、宽松，但也较为零散，教师较难占据主导地位。而且，师生之间的交流是远程的、平面化的，相对于面对面交流，很难判断彼此发言的诚恳程度。由此决定了教师要善于综合运用实境德育和网络德育，发挥各自长处。

（五）网络德育不同于上网指导教育

上网指导教育、网络德育是伴随学生使用网络而出现的两个名词，两者既有联系也有区别。上网指导教育是以指导学生学会利用网络，较好地处理网络与学习、生活的关系，做网络的主人而不是网络的奴隶为主旨的教育活动，主要包括网络信息素养教育、网络时间管理教育、网络道德教育、网络安全教育等内容，其应对的主要问题包括网络沉迷、网络资源利用率低、因上网而引发意外伤害等。上网指导教育既可以是依托网络开展的，也可以是在教室中通过师生面对面的交流进行的。网络德育则是依托网络和学生的网络行为对学生施加思想政治道德和心理健康素质方面影响的活动。由此可见，上网指导教育和网络德育有各自的存在价值和使命，不可混为一谈。

另外，上网指导教育可以看作当代德育的重要内容，也是网络德育所要涉及的重要问题。当前，在中学和大学，学生沉迷网络造成了极大的不良影响，引起了全社会的普遍关注，学校、家庭和社会都要慎重应对这一问题，重视对学生的上网指导教育和其他方面的引导。

第二节 网络德育的实施途径和基本原则

随着青少年学生使用网络的普及，在党和政府对网络思想政治教育的倡导下，各种网络德育形式已经逐步出现、发展。网络拓展了个体的生活环境，使超越时空局限的德育成为可能，而如何提高网络德育的针对性、实效性，如何依托网络培养公民道德，成为德育研究者必须深入研究的问题。

一、网络德育的实施途径

在网络时代，一方面，一切德育活动都可能与网络有关，例如教师可能利用网络资源进行备课，给学生布置作业如到网络上搜索资料、发布感想等。另一方面，一切网络活动都可以成为网络德育活动，一切网页、论坛、网络游戏都可以成为传播主流价值观的平台。综合我国和西方发达国家的实践，学校目前可以通过如下途径开展网络德育。

（一）开发德育网站

我国德育网站当前有两种基本形式：一种是各高校的"红色网站"，在党委、团委领导下，传播先进政治思想、主流价值观；另一种是中小学校的"教育网"或者"绿色网"中与德育有关的部分，传播积极进取、健康向上的价值观和生活方式，树立供学生学习的榜样。此外，政府机关、公益组织创办的公益网站也具有较强的德育价值。

当前，教育网站（包括德育网站）的总体发展趋向是增强互动性、注重加强网络传播与学生生活实际的联系。以"红色网站"为例，它们原先只是发挥"网上公告栏"的作用，只有管理员有权在网页上发表文章，文章主题单一，主要是党建文章和政治思想方面的教导；学生只能被动地阅读、接受，由此导致网站说教气息太浓，学生很少问津。当前众多大学的"红色网站"在坚守主旋律的同时，大幅度改版，里面既有内容丰富的党建专栏，也有报道校园生活的新闻板块，更有制作精美的音乐、影视、文学论坛等。网站因其内容的丰富成为学生的生活助手和指南，学生在轻松愉快的网上冲浪中慢慢爱上"红色网站"，接受"红色网站"所传播的主流价值观和进取的生活方式。同时，贴近生活的本校新闻、校园热点问题讨论，更能让学生意识到自己的校园主人地位，吸引学生在网上发表意见，使网络成为学生澄清价值观念、参与公共事务、探索人际交往的新型载体。

建设德育网站，由德育工作者负责网站的规划和管理，是在网络上传播科学、健康的思想文化、用先进价值观占领网络阵地的最直接有力的形式。各级政府和学校要充分重视德育网站的建设，努力让主流价值观在多元化的网络环境中得以张扬。

（二）开设人生指导类论坛

论坛是青少年乐于光顾的地方，他们愿意在论坛上发帖、跟帖，常常热衷于提升论坛的积分、级别，德育工作者可以因势利导，开设人生指导类的论坛，和学生们相聚在网络论坛中，进行问题讨论、心得分享。

人生指导类论坛的研讨主题是多方面的，凡是学生所关心的问题，都可以畅所欲言。为了确保对学生的吸引力，避免让学生有"受教育者"的感觉，论坛一般不以"德育论坛"命名，而是以"青春在线""多彩时光"等贴近学生生活与心理的表述方式来命名，价值观立场往往隐含于日常管理过程中。教师在论坛上的作用，主要是规划和引导，设计、主持重要问题的讨论，对学生发言中流露的不成熟观点予以巧妙而有深度的点拨；同时，为了防止学生对"说教"的逆反，教师要学会适当使用幽默的网络话语风格，做学生乐于信赖和请教的同伴。

（三）组织网络讨论

QQ、微信是当前网络上最具代表性的聊天软件，教育工作者可以利用这些工具与学生开展无障碍的网络交流，还可以依托 QQ 群、微信群等团体聊天工具，组织学生们一起讨论相关问题。相比面对面的交流，网络聊天有着匿名性、平等性等特征，学生可能更加自由地发表观点，相互碰撞所产生的火花会比较多。

（四）综合运用网络资源，开展特色网络德育活动

教师可以利用各种网络资源，设计有特色的网络德育活动，这一方面的成功案例很多，我们拟从如下两个案例中寻找网络德育的共性特征。

《寻找英雄的足迹》网络德育活动①

一、活动目的

利用网络平台，让学生接受爱国主义教育，并且自觉、主动、深入地了解英雄人物的事迹和思想感情。

二、活动内容

1. 了解并介绍一位英雄人物

要求学生通过互联网了解一位英雄人物，撰写一份研究报告，把该英雄人物介绍给同学们，并写出自己的感受。

研究报告要内容丰富，包括英雄的生平简介、主要英雄事迹；主题突出，写出自己的感受；版面设计合理，打印、装订成册，在全班展示、交流。

2. 开展网上奠祭活动

主要包括：播放背景音乐、献花、点烛、上香、祭酒、留言。

3. 以班为单位向全校发出倡议，向英雄学习，为祖国争光

基于博客的网络德育

一、设计目的

风格各异、容量充足的网络博客成为学生的新宠。学生们自发地建立了个性鲜明的博客，也组建了班级博客圈。我将我的个人博客加入群中，努力通过博客这个平台来了解和引导学生。

二、基本做法

1. 充实个人博客，定期更新

我将自己喜欢的古今中外古人言论、精美短文发到博客里，也定期发布自己每天的工作、感受，吸引学生点击。

---

① 罗庆：《中小学网络德育问题研究》，华中师范大学硕士学位论文，2007年，第19页。

2. 浏览学生博客，给学生回复

每天我都会登录博客圈，了解学生博客的更新情况，对体现真实情感、引起学生响应的博文进行回复，对学生在博文中体现出的进取意识、集体意识等予以肯定和鼓励。

3. 有问有答，做学生的贴心人

学生对我的博客很感兴趣，纷纷提问，我则尽可能地有问必答，用自己的想法来引导学生，用自己的亲身经历来提醒学生珍惜时间、友谊，和学生共同进步，共同享受网络交流的乐趣。

以上两个案例代表了网络德育的常规做法。教师可以通过对网络资源的利用，将德育课搬到网上，此时，网络所发挥的作用是信息平台（搜索资料）、动手平台（如虚拟的奠祭、植树、养花活动）、交流平台（互相传递信息、及时沟通）。并且，借助网络平台，教师可以更好地走近学生，与学生交朋友，在高频的交往中影响学生。究竟是选择实境德育还是网络德育，实施何种形式的网络德育，教师要善于依据教育需要、学生特点加以选择，使教育方式服务于所要达成的育人目标。

二、网络德育的基本原则

作为德育活动的一种类型，网络德育要遵循德育活动的普遍原则，如启发性原则、亲身体验原则等；同时，作为一种新型的、虚拟的德育活动，网络德育要实现与实境德育的相互促进和配合，还需要遵循其他一些特定的原则。

（一）主动开展原则

在网络成为学生生活的一部分之后，教育工作者必须确立网络德育的阵地意识和责任意识。各种各样的价值观都在网络上展示，如果主流价值观不能得到捍卫和弘扬，成长中的青少年极容易被穿着五颜六色外衣的其他价值观所吸引、影响，这就是典型的"不是东风压倒西风，就是西风压倒东风"。我国政府高度重视网络德育的地位，强调各级党政工作者、学校要积极占领网络阵地，依托网络平台，传播先进思想文化；相关管理部门要明确管理责任，加强信息审查和监督管理，尽最大可能净化青少年的网络成长环境。

学校要主动开展网络德育，包括如下内容：建设教育类网站、论坛，向学生推荐正能量网站，大量传播体现正能量和主流价值观的信息来引导学生；开展依托网络的各种趣味性、集体性活动，引导学生善用网络，将网络变成学习和发展的工具；重视网络上的师生对话，以最快速度回应学生的困惑；加强对不良信息的审查，树立校园网的"绿色防线"，减少学生接触不良信息的机会。

（二）充分准备原则

教师的一言一行对学生都有着示范性影响，因而，教师在开展德育之前要进行系统的准备（相关知识的准备、价值立场的准备、话语体系的准备等）。当师生在网络上相遇时，由于网络平台的开放性，学生可能提出极具挑战性的问题，各种意外情况都可以发生，而教师如果不能随机应变地做出积极反应，就会影响教师的专业性、权威性及网络德育效果。因而，教师在进行网络德育时需要比实境德育做更多的准备工作。

教师对网络德育的准备主要包括三个方面：一是知识储备，教师要对要求学生查阅的信息有大致的了解，对课题所涉及的背景知识、人物功绩有较为系统的掌握，能够回答学生的知识性提问；二是价值观澄清与立场准备，面对学生关于社会生活的似是而非的见解，面对学生提出的生活中相互矛盾的现象，教师要能够高屋建瓴、指点迷津，而不能任由学生继续迷茫，更不能被这些观点所迷惑；三是德育技巧准备，面对一些不能及时解决的问题，教师要善于使用"这个问题值得深入研究，可以作为我们下一次讨论的主题"等迂回战术和"请你全面地把自己的观点表达一下"等启发学生冷静思考的策略，缓解紧张局面，避免轻易表态。

（三）教育性与吸引力并重原则

网络德育的种种安排要对学生发挥影响，必须具有吸引力。中小学基于网络的主题活动作为德育课的重要安排，对吸引力的要求不是很高；但其他的网络德育安排（如论坛讨论、网站浏览、德育游戏等）必须考虑吸引力因素，否则，学生不点击、不发言、不参与，教师的各种努力都是无用功。正是基于提高吸引力的考虑，大量面向学生的教育网站、论坛逐步走向重视学生主体性、提供多样选择、风格活泼多彩等，促使学生在自由冲浪中得到正确思想的指引，避免让学生产生"受教育"的感觉；教师在进入网络与学生对话时，也会选择各具特色的网名，并在一定程度上打破教师角色所设定的话语风格（如适时发送各种 QQ 表情等），以拉近与学生的距离。

提升吸引力是为了更好地实施网络德育，教育性和吸引力并重应该成为网络德育的基本原则。一些论坛在贴近学生生活的同时慢慢迷失了方向，放松或者放弃了对学生的思想引导；一些教师一味地"亲民"，对学生在网上发表的奇谈怪论既不禁止也不进行巧妙引导，甚至对自己的网络语言不加检点，发言偏激，这些都不符合德育的要求。实施有吸引力的有效网络德育，是对教师德育素养、信息素养以及综合人文素养的全面挑战，要求教师慎重规划、细致准备，做到走近学生但不迎合学生、理解学生同时引导学生。

（四）发挥学生主体性原则

年轻人是社会变化的风向标，对于网络上的新技术、热点问题，青少年学生是极为敏感的；教师即使富于学习热情，也很难达到学生们的水平。并且，青少年学生不愿意经常与老师面对面（哪怕是在匿名的网络上），而是更重视同伴群体对自己的评价，重视自己的行动和发展。因此，在网络德育中，教师一方面要养成"终身学习"的意识和习惯，不断更新自己的知识结构，积极把握时代脉搏。另一方面，要明白教师能力的局限性和集体教育、同伴教育的重要性，积极放权，调动学生参与网络德育、在网络上全面提升自己的热情。

发挥学生主体性首先要重视学生骨干的作用，鼓励学生干部和思想较为成熟的同学成为网络德育的主要承担者。教师可以通过任命版主、网站管理员、信息员等方式，吸引同学们加入网络德育的管理团队，使德育网站、论坛、聊天群成为学生骨干施展才华、锻炼组织策划能力、发展号召力的实践平台。这样，既能借用同学们的智慧，确保网络德育的丰富与新颖，又能大量减轻教师在德育方面的负担，使教师成为网络德育中的辅导者、支持者而不是事必躬亲的办事员。

发挥学生主体性，还要在网络德育的实施过程中注重学生的自主参与和实践。思想品德素质不是可以通过说教来完成的，德育（包括网络德育）必须通过学生的参与、感受、反思来引发学生思考，解决内在矛盾，从而促进学生的德性发展。就网络德育而言，大量张贴、滚动发布正面德育信息、先进人物报道等系统的网络宣传工作是必要的。同时，也要多开展青少年学生喜闻乐见、能够有所贡献的互动活动，如"最佳报道评选""感动校园年度人物评选""青春精彩DIY"等，让学生在网络德育中贡献智慧，分享成长历程中的苦乐和经验，使网络活动成为促进学生冷静反思、细致规划生活的指南针，让学生在潜移默化中受到网络的积极影响。

（五）动员各方参与，构建德育共同体原则

构建家庭、学校、社会共同参与的德育共同体，是开展有效德育的基本原则；网络的开放性，决定了动员各方参与、构建德育共同体是实施有效的网络德育的必然要求。学校要明确自己在构建德育共同体中的轴心作用，努力向家长、政府、企业、网站及社会各界阐发网络德育的重要性，促使各界重视网络信息、网络活动对儿童、青少年成长的影响，进而全面规范网络信息、自觉引导学生的网络行为。

政府在规范网络环境方面有着不容推卸的责任。政府应该逐步完善互联网管理规定，禁止网络虚假、色情、暴力信息，加强对网站经营者、网民的管理、监督、引导，创造绿色、安全、和谐的网络空间。目前政府对网络的监管还不够充分合理，需要在合乎相关法律规定的基础上加以完善，借鉴国际经验，可以开发自动滤除色情、暴力等不良信息以及阻止用户沉迷网络游戏的软件，以期净化网络环境。

家长对学生的网络活动要予以重视，一方面要加强规范，如限制上网时间以免影响学习和休息、安装过滤软件以免不良信息干扰；另一方面要善待网络，不要"谈网色变"以至于禁止学生的正常网络活动。家长要积极提升网络素养，学会辩证分析网络对青少年发展的影响。

企业、公益组织要重视网站建设，支持教育类网站建设。唯有得到各方面的重视和支持，网络上的正面信息才能逐步丰富起来，而网络上的不良信息也就难以藏身了。各网站经营者都要明确网站的社会责任，通过正当服务获得利润，减少网站经营中的投机心理和唯利是图心理，从源头上杜绝不良网络信息和有害网络活动。

（六）适当开展原则

当前，不同地区、不同学校对于网络德育的需求差别较大。大致而言，城市家庭的电脑普及率比农村家庭要高，大学生接触网络、使用网络的机会和时间远远高于中小学生。德育工作者要依据本地区、本学校的实际需要，确定网络德育的实施方案。在学生接触网络机会较多的大学、中学，学校要将开展网络德育作为德育工作的重要一环，慎重规划、全力推进，努力给学生营造绿色安全、精彩充实的网络空间，引导学生们自觉利用网络，使网络成为学生全面发展的助手。在学生接触网络机会较少的中学、小学，学校要重视学生的上网指导，防止个别学生在使用网络的过程中迷失方向。同时，德育要避免对网络的依赖，而应主要通过系统组织和不断创新传统的实境德育活动来开展，减少网络主题活动的设计，以免诱发学生不必要的网络行为。同时，学校管理者在进行网络德育规划时，要考虑到网络德育所涉及的教师工作负担，避免因为德育创新引发教师负担过重及职业倦怠问题。

第三节　网络游戏沉迷的预防与应对

"网瘾猛于虎"，少年上网荒废学业终至退学、为了上网费对父母动武、猝死于网吧的报道，每每引发家长和老师的感慨和恐慌，加强青少年上网指导教育势在必行。青少年网络活动具有丰富性，而网络游戏越来越成为青少年网络活动的主要形式；《教育部办公厅关于做好预防中小学生沉迷网络教育引导工作的紧急通知》特别强调，要及时发现、制止和矫正青少年网络游戏沉迷。笔者拟将网络游戏沉迷作为青少年上网指导教育的一个切入点展开分析。

一、网络游戏沉迷的成因分析

相关研究成果显示，青少年沉迷网络游戏的原因是多方面的，既有家庭和学校教育引导缺位的因素，也有现有教育方式不当的因素。笔者认为，其直接原因是青少年的自制力不足，经不起诱惑，或者青少年在现实生活中找不到成就感，缺乏朋友，因而到网络世界中寻找成就感和归属感；就深层原因而言，青少年沉迷网络游戏却是家庭生活和学校教育中的种种不良因素共同促成的。

其一，家庭教养方式不良导致青少年缺乏自制力，沉迷网络游戏。

青少年沉迷网络游戏并非普遍现象，就人群特征而言，在留守儿童、流动儿童群体中较为多见，究其原因，网络游戏沉迷与家庭结构、教养方式、家长示范等有很大关系。有些家长溺爱孩子，对孩子在生活中缺乏约束，如对一些留守儿童，爷爷奶奶百依百顺，放任孩子沉迷网络游戏。还有一些家长缺少危机意识，对青少年上网聊天和玩游戏等行为在开始时缺乏警惕、规定和引导，等到孩子沉迷其中之后才匆匆应对，错失了教育时机。

其二，学校管理乏力导致青少年缺少规则意识，沉迷网络游戏。

一些管理规章健全、学风纯正的学校受到网络游戏沉迷问题的困扰相对较少，而在一些管理制度松散、办学效能薄弱的学校，这一问题较为突出。这说明，学生网络游戏沉迷与学校管理水平有很大关系。薄弱学校对学生上网行为缺少必要的教育引导，对学生携带手机进校园、草率应付学业等问题没有有力的应对办法，无疑纵容了网络游戏沉迷。

在社会转型期，各校还面临"侵犯学生权益"指责的风险，学生管理存在不同程度的弱化，这也给学生沉迷网络游戏留下了隐忧。在面对师生冲突、家校纠纷等现象时，学校、教师在一定程度上成为"弱势群体"，公众舆论往往倾向于指责学校侵犯学生权益，以致一些教师认为现在的学生"管不了"（学生拒不遵守规章）、"管不起"（学生受了批评就跳楼）、"管不得"（媒体批评教师采取的处分措施侵犯了学生的受教育权）。长此以往，结果就是学校降低对教育教学秩序的要求，纵容了部分学生沉迷网络游戏及其他违规行为。

其三，青少年沉迷网络游戏，还折射了学校教育应试化等深层次问题。

中国的少年儿童从小学（甚至幼儿园）开始就进入了一场与分数、名次相伴的"马拉松"，这场马拉松的紧张和残酷程度在初中、高中达到极致。在繁重学业负担的挤压之下，学生缺少同伴交往机会，对友情、成功体验的追求很难得到满足。就同伴交往来看，中小学生课业负担重，缺乏时间发展友情，学校和家庭为了确保教学秩序和学习效果，对学生的同学交往进行了很多限制，所以，学生普遍缺少朋友。就成功体验而言，班级规模大，如果成绩排名靠后，学生被教师和同学忽视、瞧不起、讽刺的可能性很大；成绩也影响父母的态度，成绩不理想的孩子回到家里，经常被大人翻来覆去地批评、训斥，难以得到积极评价。网络游戏的吸引力在这里显示出来，青少年在网络游戏中可以迅速结识一批"志同道合"、互相赞美的朋友，在片刻不停的得分、晋级中收获成功体验，即使是那些学习成绩最差的学生也能轻而易举地在网络世界找到自信与乐趣。

由此可见，青少年沉迷网络游戏，既有偶然性也有必然性，我们必须深入分析症结之所在。对于这一问题，杜威在网络社会出现之前关于游戏的如下分析可以提供某些启示："凡是所做的事情近于苦工，或者需要完成外部强加的工作任务的地方，游戏的要求就存在，只是这种要求往往被歪曲。通常的活动进程不能给情感和想象适当的刺激。所以在闲暇的时候，不择手段地迫切要求刺激，不惜求助于赌博、酗酒等。或者，在不怎么极端的情况下，求助于无所事事，寻欢作乐，消磨时间，但求即时的惬意。休闲活动，按英文原意是恢复精力的意思。人类天性没有比恢复精力更迫切的要求，或者说没有比这更少要避免的。有人认为这种需要能够加以抑制，这是绝对错误的，清教徒的传统不承认这种需要，结果造成大量的恶果。如果教育并不提供健康的休闲活动的能力，那么被抑制的本能就要寻找各种不正当的出路，有时是公开的，有时局限于沉迷于想象。教育没有比适当提供休闲活动的享受更加严肃的责任；还不仅是为了眼前的健康，更重要的，如果可能，是为了对心灵习惯的永久的影响。"①

杜威的这段话提示我们：（1）每个儿童都有游戏或者休闲的需要，适量适当游戏是儿童的正当需要；（2）学校教育及日常生活的改善，可以优化青少年的日常生活经验，满足其基本的安全需要、归属需要、尊重需要及自我实现需要，从而减少青少年对网络游戏的渴求；（3）对网络游戏沉迷的预防和干预，一方面要"治标"，加强专项管制，另一方面要"治本"，高度重视家庭生活和学校生活的品质。

二、网络游戏沉迷的预防策略

在调研中，笔者了解到有这样一位初中生：他从小成绩优秀，独立能力强，仅仅因为刚上初一时有一次在课堂上和同桌讲话，被教师狠狠地批评，因而很委屈，跟着同桌上网吧打游戏发泄，被教师发现后再次受到批评，他从此喜欢上了网络游戏，一发而不可收。从这个事例来看，沉迷网络游戏的起因有时是很偶然的，如果家长和教师在开始时多一些关注、了解和适当应对，就可能避免。

我们发现一些青少年学生的成长环境存在着沉迷网络游戏的诱因：家庭生活缺乏原则性，对学生用电脑、手机的时间缺乏限制；父母忙于工作或长期出差，在家很少和孩子交流；学习任务太重，每天忙于作业、辅导而没有时间游戏，缺乏一家人在一起的愉快时光；同伴交往机会少，学生感到很孤独，在学校里没有朋友；教师对学生的态度冷淡，大量学生得不到教师的欣赏。这些状况的存在，极有可能在无形中推动青少年沉迷于网络世界。明智的、有责任感的教师和家长要联合起来，共同预防网络沉迷的发生，这意味着要对现有的家庭生活、学校生活的教育理念和方式进行全面反思和清理，换句话说，网络游戏沉迷并不是在挑战某些学校和家庭，而是在挑战中国绝大多数家庭和学校的教育理念：我们是不是为了分数而忽视了青少年的情感需求？我们有没有考虑到每个孩子健康成长所需

---

① ［美］杜威：《道德教育原理》，王承绪等译，浙江教育出版社2003年版，第130—131页。

要的友谊、成就感、归属感?

　　综合考虑各方面因素，在预防网络游戏沉迷方面，我们有必要着手进行如下工作。

　　(一)　家庭教育可以做的工作

　　首先，多一些一家人共处的时光，创造愉快的家庭记忆。忙于工作的父亲应该多抽时间回家，和家人共进晚餐，共同郊游，让孩子感受到父亲对他的关心和爱护。即使因为出差等原因不能出现在孩子身边，也应该时不时地用打电话、发短信、寄礼物等方式表达对孩子的关心和期望。有的父亲往往是等到妈妈管不住孩子时才跑来把孩子训斥一顿，这样的父亲当然不能满足孩子的情感需要。单亲妈妈要利用法律途径，为孩子争取父爱(美国法律规定，父母离婚之后，孩子仍然要定期见到父亲或者母亲，而我国在这一方面对孩子的权益保护不够)。一家人在一起，应该是和谐愉快的，不要仅盯着孩子的考试成绩，要和孩子一起出去玩，或者一起大扫除、种花等，让孩子在家庭生活中发现乐趣。

　　其次，重视全面发展，适当关注成绩，为孩子提供宽松的成长环境。孩子在学校里天天都和学习、分数打交道，回到家里首先需要换个"频道"，休息一下。父母要学会发现孩子的优点(如长高了、更漂亮了、更懂事了)，要学会寻找轻松、愉快的话题(如做了什么好吃的、学校里有什么新闻、周末打算去哪里玩)。当孩子和父母有话可说，聊得很开心时，孩子的情感需要得到一定满足，亲子关系变得亲密，父母的价值观、意见更容易被孩子接受。

　　在家庭生活中要建立亲子沟通的常规机制，父母与孩子要就花钱、同伴交往、看电视、上网、学习等问题进行正规而多形式的沟通。青春期的孩子渴望与父母平等对话，也愿意讲道理，父母如果能够在孩子出现问题之前进行讨论、沟通，就可以防患于未然。当孩子的成绩不够理想时，父母要学会分析情况，尤其是不要带着评论者的态度，而是持一种成长伙伴的立场，和孩子一起分析问题，让孩子知道父母对他有信心，鼓励他迎头赶上去。在孩子改善学习状况的过程中，不要拿过高的期望来衡量孩子，而要看到孩子的进步，如果孩子从 70 分变成了 72 分，父母就要学会表扬他的进步；希望孩子一下子从最后几名跃居为前 10 名，认为孩子没有进前 10 名就不值得表扬。如果这样的话，多数孩子永远不会在父母身边找到成就感。

再次，重视同伴交往，鼓励孩子交朋友。孤独是孩子不愿意面对也不应该承受的痛苦，父母要鼓励孩子交朋友，而不是阻止孩子交朋友。父母可以和文化修养相当的家庭结对子，让孩子们经常一起玩，一起写作业；邀请孩子的同学到家里来做客，邀请同学们一起完成作业、打球等；鼓励孩子参加集体活动，参加同学组织的文体活动等，都是很好的做法。

父母还要在同伴交往方面给孩子以引导，帮助孩子学会大方、宽容，让孩子明白：不要问朋友为你做些什么，首先问自己能够为朋友做些什么；多看同学的优点，少看同学的缺点；重视同学的爱好、生日，重视节日祝福等礼节。父母可以陪伴孩子一起为同学、朋友选择礼物，制作卡片，这些都能培养孩子对于同伴交往的兴趣，促进孩子在同伴交往中收获友谊和成就感。

最后，加强与教师的联系，为孩子争取更多的支持和鼓励。家长要加强与教师的联系，以增进教师对孩子的了解，争取教师对孩子的关注。当前班级规模较大，一些缺少特长的孩子容易成为学校里"沉默的大多数"。此时，家长更要引起重视，如通过定期到校或者电话等形式向教师汇报孩子的表现，表达对教师的期望和感谢，认真做好教师布置给家长的作业，都是行之有效的方式。

（二）学校教育可以做的工作

一是开展丰富的集体活动，创造愉快的同伴交往机会。在应试的挤压下，学校生活极度单调、枯燥，对于学生的学习兴趣和教师的工作热情而言都是极大的威胁。教师要意识到全面发展的重要性，为学生的终身可持续发展负责，学会在创造性地提高教学效率的同时提供更多自由活动、自主发展的空间，使同学们的青春活力得以展现，并且增进师生、生生之间的情谊。学校管理者更要树立全面发展理念，在学校层面组织集体活动，为教师的大胆改革提供保障和支持。

教师要学会在集体活动和同伴交往方面给予学生引导，促使学生思考怎样的交往方式是好的，怎样的交往风格是受欢迎的，帮助学生学会处理集体活动和课程学习的关系，学会把握同伴交往的"度"。

二是开展多维评价，在适当关注成绩的同时，为学生提供宽松的成长环境。仅仅信赖"分数"这个指挥棒的教育是不正常的，学校应该开发符合现代教育理念的多维评价体系，不仅考查学生对知识的掌握，还要把学生的创新能力、组织能力、服务意识、学习主动性等制约人生发展的素质作为评价的重要指标。教师要善于走近学生，发现每一个学生的优点，从而因势利导，提升和优化学生的在校表现。

教师要调整工作方式，建立师生有效沟通的常规机制。教师要与学生就消费、同伴交往、看电视、上网、学习等问题进行多形式沟通，以平等的姿态来鼓励学生发表意见，同时引导学生发展。当学生的成绩不够理想时，教师要学会以成长伙伴的立场，和学生一起分析问题，让学生感受到教师对他所持的高期望，鼓励他迎头赶上去，以此来保持学生的进取精神，同时建立良好的师生关系。

三是加强与家长的联系，建立家庭和学校的联合体。家庭教育的不良局面不利于学生的成长，教师要采取主动，通过家长课堂、家访、家校联系本等途径与家长沟通，促使家长采取更加积极、合理的方式来支持和促进孩子的发展。

三、学会有效地应对网络游戏沉迷

如果学生已经出现了轻微或者中度的网络游戏沉迷，教师和家长最需要做的是冷静下来，细致地开展一系列的干预，而不是惊惶失措，或者痛骂学生/孩子，或者干脆把学生/孩子送到所谓的矫正机构。教师和家长可能需要得到一些协助，但必须认识到网络游戏沉迷的形成是"冰冻三尺，非一日之寒"，再高明的咨询师和培训机构也不可能在几天之内让孩子彻底走出沉迷状态。教师和家长需要有长期干预的心理准备和行动规划，时间跨度可能是一两个月，也可能是一个学期、一年。

（一）家庭教育可以做的工作

一是安排有特色的家庭活动，增加和孩子的相处时间。节日的旅行、家人的生日等，是吸引孩子从网络世界中走出来的重要机会，要精心安排活动。活动要有创意，例如爬山、野餐、游泳、打球等，这些活动提供了亲子沟通的机会。千万不要急于就上网问题进行批评，而是多夸奖孩子所表现出来的优点，如"动手能力强""体贴老人"等，以此来拉近亲子距离。

二是布置简单事务（包括家务）让孩子去做。孩子有时也不想上网，但没事做的时候就抵抗不住网络游戏的诱惑，不由自主地打开电脑。家长可以安排孩子做饭、洗衣服、参与家庭大扫除，安排孩子给爷爷奶奶送东西，让孩子到爷爷奶奶家住几天，布置孩子练书法等。这些事情能够占用孩子的时间，让孩子慢慢形成对网络游戏的免疫力，淡化对网络游戏的依赖。

三是和孩子一起学习，督促孩子较好地完成作业。孩子迷恋网络游戏而不能按时完成作业的情况很普遍，父母可以通过专心地在一边陪伴、服务、鼓励、协助，促使孩子安心写作业。

四是在孩子因为网络游戏而对学习失去兴趣的情况下，父母可以采取较为极端的措施。父母可以代替孩子向学校请假一两个星期，带孩子参加劳动锻炼、旅游等，或者去访问一些可能对孩子产生影响的长辈和同龄人。有位父亲拖着孩子陪自己一起跑长途，让孩子在副驾驶的位置上看到父亲连续十天的辛劳，体会长期开车、洽谈生意的艰辛，由此促进孩子的良心发现。

五是鼓励孩子和同学、同龄人交往，安排一些正常的家庭待客、同学联欢活动，让孩子知道父母对他们的关心和宽容。同时，让孩子在设计集体活动的过程中施展才华，释放交往热情。

六是与孩子进行谈心，如果孩子知道网络游戏的害处，只是难以抗拒并且心存悔意，父母要表示对孩子的理解和支持，表明立场，和孩子共同应对"心魔"。干预要逐步进行，循序渐进，可以首先限定上网次数（如每周三次），将上网规定贴在电脑上和房间醒目位置，当孩子在开始几天遵守得很好时，进行表扬，同时通过写作业、特色家庭活动等来填充孩子的时间；在孩子偶有违反时，暂时不进行批评，周末对一周情况进行小结，肯定孩子的进步，督促孩子给自己提出更高的要求。如果父母能够克制自己的盛怒，冷静地看到孩子的进步，孩子就更容易一天天地走上正路。

七是与心理咨询师、教育专家保持联系，每周进行小结、汇报，听取专家意见。

（二）学校教育可以做的工作

其一，安排有特色的集体活动，优化师生、生生关系。要精心安排有创意的活动，如举行节日晚会、主题演讲、生日庆祝等。在师生对话时，要掌握方法，不要急于批评，而要多表扬，以增强集体活动对网络游戏沉迷同学的吸引力。教师可以让这些学生参与活动的策划与组织，帮助他们在设计集体活动的过程中施展才华，释放交往热情。

其二，布置简单事务让学生去做。要善于给学生找既可以利用时间而挑战性又不太高的事情来做。教师一般不愿意进行这方面的考虑，而是要求所有同学都劲头十足地读书，这种期望不符合网络游戏沉迷学生的实际情况。

其三，带学生一起学习，督促学生较好地完成作业。学生迷恋上网而不能按时完成作业的情况很普遍，教师可以把学生带到办公室，让学生在教师身边，在教师的监督和陪伴下，安心完成作业。

其四，与学生谈心。如果学生知道网络的害处并且心存悔意，教师要表示对学生的理解和支持，表明立场，和学生共同克服网络游戏沉迷。克服网络游戏沉迷要逐步进行，循序渐进，具体做法与家长的做法相似。

其五，与心理咨询师、教育专家保持联系，每周进行小结、汇报，听取专家意见，以期更好地促进学生发展。

如果教师和家长能够保持对学生的尊重和鼓励，采取有力措施让学生对家庭生活、同学交往、学习、文体活动等恢复兴趣，学生就一定能够摆脱网络游戏沉迷，回归正常生活。

第八章　经验德育的有限实践探索

在世界教育史上，杜威的过人之处在于他不仅提出了以经验为核心的教育思想，而且长期主持实验学校，实际验证其教育思路。深受杜威影响，笔者重视教育研究的实践应用价值，认为比较研究的目的是洋为中用，历史研究的目的是古为今用，理论指导实践是理论研究的社会价值所在。本书以杜威经验德育思想为基础阐发了经验德育的基本主张，希望通过经验德育提升当代中国公民道德培育的实效性。近年来，笔者与武汉市J区合作开展区域德育创新实践，合力打造以培养值得信托的责任公民为旨归的责信德育，在实践中得以将经验德育思想加以有限应用。本章拟简述责信德育的实践进展，并对该实践的优缺点进行分析，对后续研究和实践进行展望。

第一节　培养值得信托的责任公民：
责信德育的基本框架

责信德育实践探索是笔者与武汉市J区教育局合作开展的德育创新实践，该实践以区域德育工作基础为依托，以培育和践行社会主义核心价值观为目标，致力于打造区域德育品牌，提升区域内各校德育有效性。

一、责信德育的研究背景

本项目是依据基础教育阶段德育改革和发展的需要及区域实际情况提出的。

其一，责信德育研究基于培育和践行社会主义核心价值观、提升中小学德育实效性的时代使命。培育和践行社会主义核心价值观是新时期学校德育工作的主旋律，也是提升学校德育实效性的重要契机。当前，世界范围内各种思想文化的交流、交融、交锋更加频繁，社会思想观念日益活跃，社会上一些不良思想倾向和道德行为，对青少年学生健康成长产生了不容忽视的影响。这些都对德育实效性提出了挑战。

其二，责信德育研究缘起于 J 区学校德育工作基础和创新发展的现实需要。J 区政府高度重视教育发展，各校德育工作异彩纷呈。从 2008 年起，J 区在全区探索开展诚信教育；2012 年起，J 区完善挖掘诚信教育内涵、开展责任教育试点，而后将诚信与责任作为区域性德育特色加以推进。经过多年的积淀，全区形成了高度重视学校德育、德育骨干队伍强大、学校德育特色明显的良好格局，编选了责任教育主题活动案例上百篇，各校也围绕这一品牌编选了若干校本课程，涌现出若干在全国有影响的道德模范群体，一批德育骨干获得武汉市功勋、十佳、百优班主任等荣誉称号。

新时期，面对全面培育和践行社会主义核心价值观教育的时代使命，J 区教育局希望百尺竿头，更进一步，优化德育顶层设计，打造区域德育品牌，提升本区教育的品质。在此背景下，J 区与笔者所在的大学联合，对区域德育特色加以完善和提炼，在全国首次提出建构责信德育区域德育品牌，并承担了以此为主题的湖北省教育科学规划课题。

二、培养责任公民：责信德育的培养目标

责任是伦理学的核心概念之一，责任教育天然地适合成为德育研究、学校德育特色创建的重要领域。当前，我国众多学校进行了责任教育探索，相关文献成果可谓汗牛充栋，而随着"责任担当"在中国学生发展核心素养体系中的凸显，责任教育、学会负责的研究和探索必将迎来新一轮浪潮。基于对已有责任教育实践探索和理论研究的梳理，项目组主张将责任教育的目标定位于培养学生自主负责的品质，促使年轻一代成长为值得信托的责任公民。

（一）学会负责的横向解析

伦理学认为，责任是与人的各种角色相伴的概念。社会性是人的本质属性，人处于各种社会关系之中，每一种社会关系赋予个体特定的角色，每一种角色都有其特定的规范，而扮演该角色的人所应承担的责任就是角色规范的核心所在。从这种意义上来说，责任是道德的内核，因为道德是处理人与人、人与社会关系的规范，而规范的确定，取决于在这种社会关系中的人所应承担的责任；据此来看，传递道德规范的德育过程，也是引导社会成员学会承担与其角色相应的责任的过程。

康德将责任大致划分为个体对自己的责任和个体对他人的责任，主张个体有保全自己的生命的责任、对他人信守诺言的责任、发展个人才能的责任、济困扶危的责任。康德将前两种责任看作是人的完全责任（即必须承担的责任），将后两种责任看作是不完全责任（即并非必须承担的责任）①。如果我们更为细致地分析学生所处的各种社会关系，我们可以发现，青少年学生身处于我与自己、我与家人、我与学校、我与同伴、我与社会、我与国家、我与世界、我与自然八大关系之中，由此可以分解出八种责任：（1）自我责任，指个人对于自我所应承担的责任；（2）家庭责任，指个人作为家庭成员对于家庭、亲人所应承担的责任；（3）同伴责任，指个人作为同伴在非正式群体中对于伙伴、朋友所应承担的责任；（4）组织责任，指个人作为组织的成员（学生时代的组织主要是班级、学校及社团，成人时代的组织主要是工作单位）在相应组织中所应承担的责任；（5）社会责任，指个人作为社会的一员所应承担的责任；（6）国家责任，指个人作为一个国家的公民所应承担的责任；（7）国际责任，指个人作为"地球村"的一员对国际社会所应承担的责任；（8）环境责任，指个人作为宇宙一员对自然环境所应承担的责任。

常有人说，学生以学习为天职。那么，学习责任（或称"对学习的责任"）是一种怎样的责任呢？显然，"学习"是学生所做的一件事，而

────────────

① ［德］伊曼努尔·康德：《道德形而上学原理》，苗力田译，上海人民出版社 2005年版，第 11—12 页。

不是个体所扮演的一种社会角色。细究可知，学习责任与以上八种责任均有交叉：好好学习，可以让自己更健康、生活更幸福；可以为家庭争光，或者让家人过上更美好的生活；可以交到更好的朋友，更好地帮助伙伴；可以为社会、国家作贡献，为人类、自然造福；而如果不学无术，以上各种责任的承担都会受到阻碍。可见，学习责任是一种派生的、跨领域的责任，与家庭责任、社会责任等不是并列关系。

进而言之，学习责任是基于人的活动类型而分析出来的责任，与学习责任属于同一个系列的，是健康责任、工作责任、文明责任等。这些责任与家庭责任、社会责任等基于人的社会关系类型而分析出来的责任不属于同一个系列。

厘清人生责任的逻辑结构，要求我们做好全面引导，统筹规划，较全面地理解学生所应承担的责任的类型，不至于顾此失彼，避免将基于不同分类标准的责任相提并论。同时，我们还要分析不同的社会关系所带来的责任之间的联系与冲突，引导学生分辨轻重，学会取舍。例如，古人云"忠孝难两全""鱼与熊掌不可得兼"，学生在承担责任的过程中也会遇到道德两难情境，如周六既想和同学一起郊游又想去看望生病的爷爷或者尽早完成家庭作业，这些常见的问题情境是有针对性地开展责任教育应该重视的教育契机。

（二）学会负责的未来向度

若干研究者对人生责任的分析还存在一个缺陷，就是仅笼统分析了各种责任的内容和要求，而没有结合不同年龄阶段进行具体分析。在实施过程中，学校责任教育存在只顾眼前、目光短浅的问题。以学校流行的感恩教育为例。感恩教育主要定位于引导学生认识到自己的家庭责任，从小开始学会表达对父母的体贴和关心，逐步学会"反哺"。这个出发点当然没错，但学校在进行感恩教育时往往只看到学生当前所能承担的微乎其微的家庭责任，止步于让学生给并不老迈的父母洗脚、捶背，而没有揭示出家庭责任的丰富内涵，没有引导学生认识成人之后作为家庭的"顶梁柱"所应承担的更为艰巨的责任。类似的问题在社会责任教育、环境责任教育的实践中均有突出表现，共同点是仅依据青少年学生当前的能力，提出非常有限的责任要求（如利用周末参与清扫街道、少用一次性产品等），而没有引导学生了解、认同成年公民在这些方面所应承担的丰富责任。

笔者认为，人生责任是随着人的成长而逐渐变得厚重的，学校责任教育应该是指向未来的。就个体的家庭责任而言，中小学生更多的是享受家长的扶养和爱护，他们在现阶段所能承担的家庭责任是比较少的；但长大成人之后，他们"上有老，下有小"，要赡养年迈的父母，抚养自己的子女。当我们分析和理解学生的学习责任时，就会发现，学习是指向未来的一种责任，学习之所以成为学生的责任，是因为学习有助于学生成长为社会的合格成员，各门学科基础知识、基本技能的掌握和相应素养的培养，是学习者在未来的成人社会中扮演相应角色所必需的。推而广之，个体的社会责任、国家责任、国际责任、环境责任等都会随着个体的成长而不断升级，学会负责是随着人生的演进而逐步展开的，在不同年龄段有不同的内涵和要求。

笔者进而认为，学校承担着系统培养年轻一代的政治思想、价值观念、道德品质的使命，且青少年学生处于学会负责的关键期，学校责任教育的主要使命应该定位于帮助学生为毕业和成年后承担各方面责任做好准备。假如学生在走出学校、独立面对职业和社会生活时不知道作为成年人、职业人、公民要承担哪些责任，我们可以认定，此前的学校教育并没有很好地帮助学生为面对人生和职业做好准备，这样的教育是不合格的。杜威指出：学校是由社会建立起来的完成一定特殊工作的机构，学校的责任就是把学生培养成为社会的合格公民。而民主社会的合格公民一方面是民主事务的参与者，既能领导，又能服从；另一方面是家庭的成员，要抚养和培养未来的儿童，借以保持社会的连续性；还要成为工作人员，从事某种有益于社会并能维护他自己的独立和自尊的职业。承担这些成人之后的责任，要求未成年学生得到科学、艺术、历史的培养，掌握探索的基本方法和交际、交流的基本工具，养成各种有用的习惯①。联合国教科文组

① ［美］约翰·杜威：《学校与社会·明日之学校》，赵祥麟等译，人民教育出版社2005年版，第139页。

织也在《学会生存——教育世界的今天和明天》一书中全面提示了人生责任的丰富性和未来向度："人类发展的目的在于使人日臻完善；使他的个性丰富多彩，表达方式复杂多样；使他作为一个人，作为一个家庭和社会的成员，作为一个公民和生产者、技术发明者和有创造性的理想家，来承担各种不同的责任。"① 由此可见，为未来人生做准备，为在毕业和成年后成为各行业的劳动者、家庭中的父母和社会中的成年公民所应承担的责任做好准备，是学校各项活动的存在依据；学校在引导学生学会负责时既要关注学生现时的责任承担和责任意识生成，又要注重引导学生理解成人之后的各类责任，并为此做好相应的准备。

学会负责的未来向度要求学校责任教育立足当下，放眼未来。由于一些家庭教养方式不当、社会舆论多元化等因素，当前的青少年学生在承担现时责任方面需要得到引导，如过分自我膨胀，欺负弱小；心理脆弱，有时做出自伤、自杀等冲动行为；在家中不做家务，对家人缺少关心；对社会缺少感恩，国家意识淡薄。这些问题如果不能得到很好的干预，学生极有可能在成人后成为社会中的"寄生虫"甚至"蛀虫"。但是，我们不能满足于学生现在偶尔"感恩"父母，而要将更多的精力用于培养学生具有发达的社会责任感、家庭责任感及职业责任感，系统引导学生体悟、思考长大成人后应该承担哪些责任、靠什么来承担这些责任，促使他们成长为能够自食其力、回报家庭和社会的人。

（三）学会负责的自律取向

有些学校的责任教育停留在说教、表态的层面，即教育者过分看重德育课上的知识教学，要求学生在课堂上表态长大后将如何孝敬父母、建设家乡、为祖国争荣誉等；有些学校的责任教育停留在他律阶段，即学校依托常规考评、滥用奖惩来促使学生表现出良好行为，一旦学校放松了监督和奖惩，学生连起码的文明公德都做不到。这些都表明了责任教育目标和方法的错位。

---

① 联合国教科文组织国际教育发展委员会编著：《学会生存——教育世界的今天和明天》，华东师范大学比较教育研究所译，教育科学出版社 1996 年版，第 2 页。

基于知行合一的立场，笔者认为，责任教育的目标不应止步于让学生知晓责任，而是要让学生化知为行，实际承担各方面的责任；不应满足于学生在严格监督下承担责任，更要促进学生自律、自主负责，在无人监督时也会遵循责任的指引，只做正确的事情。

自律的达成是需要条件的。在《儿童的道德判断》一书中，皮亚杰依据儿童在弹球游戏中的表现，从儿童的规则意识角度来分析他律和自律，指出：在他律阶段，规则是由成人制定的，儿童将规则视为神圣、不可侵犯、不可改变的；在自律阶段，儿童把规则变成了他自己的创造，基于互相同意而制定规则，儿童在自主制定规则和自主行动的过程中认识到"如果你能使共同舆论都赞同你的意见，你也可以改变这些规则"，"规则乃是互相同意和自我良知的自由产物"①。皮亚杰进而提出如下问题：11—13岁儿童在弹球游戏中可以自主制定规则，成人生活的许多领域为什么没有达到自律？皮亚杰认为，那是因为在这些领域中，年老者执迷于管制和约束年轻人，年轻人只能服从年老者制定的规则；在弹球游戏中，随着儿童的成长，游戏者之间的关系逐步成为协作关系，大家平等地讨论问题，基于相互尊重来试探新规则；随着年长者逐渐退出幼稚的弹球游戏，儿童自主制定规则的机会变得更多；在这样的过程中，儿童自主制定规则的意识和能力就成长起来了②。可见，在弹球游戏中，儿童拥有自主选择、自主行动、根据行动后果而自主推理和调整的机会，而这种机会对于达到自律来说是必要的。

反观学校责任教育，我们不难发现，仅仅在课堂上进行纸上谈兵的知性德育不能促使学生达到自主负责，而过分强调严格管理的他律德育也会阻碍自律的达成。过分严苛的学生管理将学生置于全方位监控之中，随时进行奖励或者惩罚，不允许学生犯错，剥夺学生体验行动的自然后果的机会，因而，学生很难形成关于责任的完整推理。哪怕多年的严格管理能够促使个体形成相对稳定的行为习惯，但如果换一种环境，当个体面临价值

---

① ［瑞士］让·皮亚杰：《儿童的道德判断》，傅统先、陆有铨译，山东教育出版社1984年版，第19—20页。

② 同上书，第81—108页。

两难选择时或者个体所受到的监督机制弱化时，我们就很难期待个体必定做出合乎角色责任规定的行为。可见，严格管理能制造规训语境中的服从，但不能培养自主时空中的自律。

要促进学生达到自主负责，学校需要做如下两个方面的工作。其一，要进行平等、讲道理的对话。很多情况下，班主任、德育教师在讲解责任时只是"说服"，而没有与学生对话；真正的对话，意味着师生地位平等，学生可以不受威胁地说出自己真实的想法、困惑，师生可以就此展开自由讨论，最终澄清学生思想上的疑点，让学生由衷地认同各种责任。其二，要给学生提供自主选择、自主行动、基于行为后果进行自主推理和调整的机会，简单来说，就是给学生提供尝试错误的机会。普通人都不是"生而知之"的，在为人处世方面，如果学生从来没有犯过错误，并不是因为学生本性善良，而是因为学生受到过分严苛的规训，从来没有得到过自主选择、自由尝试的机会；并且，没有犯过错误、没有经历过道德两难情境的学生对于是非善恶没有形成相对成熟的立场，假如环境条件改变，他/她还需要经历漫长的进行道德推理、建构道德观念的过程。因此，学校责任教育不宜过分严格地规训学生，而要在安全、秩序的底线能够得到保障的前提下，逐步扩大学生自主行动和自主管理的空间，让学生基于独立思考来规划、调整各方面的言行，促使学生内诚于心、外信于行，学会出于内在的自觉来承担责任。唯有这样的人，才是未来社会真正值得信托的责任公民，即无须他人监督也会忠实于自己所应承担的责任的公民。

（四）责信德育的培养目标解析

基于对责任教育和"责任担当"内涵的深入把握，项目组立足 J 区德育工作基础，启动责信德育特色创建。责信德育直面社会生活各领域突出存在的信任危机问题，突出社会主义核心价值观中的"诚信"和中国学生发展核心素养中的"责任担当"两大关键词，重视个体责任担当和赢得社会信任之间的紧密联系，倡导尽责致信，以引导学生成长为值得信托的责任公民为旨归。与人生责任的八个领域相呼应，课题组将责任公民的内涵细分为：负责任的自我，负责任的家庭成员，负责任的组织成员，负责任的伙伴，负责任的社会成员，负责任的国家成员，负责任的国际成员，负责任的地球成员。

就责任与诚信的关系而言，责信德育认为，责任与诚信、学会负责与学会诚信是融合为一的，一个负责任的人也必然是一个讲诚信的人。古人云"一诺千金"，也就是说有些承诺是含金量很高，很难做到的。试以某地区的教师入职誓言进行分析："我宣誓：忠诚于人民教育事业，履行教师神圣职责，贯彻国家教育方针，全面实施素质教育。热爱学生，为人师表；追求真理，崇尚科学；依法执教，教书育人；勤勉敬业，严谨治学；团结协作，乐于奉献；终身学习，勇于创新。做学生良师益友，铸教师高尚人格。为中华民族伟大复兴，为人类社会文明进步，我愿献出全部智慧和力量。"不难看出，这一段入职誓词包括了教师职业责任的全部；如果一位老师能够将入职时承诺的这些都做到，他/她绝对是一位品德高尚的老师、不可多得的老师、人人敬仰的老师。同理，如果一个人能将婚礼时的宣誓、入党时的宣誓牢记于心、践行到底，那么，他/她的品德也是相当纯粹、相当高尚的。由此，我们还可以看到诚信与责任的内在相通关系：责任构成了承诺的实质内容，而履行承诺也就意味着承担了承诺所包含的各种责任，换句话说，达到诚信，也就达到了负责。

为了将责任公民培养落到实处，项目组细致梳理了责信德育的实施细目，以不断提升学生的责任意识和担当能力。

中学责信德育内容细目简表①

责任领域	主 题	内 容
自我责任	安全健康，幸福成长	(1) 理解生命的美好和珍贵，懂得维护生命安全； (2) 了解健康生活方式，学会健康快乐生活； (3) 勤奋学习，完善自我，为幸福人生奠基。
家庭责任	孝敬体贴，感恩分担	(1) 了解自己当前和未来在家庭中的角色，了解家庭成员的权利和义务； (2) 尊重父母，理解父母，感恩父母，开始分担家庭责任；增强家庭责任感，让家庭更和谐，更幸福。

① 小学阶段的培养细目与本简表大致相同，少量表述依据小学生成长特点进行了微调。

续表

责任领域	主 题	内 容
团队责任	维护关心，分工合作	（1）了解团队的内涵和构成，体会团队的强大力量； （2）引导学生增强对学校、对班级的认同感和归属感，增强集体荣誉感，自觉融入团队，维护集体利益，为未来加入职业团队做准备； （3）学会处理个人利益和集体利益的关系，协调可能出现的冲突。
同伴责任	坦诚有礼，尊重包容	（1）认识他人，认识异性；懂得关心他人、尊重他人； （2）理解诚信、礼貌、宽容在人际交往中的重要性；言必信、行必果；学会处理与老师和同学之间的关系，尊师爱友，团结互助。
社会责任	关注参与，学会奉献	（1）培养公民意识，理解公民、社区、社会、社会责任、志愿服务的含义，懂得公民的权利和义务，增强公民责任意识； （2）学会主动关注社会热点、寻找和发现社会问题，并思考解决问题的方案； （3）主动参与社区建设、社会服务，维护公共秩序、公共卫生，参与社区政治、经济、文化发展； （4）善于网上学习，与人诚实友好交流，增强自护意识，维护网络安全，有益身心健康。
国家责任	爱我中华，学会担当	（1）了解党史国情，树立道路自信、理论自信、制度自信、文化自信； （2）积极培育和践行社会主义核心价值观，自觉维护民族团结、国家统一、和平发展。
国际责任	国际理解，美美与共	（1）了解不同国家之间存在的差异，学会理解、宽容、求同存异； （2）在国际交往中学会相互欣赏，维护祖国形象； （3）积极参与传播、推广中国文明。
环境责任	环保节俭，天人和谐	（1）认识大自然，亲近大自然，热爱大自然； （2）认识保护环境的重要意义，增强环保意识，懂得环境保护对人类的生存发展具有特别的意义，懂得人人都有保护环境、美化环境的责任。从自己做起，落实环保行动。

二、创新育人机制：责信德育的实施框架

（一）责信德育的实施思路

在实施途径方面，课题组努力建构责任担当教育的健全体系，将责信德育贯穿于学校教育全过程，形成课堂教学、社会实践与校园文化多位一

体的育人平台。具体思路如下。

其一，从大局着眼，加强统筹规划，全面把握学会负责的内涵。责信德育努力从空间、时间、品德发展阶段三个维度全面把握人生责任，引导学生学会负责，尽责致信，逐步将学生培养成为值得信托的责任公民。

其二，从细节切入，优化德育方式方法，逐步提升各种德育途径的育德实效。《教育部关于培育和践行社会主义核心价值观　进一步加强中小学德育工作的意见》强调指出，要加强中华优秀传统文化教育、加强公民意识教育、加强生态文明教育、加强心理健康教育、加强网络环境下的德育工作，改进课程育人、实践育人、文化育人、管理育人，进一步增强中小学德育的时代性、规律性、实效性；《中小学德育工作指南》明确提出了课程育人、文化育人、活动育人、实践育人、管理育人、协同育人的有机育人体系。责信德育要加强德育规律研究，认真学习掌握德育研究的最新成果，提出切合区情校情的德育创新思路，彰显主题德育活动和各项德育安排的实践性、感染力，提高德育工作的针对性、主体性、创新性、实效性，努力把德育工作做到学生心坎上。目前主要在戏剧化班会创编、德育主题周实验两个方面着力。

其三，注重氛围打造，优化学校育人环境，营造促进学生学会负责的班级氛围、学校氛围。一是要促进教师专业发展，提升教师师德，造就责信教师。教师要全面理解自己作为教师、作为家庭成员、作为公民、作为个体的责任，全面承担责任，做学生成长的榜样。二是要营造积极氛围，以积极氛围来促进学生成长。学校要加强整体规划，努力建设安全校园、文明校园，让每个学生对学校和班级有归属感，快乐学习，健康成长。三是要建立有效的学生行为强化体系和合理适度的学生惩戒体系，在校园内外培植积极健康的舆论风向。及时而有力的强化，有助于学生迅速领会和认同社会主义道德规范，成长为全面负责的合格公民；而以批评教育为主要形式的适度惩戒，能够有效维护教育教学秩序，确立校规校纪和道德规范的权威。强化和惩戒要相辅相成，不可偏废。

其四，注重横向沟通，构建家校合力、社区参与的德育网络。家庭和学校要结成教育共同体，重视德育，承担与其角色相应的教育责任。家庭是人生的第一所学校，对学生品格成长、习惯养成具有奠基性、长期性的影响。学校要主动联系家庭，向家长宣传正确的教育理念和教育方法，帮助家长优化家庭成长环境，优化亲子关系；还要尊重家长，认真听取和吸纳家长对学校教育的合理建议，努力形成家庭和学校的育人合力。同时，学校要注重调动和利用社区资源，发掘本乡本土的优秀传统文化教育资源并善加利用，助力区域德育特色创建。

其五，做好纵向衔接，促使小学、初中、高中德育实现螺旋上升。责信德育面向全体学生提出了尽责致信的较高期望，在实施过程中，具体工作要与学生成长阶段相适应，区分不同年段的德育重点。古人云："小学学其事，大学明其理。"在起步阶段，学校德育应注重良好育人环境的创设和师德素养的提升，为学生体悟和承担责任创造丰富机会，加强及时强化和引导，促使学生在行动中学习，在实践中成长，逐步养成良好习惯。在高级阶段，学校德育要注重调动学生的理性自觉，让学生有更多的机会进行讨论，明辨是非，参与校园、班级和社团管理，建构自主的道德意识，做明理的、值得信任的责任公民。责信德育的具体安排要体现不同年段的循序渐进，逐步提高对学生的言行要求，逐步扩大学生在德育中的主体性。要加强品德发展测评，逐步引导学生学会反思自我、发展自我、完善自我，不断磨砺意志，提高自身的道德发展水平。

（二）责信德育的具体方法创新

其一，在课程育人方面，责信德育高度重视认知性德育课程、活动性德育课程、隐性德育课程在立德树人过程中的相互支撑，努力构建三类课程齐头并进的责信德育课程体系。

一是提升各学科教学的德育阵地意识，创设责信德育区本、校本课程。责信德育强调"道德与法治""思想政治"等德育课程在德育中的特殊作用，倡导采取适应学生年龄和心理特点、紧密联系学生思想和社会实际、促使学生践行责信的教学方式；要求语文、历史等其他学科教师挖掘各科课程标准和教材中的德育元素，结合学生实际，自觉有机地在课堂教学中渗透责信教育元素，力争做到"科科讲责信，堂堂树美德"。J区组织编写了《责信德育读本》，开设责信德育区本课程，分专题引导学生在国家责任、自我责任等领域明责承责。以此为先导，区本、校本教材建设涌动江岸，《诚信教育读本》《红色江岸》等区本教材，《诚信教育》《安全教育》《礼仪教育》《孝心教育》等校本教材，以多种形式促使责信德育在课表中扎根。

二是加强德育活动课程建设，以践行促进责信品质生成。J区启动德育活动课程建设，系统梳理爱国主义教育、文明礼仪教育等各项德育活动，将德育活动有机纳入学校的年度、月份工作计划，以制度化的形式确立德育活动的地位，使德育活动的开展更加有计划、有力度、有效能。以责信德育探索为统率，江岸区各校努力做到每项德育活动有目标、有方案、有反思，促使德育活动标准化、精品化、系列化。各校涌现出不少可圈可点的德育活动案例，如警予中学34年不辍，每年清明节组织学生步行到向警予烈士墓祭扫；实验学校每年3月组织学生开展"为环卫工人顶班"活动，让学生实际践行志愿服务精神，该活动被评为武汉市优秀志愿活动；十六中的生涯规划课程多管齐下，专题讲座、校友报告、兴趣社团、校园仪式好戏连台；七一华源中学、汉铁高中等校的戏剧化班会在促进责信品质入脑入心入行方面发挥了积极作用。

三是倡树高尚师风和健康氛围，提升隐性课程品质。J区注重校风、教风、学风打造，努力优化学校育人环境，营造促进学生学会负责的班级氛围、学校氛围，主要举措有：（1）促进教师专业发展，提升教师师德，造就责信教师。通过师德报告会、校本研修等方式，引导教师全面理解自己作为教师、作为家庭成员、作为公民、作为个体的责任，做学生成长的榜样。（2）加强校园文化、班级文化建设力度，让每个学生对学校和班级有归属感，快乐学习，健康成长。在班级文化建设过程中，优秀班主任们引导学生提炼班级理念，创新班级活动，为学生求真、向善、创美搭建了宽广平台。（3）创新学生管理，增进师生之间的沟通和了解，促使学生亲其师而信其教。武汉市第二初级中学岱山校区推行全员德育导师制，为十四名学生委任一位导师，让学生得到持续的关心，让学困生获得天天向上的动力。（4）依托家长课堂、责信实践作业等形式密切家校协作，调动家长参与学校管理和学生教育的积极性，强化家长在责信德育中的参与、指导、示范和引领作用，构建家庭、学校、社会一体化的育人环境。

其二，在活动育人方面，将戏剧教学法引入主题班会，以戏剧化班会提升主题班会的德育实效性。

在欧美教育史上，戏剧教学法由来已久，当前已经广泛应用于第二语言习得、社会学习、地理、历史等领域的教学之中。戏剧教学法一般通过创作戏剧、即兴演出、角色扮演、模仿、游戏等方式进行。中外教学实践表明，戏剧教学法的引入，能够调动学生的学习兴趣，促进团队合作，锻炼学生的想象力、表达能力和良好的思维品质，在课堂上，一些戏剧主题凝练、形式活泼、情节丰富兼具教育性和美感，丰富了师生的学校生活体验，因而，教育戏剧、戏剧教学法的相关应用和研究，成为当代中国课程和教学改革中的一个新热点。

从主题教育活动有效开展的角度出发，项目组认为，戏剧教学法很适合引入主题班会，增强主题班会的针对性、创新性、有效性。一是精心编排的教育戏剧能够通过直观而浓缩的方式将人际交往、集体建设、社会生活中存在的问题、矛盾呈现给学生，增加班会课的新鲜感，避免班会课沦为老生常谈。二是教育戏剧提供了真实具体的矛盾冲突，可以调动同学们的思维，而且，有了戏剧这个载体，师生可以围绕剧中人的言行展开讨论，避免直接批评班上的同学，有助于大家畅所欲言。三是教育戏剧的创编、演出乃至场景布置，可以让更多的学生参与进来、行动起来，学生的聪明才智和创造性可以得到很好的发挥，而且在参与过程中，学生对主题的理解自然也会得到深化。基于这样的立场，项目组倡导开发戏剧化班会，发挥戏剧教学法的优点来促进主题班会的成功。

在实践探索过程中，项目组对如何有效创编和运用教育戏剧展开了务实探讨。一是从主题、情节、场景、演员表演艺术等方面，分析优秀教育戏剧的判断标准，强调教育戏剧应主题集中，情节灵活丰富，场景布置要适宜，演员表演要投入准确。二是适当地运用教育戏剧（目前主要在导入和结束环节使用），明确演员和观众的分工，即演员要精心准备，观众要有相应知识储备，学生在讨论中的发言必须是现场生成的①。

实验教师设计的戏剧化班会"靡菲斯特的交易·防溺水"较好地体现了我们的设计意图：在班会开始时学生看到的主题名称是"靡菲斯特的交易"，以达到制造悬念的目的；班会通过自编剧本导入，借助歌德笔下经典形象靡菲斯特与年轻学生之间的故事引发学生的思考，从而启动防溺水的讨论和宣传教育，最终让学生们以胜利者的姿态喊出"靡菲斯特，带上你的阴谋诡计，见鬼去吧！"这句标志性口号，做到首尾呼应。

其三，在管理育人方面，倡导民主治班，引导学生自主制订班级公约。

"没有规矩，不成方圆"，以往班级管理过程中，往往教师是班规的制订者，学生只能被动服从；紧扣《国家中长期教育改革和发展规划纲要（2010—2020 年)》提出的"加强公民意识教育，树立社会主义民主法治、自由平等、公平正义理念，培养社会主义合格公民"理念，责信德育倡导将班规理解为班级公约，即班级成员的共同约定，主张班级公约的制订应秉持人人平等、自由意志、义务责任、诚实信用、对话协作、法律拘束等契约理念，具体实施过程如下。

班级公约产生于班级成员的人际交往需要和班级生活的真诚愿望，制订过程体现对学生的尊重和引导。尊重学生意味着将学生从习惯性地服从既定班规的状态中解放出来，让学生表达"我希望生活在怎样的班级之中、我们的班级需要哪些理念和规则"，将学生意愿作为班级公约的主要依据。尊重还意味着引导。在实践过程中，我们发现当教师完全放权让学生自主制订班级公约时，绝大多数学生明显不适应突然显现的"自治权利"，最初对如何制订班级公约反应均较为茫然，立约活动因为缺乏明确的组织者、程序、日程、目标等现成的任务安排而难以开展。这时，班主任出场充当了活动的组织者，从讨论的主题、形式等角度提出建议，推动

---

① 刘长海：《戏剧化班会：在主题班会中应用戏剧教学法的一种尝试》，《班主任》2017 年第 6 期。

了班级公约的立约进程。在一节班会课的时间里，学生的讨论形式实现了从全班范围内杂乱的个别发言到小组讨论、分组汇报的转变。尽管在课堂上并未达成统一意见，更没有上升到思考班规成因、关注制度建构的层面；但是，学生在班主任的引导下，从不自觉的自发讨论状态中摆脱出来，将建设班级公约变为一种自觉自为的活动。可见，在班级公约的最初建设阶段，班主任的指导是很重要的。

制定班级公约要求适度限制教师权威，平衡教师引导与学生主体的关系。实践表明，在获得赋权后，学生的自主性和创新性可以得到很好的激发。以 X 校七年级一班改革小组合作学习的组间发言奖励规则为例。小组合作学习的设计中，每一位小组成员在组间发言时代表所在小组的所有成员。起初，教师为了突出学习小组的地位和提高学生发言的积极性，实行问题抢答，小组成员答对了就为所在小组加 2 分，答错得 0 分并要将发言机会让给其他组。这个办法执行了约半个月，意外出现了组间发言时总是由该组公认的"最强发言人"出战，组内发言时"最强发言人"占用太多时间的情况。即是说，因组间的激烈竞争而出现了个人垄断发言机会的情况。这一意外情况逐渐引发了希望争取发言机会的组员的不满，少数学生还私下向项目组表达了类似抱怨："某某总是发言，对不对都要发言，说他他还不听！"班主任知晓后，认为七年级学生应当学会解决类似问题，于是抓住契机，在班会时将矛盾摆上台面，并让学生自己商量解决办法。经过组内激烈讨论、组间交换意见之后，学生在妥协中达成一致：组间发言时，不管答案是否正确、观点是否出彩，每一位组员都应该有机会为小组出战；同一位组员在同一节课上，第一次组间发言得 2 分，第二次组间发言得 1 分，第三次及以后发言得 0 分；组内发言时，凡是有不同意见的同学都应该把观点表达出来，同时要控制时间，争取每一位组员都有发言机会；不管是组间发言还是组内发言，小组长要维护发言秩序，及时安排由谁发言；组员之间既要相互监督，又要通力合作，为小组作贡献。这一方案不仅是学生之间平等协商后达成的共识，而且只花了一节课时间，将奖励标准从"答案是否正确"变为"发言次数多少"的问题解决思路更是令人赞叹。经班主任和科任教师同意，新方案得到执行。当然，这可能只是暂时解决了问题，随着情况变化也许还会遭遇新的挑战①。

第二节　责信德育实践的反思与讨论

自 2014 年笔者与 J 区教育局初步达成合作意向至今，责信德育实践探索已经历时五年。五年期间，笔者尝试将德育研究成果转化为现实的德育生产力，努力在德育实践中应用经验德育思想，取得了一定的进展和成绩，积累了一定的经验和教训，本节拟分主题进行反思。

一、责信德育实践的进展与不足

责信德育实践为 J 区学校德育创新注入了智力支持，带来了师生的可喜成长，多项校本课程和特色德育活动投入使用，若干实验教师获得国家级和省市德育荣誉称号。具有标志性的进展是 2017 年 10 月，教育部组织专家评选出了 298 个全国中小学德育工作优秀案例，其中，J 区教育局提交的《责信德育实践案例》名列其中，这体现了领导、专家对责信德育实践探索的肯定。

作为实践探索的设计者和参与者，笔者欣喜地看到经验德育的部分主张得到了实践：在课程育人方面，一方面推动德育课教学生活化，另一方面注重挖掘各学科德育内涵；在活动育人方面，将杜威倡导的"做戏"方式融入主题班会活动，在各校引出了创编戏剧化班会的热潮；在管理育人方面，部分班级实行民主治班，进行了落实学生自主管理的生动探索。

同时，笔者也清醒地看到，这项以大学与中小学伙伴协作为平台依托的德育创新实践还有很多局限，只能算是对经验德育的有限探索：在课程育人方面，停留于对部分教学内容的德育意义的发掘，没有将学科德育价值上升到发挥每门学科的社会意义的水平上；在管理育人方面，一些班级的自主管理还存在教师操控痕迹过重、学生自主水平不高的问题；就学

---

① 黄道主、刘长海：《论作为关系契约的班级公约及其实现》，《中国教育学刊》2015年第 1 期。

校、家庭、社会协同育人而言，本项目停留于片断式的修补和完善，还没有上升到全面改善学生的生活经验属性的高度。这些都说明，理论指导实践、实践验证理论还有漫长的道路要走。

二、德育变革的机遇与障碍

经验德育论强调德育的主要渠道是经验，主张以培养公民道德为目标，全面改造学生的校园经验、家庭经验和社会生活经验，实现经验德育对学校生活乃至社会生活的全面收编。然而，要对个体生活经验加以道德化改造，使生活经验具有完善的育德功能，并非易事。全面实施经验德育面临诸多障碍，笔者认为，以下三个方面的阻力值得高度重视。

首先，就德育与教育的关系来看，学校生活经验的道德化改造需要克服学校管理中的急功近利思想，抗拒应试教育的强大压力。在理论层面，我们认为学校可以建立一种比校外更纯净的成长环境，在学校小环境中培养更优秀的一代公民。然而，残酷的现实往往无情地否定了理论的推演。研究者强调教师要注重礼仪，对学生多一些赏识[1]，客观来说，做到这些并不能确保学校生活的德性，因为应试教育背后有强大的推手，使我国学校教育面临严重的"诚信危机"。校长、教师宣称会尊重和爱护每一个学生，促进每一个学生成才，然而，学校对学生的评价标准单一，以分数论高下，给分数低的学生贴上"差生"标签，显然不符合尊重学生的理念；学校只注重眼前的考试分数，不分析学生在终身发展方面还缺少哪些必要的素质，显然不符合对学生幸福和社会发展负责的要求。

其次，就学校生活经验与社会生活经验的关系来看，转型期不尽合理的社会状况对学校生活经验造成了挟持和侵扰，给经验德育带来了困难。杜威设想学校可以先行于社会，为学生成长提供更加完善的环境，然而，学校并不是可以超然于社会现实之外的圣地，现存教育与现存社会"完全同一、高度同构的现实"[2]，往往使经验德育的设想成为泡影。一方面，

---

① 高德胜：《道德教育的20个细节》，华东师范大学出版社2007年版，第1—19页。

② 杜时忠：《生活德育论的贡献与局限》，《教育研究与实验》2012年第3期。

学校为了所谓的办学成绩，以各种方式抢夺优质生源；而另一方面，很多学生之所以能够进入"名校"读书，拼的是考试分数、家庭背景以及关系网，每月都要面对的安排座位、每年都要进行的班干部和优秀学生评选，在很多地方也沦为考试分数或父母实力的较量。面对如此情势，我们一方面呼唤教师以道德自律来维护校园的纯净，另一方面也不得不期望社会大环境的改善，因为校长和教师不是可以超然世外的"高人"。

最后，就德育创新与德育传统的关系来看，以往"行之有效"的德育思路仍然被普遍运用，削弱了教师认同并实施经验德育的主观能动性。在德育课堂、班会课上，教师习惯于让学生表态，陶醉于学生"为祖国建设作贡献""热情帮助别人"的豪言壮语，而无视学生与同学相处过程中的各种小矛盾；教师习惯于对学生提出很严格的操行要求，利用扣分、小组荣誉等促使学生服从，自己却言行傲慢，对学生缺少尊重和信任；受班级人数较多、教学任务繁重等影响，教师很难做到全面了解、细心引导每一位学生，德育和学生管理往往仅关注如何把学生管住，对于如何系统地培养学生的良好品行却用力较少。由此可见，经验德育的落地生根和普遍应用要求实践者对于传统的德育范式有更深刻的批判和更果断的"决裂"。

三、U–S 合作中的关系调适

责信德育实践是以教育学者与中小学校伙伴协作为基础而进行的。从理论层面来说，伙伴协作能够为学校发展注入智慧和动力，研究者与实践者的相互走近有助于谱写教育改革的动人乐章，让更多学生享受优质教育。然而，伙伴协作功能的充分发挥，需要一个过程。在实践中，由于学者、教育管理者、教师三方关系没有理顺，伙伴协作过程出现诸多不和谐音符，伙伴协作推动学校改进的潜在价值没有得到充分发挥。

在责信德育实践中，J 区教育局最初的愿望是借助学者的专业智慧打造区域德育品牌，这使得专家团体以智囊团的身份出现；对于专家团队提出的德育变革主张，教育局拥有最终的决策权，有时倾向于以快速成型、发表或获奖为导向来选择一些短平快的项目，而对于相对深刻长远的建议则不予采纳。同时，在项目实施中，笔者也感觉到实验教师仅仅被看作改革方案的执行者，相对而言很少有发表观点的机会。这些也为经验德育的实施和验证设置了障碍。

从优化协作关系的角度，笔者认为，"学者引领—教育管理者领导—教师主动"的三方对话关系格局是伙伴协作的最佳状态，理由如下：（1）学者视野开阔，富于教育理想，能够以"智库"身份对实践事务发挥引领作用；（2）教育管理者是教育发展的掌舵人，熟悉区域和本校实情，能够创造性地将政策要求、学者观点与现实融合，其法定领导身份不容动摇；（3）教师是教育变革的行动主体，教师主动精神的唤醒与发扬，是学校改进的强大动力；（4）三方对话能够形成学者、教育管理者和教师平等高频互动的环形三方关系，优化教育决策，为区域和校本教育变革提供多维动力。

要达成这样的关系格局，教育管理者要自觉实行民主分权式管理，与教师平等沟通，确立学校成员的共同愿景；要尊重学者的独立地位，乐于听取学者的批评意见，在重大决策时倾听学者建议，同时，又要逐步形成自己的主张，防止人云亦云。学者要虚怀若谷，承认教育管理者和教师的专业权威，重视平等交流，通过持续对话赢得一线管理者与教师的信服。教师要树立改革主体意识，认识到"教育改革、学校改进和专业发展是我的责任"，积极反思，主动发声，以适当方式与管理者和学者交流，通过平等参与、大胆创新、研讨分享推动教育变革。

参考文献

一、著作类

［1］John Dewey，*Democracy and Education*，Southern Illinois University Press，1988.

［2］John Dewey，*Ethics*，Southern Illinois University Press，1988.

［3］John Dewey，*My pedagogic creed*，E. L. Kellogg company，1897.

［4］John Dewey，*Individualism，Old and New*，New York：Minton Black& Company，1930.

［5］John Dewey，*Problems of Men*，New York：Philosophical Library，1946.

［6］John Dewey，*Moral Principles in Education*，Southern Illinois University Press，1975.

［7］John Dewey，*The School and Society*，Chicago：University of Chicago Press，1907.

［8］John Dewey，*Experience and Education*，Macmillan Publishing Company，1963.

［9］John Dewey，*Human Nature and Conduct：An Introduction to Social Psychology*，New York：Modern Library，1922.

［10］B. Edward McClellan，*Moral Education in America：Schools and the Shaping of Character From Colonial Times to the Present*，Teacher College Press，1999.

［11］A. Perry，*The Management of a City School*，New York：Macmillan，1908.

［12］［美］约翰·杜威：《民主主义与教育》，王承绪译，人民教育出版社 2001 年版。

［13］［美］约翰·杜威：《学校与社会·明日之学校》，赵祥麟等译，人民教育出版社 2005 年版。

［14］［美］约翰·杜威：《我们怎样思维·经验与教育》，姜文闵译，人民教育出版社 1991 年版。

［15］《新旧个人主义——杜威文选》，孙有中等译，上海社会科学出版社 1997 年版。

［16］［美］杜威：《道德教育原理》，王承绪等译，浙江教育出版社 2003 年版。

［17］［美］约翰·杜威：《人的问题》，傅统先、邱椿译，上海人民出版社1965年版。

［18］［美］约翰·杜威：《哲学的改造》，张颖译，陕西人民出版社2004年版。

［19］［美］杜威：《哲学的改造》，许崇清译，商务印书馆2017年版。

［20］《杜威教育论著选》，赵祥麟、王承绪编译，华东师范大学出版社1981年版。

［21］［美］杜威：《道德学》，余家菊译，中华书局1935年版。

［22］［美］约翰·杜威：《经验与教育》，单文经译，台北联经出版事业股份有限公司2015年版。

［23］单中惠、王凤玉编：《杜威在华教育讲演》，教育科学出版社2007年版。

［24］沈益洪编：《杜威谈中国》，浙江文艺出版社2001年版。

［25］［美］凯瑟琳·坎普·梅休、［美］安娜·坎普·爱德华兹：《杜威学校》，王承绪等译，华东师范大学出版社1991年版。

［26］［美］简·杜威：《杜威传》，单中惠编译，安徽教育出版社1987年版。

［27］［古希腊］亚里士多德：《尼各马科伦理学》，苗力田译，中国社会科学出版社1990年版。

［28］［德］伊曼努尔·康德：《道德形而上学原理》，苗力田译，上海人民出版社2005年版。

［29］［瑞士］让·皮亚杰：《儿童的道德判断》，傅统先、陆有铨译，山东教育出版社1984年版。

［30］［美］内尔·诺丁斯：《学会关心：教育的另一种模式》，于天龙译，教育科学出版社2003年版。

［31］［美］内尔·诺丁斯：《始于家庭：关怀与社会政策》，侯晶晶译，教育科学出版社2006年版。

［32］［美］杰克·奈特：《制度与社会冲突》，周伟林译，上海人民出版社2017年版。

［33］［美］道格拉斯·C.诺斯：《制度、制度变迁与经济绩效》，杭行译，格致出版社2011年版。

［34］［美］诺斯：《经济史中的结构与变迁》，陈郁等译，上海三联书店、上海人民出版社1999年版。

［35］［美］华生：《行为主义》，李维译，北京大学出版社2012年版。

［36］［美］H. S.康马杰：《美国精神》，南木等译，光明日报出版社1988年版。

［37］孙有中：《美国精神的象征：杜威社会思想研究》，上海人民出版社2002年版。

［38］联合国教科文组织国际教育发展委员会编著：《学会生存——教育世界的今天和明天》，华东师范大学比较教育研究所译，教育科学出版社1996年版。

［39］褚洪启：《杜威教育思想引论》，湖南教育出版社1997年版。

［40］张华：《经验课程论》，上海教育出版社 2000 年版。

［41］陈怡：《经验与民主——杜威政治哲学基础研究》，复旦大学出版社 2002 年版。

［42］郑国玉：《民主思想家——杜威》，人民出版社 2011 年版。

［43］戚万学：《冲突与整合——20 世纪西方道德教育理论》，山东教育出版社 1995 年版。

［44］陈春莲：《杜威道德教育思想研究》，中国社会出版社 2016 年版。

［45］高德胜：《知性德育及其超越——现代德育困境研究》，教育科学出版社 2003 年版。

［46］高德胜：《生活德育论》，人民出版社 2005 年版。

［47］高德胜：《道德教育的 20 个细节》，华东师范大学出版社 2007 年版。

［48］黄向阳：《德育原理》，华东师范大学出版社 2000 年版。

［49］汪凤炎等：《品德心理学》，开明出版社 2012 年版。

［50］涂艳国：《走向自由》，华中师范大学出版社 1999 年版。

［51］南京师范大学教育系编：《教育学》，人民教育出版社 1984 年版。

［52］郭湛：《人活动的效率》，中国人民大学出版社 2014 年版。

［53］赵忠心：《家庭教育学》，人民教育出版社 2000 年版。

［54］杨适：《中西人论的冲突》，中国人民大学出版社 1991 年版。

［55］［美］杜维明：《道 学 政：论儒家知识分子》，钱文忠等译，上海人民出版社 2000 年版。

［56］王炳照等编：《简明中国教育史》，北京师范大学出版社 2007 年版。

［57］王道俊、王汉澜主编：《教育学》，人民教育出版社 1989 年版。

［58］贺培育：《制度学：走向文明与理性的必然审视》，湖南人民出版社 2004 年版。

［59］余光、李涵生选编：《教育学文集·德育》，人民教育出版社 1989 年版。

［60］鲁鹏：《制度与发展关系研究》，人民出版社 2002 年版。

［61］林丹：《在互动中制衡：当代中国基础教育渐进主义改革研究》，东北师范大学出版社 2010 年版。

［62］檀传宝：《德育美学观》，山西教育出版社 1996 年版。

［63］梁漱溟：《东西文化及其哲学》，商务印书馆 1999 年版。

二、论文类

［1］J.Mark Halstead, "Moral Education in Family Life", *Journal of Moral Education*, 1999 (3).

［2］Gregory, A., Cornell, D., Fan, X., Sheras, P., Shih, T. & Huang, F., "Authoritative School Discipline: High School Practices Associated With Lower Student Bullying and Victimization", *Journal of Educational Psychology*, 2010 (2).

［3］Cornell，D.，Sheras，P.，Gregory，A.& Fan，X.，"A Retrospective Study of School Safety Conditions in High Schools Using the Virginia Threat Assessment Guidelines Versus Alternative Approaches"，*School Psychology Quarterly*，2009（2）.

［4］McNeely，C. A.，Nonnemaker，J. M. & Blum，R. W. *Promoting school connectedness：Evidence from the national longitudinal study of adolescent health*［J］.Journal of School Health，2002，（4）.

［5］Jia，Y.，Way，N.，Ling，G.，Yoshikawa，H.，Chen，X.，Hughes，D.& Lu，Z.，"The Influence of Student Perceptions of School Climate on Socio-emotional and Academic Adjustment：A Comparison of Chinese and American Adolescents"，*Child Development*，2009（5）.

［6］Finnan，C.，Schnepel，K.& Anderson，L.，"Powerful Learning Environments：The Critical Link Between School and Classroom Cultures"，*Journal of Education for Students Placed at Risk*，2003（4）.

［7］Fulton，I.K.，Yoon，I.& Lee，C.，*Induction Into Learning Communities*，Washington，DC：National Commission on Teaching and America's Future，2005.12.

［8］U.S.Department of Education，"Guiding Principles：A Resource Guide for Improving School Climate and Discipline"，http：//www2. ed. gov/policy/gen/guid/school-discipline/guiding-principles.pdf，2014/10/10.

［9］National Center for Education Statistics，"Technical and Administration User Guide for the ED School Climate Surveys"（EDSCLS），https：//safesupportivelearning.ed. gov/sites/default/files/EDSCLS%20UserGuide%2002232016_ update.pdf.2016/4/5.

［10］National School Climate Council，"National School Climate Standards：Benchmarks to Promote Effective Teaching，Learning and Comprehensive School Improvement"，2009，www.schoolclimate.org/climate/standards.php，2015/10/10.

［11］U.S.Department of Education，Office of Safe and Healthy Students，"Quick Guide on Making School Climate Improvements"，Washington，DC：Author，https：//safesupportivelearning.ed.gov/SCIRP/Quick-Guide，2016/03/31.

［12］单文经：《杜威道德教育理论研究》，台湾师范大学博士学位论文，1988 年。

［13］陈桂生：《"德目主义"评议》，《当代教育科学》2003 年第 8 期。

［14］陈桂生：《班主任制》，《上海教育科研》2007 年第 11 期。

［15］陈桂生：《"学生行为管理"引论》，《华东师范大学学报》（教育科学版）2007 年第 1 期。

［16］鲁洁：《边缘化 外在化 知识化：道德教育的现代综合症》，《教育研究》2005 年第 12 期。

［17］鲁洁：《教育的返本归真——德育之根基所在》，《华东师范大学学报》（教育科学版）2001 年第 4 期。

［18］顾明远：《核心素养：课程改革的原动力》，《人民教育》2015 年第 13 期。

［19］檀传宝：《德育教师的专业化与教师的德育专业化》，《教育研究》2007 年第 4 期。

［20］杜时忠：《制度何以育德》，《华中师范大学学报》（人文社会科学版）2012 年第 4 期。

［21］杜时忠：《生活德育论的贡献与局限》，《教育研究与实验》2012 年第 3 期。

［22］迟艳杰、保罗·斯坦迪什：《如何理解教育哲学：与保罗·斯坦迪什教授的对话》，《教育学报》2018 年第 2 期。

［23］刘超良：《制度：德育的环境支持》，《教育科学》2004 年第 4 期。

［24］刘超良：《消解学校科层制对德育的羁绊》，《教育科学研究》2007 年第 6 期。

［25］王寰安：《我国应试教育问题的制度分析》，《教育学术月刊》2008 年第 2 期。

［26］张建仁：《试论明代教育管理的特点》，《华东师范大学学报》（教育科学版）1992 年第 1 期。

［27］张继玺：《真实性评价：理论与实践》，《教育发展研究》2007 年第 1 期。

［28］田莉、吴刚平：《生存论视野下的学生发展性评价》，《中国教育学刊》2008 年第 9 期。

［29］侯怀银：《"社会教育"解读》，《教育学报》2017 年第 4 期。

［30］齐延平：《论社会基本制度的正义——对罗尔斯正义理论的讨论》，《北方法学》2007 年第 4 期。

［31］陈殿林：《社会转型时期道德建设的问题研究》，《北京理工大学学报》（社会科学版）2002 年第 1 期。

［32］高兆明：《论社会转型中的道德信仰危机》，《浙江社会科学》2001 年第 1 期。

［33］程伟：《"听话教育"的批判性反思》，《中国教育学刊》2016 年第 11 期。

［34］邓超：《德育管理化倾向的原因及对策探析》，《中国教育学刊》2017 年第 3 期。

［35］杨一鸣、王磊：《彰显国家意志 促进人的全面发展：新时代初中〈道德与法治〉教材编写思想刍议》，《中国教育学刊》2018 年第 4 期。

［36］罗庆：《中小学网络德育问题研究》，华中师范大学硕士学位论文，2007 年。

［37］蔡丽华：《网络德育研究》，吉林大学博士学位论文，2006 年。

［38］刘长海、张思：《美国中学德育导师制的实践图景、理论脉络及其启示》，《世界教育信息》2015 年第 6 期。

［39］刘长海：《学校文化传统与学习型组织的冲突及其化解》，《教育科学研究》2008 年第 7 期。

［40］黄道主、刘长海：《论作为关系契约的班级公约及其实现》，《中国教育学刊》2015 年第 1 期。

［41］刘长海：《戏剧化班会：在主题班会中应用戏剧教学法的一种尝试》，《班主任》2017 年第 6 期。

后　记

　　本书是我的博士学位论文及同名专著《杜威德育思想与中国德育变革》的姐妹篇，前一本书以梳理杜威德育思想为主要内容，本书则一方面改由经验概念出发展开杜威德育思想的梳理，另一方面将大量心血用于经验德育论的建构，以期更真切地直面中国德育改革现实，发挥理论联系实践、指导实践的功能。

　　与完成博士学位论文之时的意气风发相比，十二年之后的我多了些人近中年的沧桑与淡定。人生是经验前后相继的历程，每一次奋斗或彷徨、进取或懒散、吉祥或苦难、欣喜或失落都注定成为人生的财富，陪伴我继续上路。

　　感谢华中科技大学教育科学研究院的领导和同事们！自入职以来，我得以在一个高水平的学术共同体中工作和成长，每天的生活都美好而忙碌。刘献君教授、张应强教授、李太平教授等前辈的睿智、执着、宽和为我树立了"虽不能至，心向往之"的榜样；周艳、朱新卓、余保华、李伟、黄芳、孙婧等同事的支持、提醒和鼓励，让我感到了伙伴般的温暖。

　　感谢硕博士研究生在读期间导师杜时忠先生及华中师范大学道德教育研究所同仁一直以来的关心和帮助！在攻读研究生的六年中，杜老师给了我最大限度的宽容、帮助和指导；而在我入职之后，他仍然全力以赴地提醒、鼓励、鞭策我继续成长。母校道德教育研究所是我在学术成长中的"娘家"，杨炎轩教授、程红艳教授、蒋红斌教授以及众多同门的共鸣让我的学术登攀之路不再孤单。

　　感谢带领我开始杜威论著阅读的郭文安先生！感谢在我的专业成长道

路上给予悉心教导、精辟指点、鼎力提携的国内外德育研究前辈！感谢多年来为我立足一线做科研提供机会的领导和老师们！

感谢我的家人，让我的生活充满温暖和喜悦，永远拥有为未来而努力的动力和信心！

感谢打开这本书并坚持读到最后一行的朋友们，希望这本书能够带给您些许启发，更希望您不吝批评！

责任编辑：陈晓燕
封面设计：石笑梦

图书在版编目(CIP)数据

经验德育论纲/刘长海 著. —北京：人民出版社,2019.8
ISBN 978－7－01－020919－7

Ⅰ.①经… Ⅱ.①刘… Ⅲ.①德育-研究-中国 Ⅳ.①G41

中国版本图书馆 CIP 数据核字(2019)第 114207 号

经验德育论纲

JINGYAN DEYU LUNGANG

刘长海　著

人民出版社 出版发行
(100706 北京市东城区隆福寺街 99 号)

天津文林印务有限公司印刷　新华书店经销

2019 年 8 月第 1 版　2019 年 8 月北京第 1 次印刷
开本:710 毫米×1000 毫米 1/16　印张:16
字数:245 千字

ISBN 978－7－01－020919－7　定价:42.00 元

邮购地址 100706　北京市东城区隆福寺街 99 号
人民东方图书销售中心　电话 (010)65250042　65289539